HISTOIRE
DU
BRÉVIAIRE ROMAIN

PAR

PIERRE BATIFFOL

du Clergé de Paris, docteur ès lettres.

PARIS
ALPHONSE PICARD ET FILS, ÉDITEURS
82, RUE BONAPARTE 82
—
1893

HISTOIRE DU BRÉVIAIRE ROMAIN

DU MÊME AUTEUR

L'abbaye de Rossano, contribution a l'histoire de la Vaticane. Un vol. in-8º, 1891.

> Ouvrage couronné par l'Académie des Inscriptions et Belles-Lettres, et par l'Association des études grecques.

Quaestiones philostorgianae. In-8º, 1891.

La Vaticane de Paul III a Paul V, d'après des sources nouvelles. Un vol. in-18. 1890.

Studia patristica, études d'ancienne littérature chrétienne. Un vol. in-8º. 1889-1892.

HISTOIRE

DU

BRÉVIAIRE ROMAIN

PAR

PIERRE BATIFFOL
du Clergé de Paris, docteur ès lettres.

PARIS
ALPHONSE PICARD ET FILS, ÉDITEURS
82, RUE BONAPARTE 82
—
1893

IOANNI BAPTISTAE DE ROSSI

ROMANO

PRÉFACE

L'auteur du présent manuel, en l'intitulant *Histoire du Bréviaire romain*, n'a pas eu la pensée d'épuiser en si peu de pages un si grand sujet. Il a voulu résumer et sur quelques points préciser, avec toute la netteté possible, les résultats acquis ou préparés par des érudits comme le cardinal Bona et le cardinal Tommasi, comme Thomassin et Mabillon, comme dom Guéranger et Mgr de Roskovány. Il les a résumés en les contrôlant toujours dans leurs sources, voulant que son travail, qui était un travail de vulgarisation, fût un travail de première main, d'information directe ; il a été aussi amené à les amender, ne croyant pas qu'il lui fût interdit d'approfondir pour son propre compte, de classifier d'après ses observations personnelles, et de conclure à ses risques et périls. Mais, à traiter ainsi cette vaste matière, il n'a pas pu ne point constater combien il restait sur ce vieux continent de terres inexplorées. Il nous manque une édition critique du *Liber responsalis* de l'Eglise romaine ;

il nous manque un recueil et une classification scientifique des *Ordines romani* les plus anciens ; il nous manque un inventaire des livres liturgiques romains du VIIIe siècle au XIIIe, un inventaire et une classification des bréviaires monastiques antérieurs au XIIIe siècle, et des bréviaires tant romains que non romains du XIIIe siècle au XVe ; il nous manque jusqu'à une bibliographie des bréviaires romains imprimés ! Et je ne parle pas des pièces d'archives que l'on pourrait mettre en lumière, concernant les diverses réformes du Bréviaire romain au XVIe, au XVIIe et au XVIIIe siècle. On voudrait pouvoir consacrer des années à tant de recherches : mais, du coup, ce ne serait plus un manuel que l'on écrirait, et un recueil comme les *Analecta liturgica* de M. Weale ne serait pas de trop. Force est donc de se restreindre, et de travailler simplement à s'orienter et à orienter.

L'auteur s'est appliqué à dégager son sujet des questions rituelles pratiques qui relèvent soit de la théologie morale, soit de la Congrégation des Rites. Il s'est appliqué plus encore à le dégager des préoccupations qui ont trop longtemps, en France au moins, envenimé ces questions. Il a entendu faire œuvre d'archéologie chrétienne et d'histoire littéraire chrétienne. Plus heureux que tels liturgistes de la génération précédente, nous pouvons aujourd'hui parler de liturgie en ne pensant qu'à la liturgie ; dans nos critiques comme dans nos admirations, ne nous inspirer que d'elle ; et pour formule suprême de notre esthétique, prendre ces belles paroles, qui mériteraient d'être de saint Grégoire (puisqu'elles ne sont point de lui) : « *Non pro locis res, sed pro rebus loca nobis amanda sunt.* »

Newman, à une époque où il appartenait encore à l'Eglise anglicane, a pu écrire ces remarquables lignes : « Il y a tant d'excellence et de beauté dans les offices du Bréviaire, que si des controversistes romains le présentaient à un protestant comme le livre des dévotions romaines, ce serait créer indubitablement un préjugé en faveur de Rome, à supposer que le protestant ignorât les *circonstances du cas* et fût d'une candeur moyenne et sans parti pris[1]. » Cette excellence et cette beauté de l'office romain, j'ai essayé de l'exprimer comme je l'avais sentie. Et quant aux « circonstances du cas », dont parlait Newman, j'ai cru de mon devoir de les analyser sans les atténuer, bien convaincu qu'elles n'allaient pas à amoindrir l'impression générale

---

1. *Tracts for the Times*, n° 75, O the Roman Breviary, p. 1 : « There is so much of excellence and beauty in the services of the Breviary, that were it skilfully set before the Protestant by Roman controversialists as the book of devotions received in their communion, it would undoubtedly raise a prejudice in their favour, if he were ignorant of the circumstances of the case, and but ordinarily candid and unprejudiced. »

d'estime et d'admiration que le Bréviaire romain doit laisser, soit qu'on le considère en lui-même, soit qu'on le considère dans ses sources. Cette impression, je l'ai eue en remontant du xvi⁰ siècle au xiii⁰, du xiii⁰ au vii⁰, la tradition liturgique romaine; en étudiant dans les textes authentiques le « cours » le plus ancien des basiliques romaines et de la basilique vaticane entre toutes ; en me faisant ancien à ce commerce, et comme l'un de ces clercs anglo-saxons du vii⁰ siècle, qui venaient en pèlerinage au tombeau du prince des apôtres, et qui, dominés par l'autorité autant que conquis par la beauté mystique de « l'ordre romain » et de la « cantilène grégorienne », demandaient à saint Pierre de leur apprendre à prier, et d'eux-mêmes lui répétaient le *Doce nos orare* de l'Evangile. Que l'Eglise romaine me pardonne si ma prédilection pour ces formes antiques de sa liturgie m'a rendu critique sévère ou indiscret des formes plus modernes, ou si sous ma plume quelque mot a trahi cette prédilection même.

En terminant, c'est pour moi un devoir et un plaisir de remercier publiquement celui de mes anciens maîtres, prêtre de Saint-Sulpice, — sa modestie m'a demandé de ne le point nommer, — et dom S. Baeumer, de l'ordre de Saint-Benoît, dont l'érudition et le tact m'ont été d'un perpétuel secours dans la correction des épreuves de ce livre. Et de même serai-je infiniment obligé aux lecteurs qui auront quelque inexactitude ou quelque lacune à me signaler, et qui voudront bien contribuer par leurs communications ou par leurs critiques à rendre ce manuel plus complet et plus solide.

Paris, 11 novembre 1892

BIBLIOGRAPHIE PRINCIPALE

E. Amort, *Vetus disciplina canonicorum regularium et saecularium.* Venise, 1748.

S. Baeumer, *De officii seu cursus romani origine.* Brünn, 1889.

S. Baeumer, *Beiträge zur Geschichte des Breviers.* Articles parus dans le *Katholik* de Mayence, 1889-1890-1891.

J. Card. Bona, *De divina psalmodia eiusque causis mysteriis et disciplinis, deque variis ritibus omnium ecclesiarum in psallendis divinis officiis, tractatus historicus symbolicus asceticus.* Paris, 1663.

J. Card. Bona, *Libri duo rerum liturgicarum.* Rome, 1671.

L. Duchesne, *Le Liber pontificalis.* Paris, 1886-1892. (Par abréviation : *L. P.*)

L. Duchesne, *Origines du culte chrétien.* Paris, 1889.

E. Friedberg, *Corpus juris canonici.* Leipzig, 1881.

B. Gavanto, *Thesaurus sacrorum rituum, sive commentaria in rubricas Missalis et Breviarii romani.* Rome, 1628. (Cf. l'édition du même par Merati, Augsbourg, 1763.)

J. Grancolas, *Traité de la messe et de l'office divin.* Paris, 1713.

J. Grancolas, *Commentarius historicus in romanum Breviarium.* Venise, 1734.

P. Guéranger, *Institutions liturgiques.* Paris, 1840-41. (Nous avons cité la seconde édition, Paris, 1885.)

J. Mabillon, *De liturgia gallicana.* Paris, 1685.

Mansi, *S. Conciliorum collectio.* Venise, 1759-1798.

E. Martène, *De antiquis Ecclesiae ritibus.* Rouen, 1700.

J.-P. Migne, *Patrologiae latinae cursus.* Paris, 1844-1855. (Par abréviation : *P. L.*)

J.-P. Migne, *Patrologiae graecae cursus.* Paris, 1857-1866. (Par abréviation : *P. G.*)

F.-X. Pleithner, *Aelteste Geschichte des Breviergebetes.* Kemptem, 1887.

F. Probst, *Brevier und Breviergebet.* Tubingen, 1854.

A. de Roskovány, *Coelibatus et Breviarium.* Budapesth et Neutra, 1861 et suiv.

G. Schober, *Explanatio critica editionis Breviarii romani quae a S. R. C. uti typica declarata est.* Ratisbone, 1891.

L. Thomassin, *Vetus et nova Ecclesiae disciplina.* Paris, 1688.

J.-M. Card. Tommasi, *Opera omnia.* Édition Vezzosi, Rome, 1747-1769.

Mgr de Roskovány a dressé un inventaire consciencieux des livres ou articles concernant le Bréviaire. On le trouvera *op. cit.*, t. V, pp. 1108-1266; t. VIII, pp. 617-950; t. XI, pp. 121-284. M. Thalhofer a donné une bibliographie plus méthodique dans l'introduction (t. I, p. 32-47) de son *Handbuch der Katholischen Liturgik* (Fribourg, 1883).

HISTOIRE

DU

BRÉVIAIRE ROMAIN

CHAPITRE I

LA GENÈSE DES HEURES

L'office canonique romain, dont le Bréviaire romain de saint Pie V est une adaptation de seconde main, date de la fin du septième siècle ou du commencement du huitième. Mais cet office canonique romain n'est point, tant s'en faut, une création formée un jour donné de toutes pièces par quelque grand pape dont nous ignorerions le nom. C'est une œuvre composite : des âges différents y ont collaboré, des matériaux y sont entrés dont quelques-uns venaient de très loin : telle devait être la basilique de Saint-Pierre du temps du pape Hadrien.

Nous aurons, dans le chapitre second, à analyser les matériaux fournis par Rome même à cette œuvre de son office canonique : nous avons, au préalable, à analyser ceux qu'elle doit à la tradition commune de toutes les Eglises. A Rome appartient son calendrier, sa littérature d'antiennes et de répons, sa cantilène, et l'ordre même de sa psalmodie ; à l'usage catholique appartiennent les heures, c'est-à-dire le principe même de l'office, principe dont il importe de déterminer la genèse et les développements primitifs, pour être mieux à même de comprendre ensuite l'application originale qu'en a faite l'Eglise romaine.

I

Le principal de ce qu'on appelle l'office divin se rattache à une des idées chrétiennes de la toute première heure.

Notre Seigneur Jésus-Christ était mort abandonné par ses disciples, condamné par les Juifs, crucifié entre deux voleurs. Il était ressuscité le troisième jour et il était monté aux cieux le quarantième ; mais était-ce là tout le triomphe que les prophètes avaient prédit au Messie, fils de David ? Non, et ce qui avait manqué à son passage en ce monde, cette gloire de roi vainqueur annoncée si clairement par tant de prophètes, allait être réalisée dans un retour qui était proche et qui serait un avènement. Le Christ allait revenir en triomphateur et aussi en justicier ; la première génération ne passerait pas avant que l'on eût vu éclater dans la cité sainte et sur le monde tout entier sa gloire et sa justice de roi, ou plutôt la première génération et bien d'autres à la suite pourraient passer, sans que les fidèles de la foi nouvelle pussent rien perdre de l'espérance et de la crainte de ce retour prochain.

Mais si l'année de ce retour était indéterminée, si même, au témoignage des Evangiles synoptiques (saint Mathieu, saint Marc, saint Luc), la saison de ce retour était inconnue, on s'était persuadé facilement et de bonne heure que, la nuit du samedi saint au jour de Pâques étant celle où le Sauveur était sorti vivant du tombeau, ce serait en une pareille nuit qu'il réapparaîtrait vivant dans le monde, comme l'ange exterminateur qui la nuit même de la première de toutes les pâques avait frappé les premiers nés de l'Egypte et vengé les enfants d'Israël. Cette nuit-là donc, il importait de ne point dormir, mais de veiller et de prier jusqu'au jour dans l'attente du passage de Dieu.

Voilà pourquoi, du soir du samedi saint au chant du coq du jour de Pâques, les fidèles resteraient à prier en commun. Cette façon d'expliquer l'origine de la vigile de Pâques est fort ancienne : saint Isidore de Séville († 636), qui la mentionne, l'avait empruntée à Lactance († 325); saint Jérôme y fait allusion comme à une tradition apostolique [1]. Et, de fait, elle est assez visiblement en contradiction avec le texte des Evangiles synoptiques [2], pour que l'on puisse dire qu'elle n'en dépend point.

L'idée de la parousie aurait ainsi enfanté la vigile pascale.

De la vigile pascale devait naître l'office de la vigile dominicale.

La solennité pascale était le prototype de la solennité dominicale. Et, de même que Pâques avait sa grande vigile nocturne, chaque dimanche eut sa vigile nocturne. L'institution de cette vigile dominicale est aussi ancienne que l'institution du dimanche lui-même : on a dit très justement qu'elle apparaissait déjà dans la

---

1. Hieronym., *Comment. in Mat.*, IV, 25 : « Traditio Judaeorum est Christum media nocte venturum in similitudinem aegiptii temporis, quando pascha celebratum est et exterminator venit, et dominus super tabernacula transiit et sanguine agni postes nostrarum frontium consecrati sunt. Unde reor et traditionem apostolicam permansisse ut in die vigiliarum paschae ante noctis dimidium populos dimittere non liceat, exspectantes adventum Christi. Et postquam illud tempus transierit securitate praesumpta festum cuncti agunt diem. Unde et psalmista dicebat : *Media nocte surgebam ad confitendum tibi super judicia justificationis tuae.* » Cf. Lactant., *Divin. institut.*, VII, 19. Isidor., *Etymolog.*, VI, 17.

2. Cf. Mat., XXIV, 20, 44, 50.

lettre de Pline relative aux chrétiens. Les chrétiens, y lisons-nous, « affirment que toute leur faute ou leur erreur consiste à se réunir habituellement, à des jours fixes, avant le lever du soleil; à chanter entre eux un hymne au Christ comme à un dieu; ...que, cela fait, ils ont coutume de se retirer, puis de se réunir de nouveau pour prendre ensemble un repas... *Adfirmabant... quod essent soliti stato die ante lucem convenire, carmenque Christo quasi deo dicere secum invicem..., quibus peractis morem sibi discedendi fuisse, rursusque coeundi ad capiendum cibum* [1]... » Cette réunion à jour fixe avant le lever du soleil, réunion distincte de la synaxe eucharistique, et consacrée à chanter un *carmen Christo*, ne serait autre que la vigile dominicale.

En principe, la vigile dominicale, comme celle de Pâques, aurait dû durer toute la nuit, et de là lui venait son vieux nom grec de παννυχίς. Mais, en règle générale, la vigile dominicale commençait seulement au chant du coq, heure variable selon les saisons, mais toujours postérieure au milieu de la nuit. Pour rester fidèle à la pensée primitive, on consacra à la prière le commencement de la nuit, l'heure où le soleil vient de se coucher et où s'allument les premières lampes : cette heure s'appelait en grec λυχνικόν, en latin *lucernare*, ou encore, comme dit quelque part saint Ambroise, *hora incensi*. Et en cela peut-être faut-il voir l'influence des usages des synagogues juives concernant la célébration du sabbat. Ce que nous appelons vêpres fut ainsi, à l'origine, le commencement de la vigile nocturne. Il est vrai que cette pensée d'unité originelle se perdit de bonne heure. Méthodius († 311) s'en souvenait pour-

---

1. Plin., *Epistul.*, X, 97.

tant quand il compare la vie des vierges à une vigile, qui, comme toute vigile, aurait trois moments : la *vespertina vigilia*, la *secunda vigilia* et la *tertia vigilia*, figures de la jeunesse, de l'âge mûr et de la vieillesse. Jean Cassien, au commencement du vᵉ siècle, était dans la même tradition, quand il comprend l'office de vêpres et l'office du chant du coq sous le même titre d'office nocturne [1].

Ainsi concevons-nous l'origine de la « liturgie des prières ». Est-il besoin de faire observer que tout est ici nécessairement mal assuré, et la conclusion plutôt une conjecture qu'un système? Passons vite sur un territoire plus sûr.

Le programme des vigiles comportait trois exercices différents : la psalmodie, la lecture des saintes Ecritures, les oraisons ou collectes. Tertullien, parlant des solennités dominicales, distingue ces trois éléments constitutifs quand il dit : « *In ecclesia, inter dominica solemnia..., psalmi canuntur..., Scripturae leguntur, ...petitiones delegantur.* » Psaumes, leçons, oraisons : c'est tout l'office vigilial [2].

Le nombre des gens qui savaient lire était petit et les livres étaient rares : la psalmodie n'était point exécutée à l'unisson par l'assemblée, mais en solo par un clerc (soit un diacre, soit un lecteur), ou par un chantre qui n'était point clerc (*hypoboleus, modulator*). Il disait le

---

1. Cassian., *Institut*, III, 8. Method., *Sympos.*, V, 2.
2. Voici le texte entier de Tertullien, il parle d'une prophétesse montaniste de sa secte : « Est hodie soror apud nos revelationum charismata sortita, quas *in ecclesia inter dominica solemnia* per exstasim in spiritu patitur... Jamvero prout *Scripturae leguntur*, aut *psalmi canuntur*, aut adlocutiones proferuntur, aut *petitiones delegantur*, ita inde materiae visionibus subministrantur... » (*De anima*, 9.)

psaume sur une mélopée tantôt simple comme un récitatif, tantôt plus ornée. L'usage était partagé entre ces deux genres d'exécution. A Alexandrie, et aussi à Carthage et à Rome, on préférait la psalmodie simple à la psalmodie ornée : saint Athanase voulait que le lecteur des psaumes donnât à sa voix des flexions si courtes, qu'il parût dire plutôt que chanter : « *Tam modico flexu vocis faciebat sonare lectorem psalmi, ut pronuncianti vicinior esset quam canenti* [1] ». Cependant l'assemblée écoutait en silence le soliste exécuter le chant du psaume. Mais le psaume se terminait toujours par une clausule uniforme et sur un air connu que l'assemblée, j'entends les hommes seuls [2], chantait à l'unisson. La doxologie *Gloria Patri* n'a pas d'autre origine. Au cours même du psaume, on intercala bientôt de semblables formules, que l'assemblée devait chanter à l'unisson après chaque verset ou couple de versets. Cette formule portait le nom d'ἀκροστίχιον [3]. Le chant, tel que nous l'exécutons encore de l'invitatoire *Venite exultemus*, ou du *Gloria laus et honor tibi sit*, donne une idée de cette psalmodie que l'on appelait *psalmus responsorius*. « Je pris ma place au trône, écrit saint Athanase, et j'ordonnai à un diacre de dire un psaume et à l'assemblée de répondre : *Quoniam in saeculum misericordia eius*. » Et saint Augustin : « Evodius prit le psautier et se mit à chanter un psaume, auquel nous répondions, toute la famille ensemble : *Mise-*

---

1. Augustin., *Confess.*, X, 33.
2. *Didascalia CCCXVIII patrum*, p. 18 : γυναιξὶ παραγγέλλεσθαι ἐν ἐκκλησίᾳ... μήτε συμψάλλειν μήτε συνυπακούειν. Ce texte canonique est des environs de 375. Cf. *Studia Patristica*, p. 138.
3. *Constitut. apostol.*, II, 57.

ricordiam et judicium cantabo tibi, domine [1]. Cette psalmodie elle-même, si sévère, avait été empruntée par les chrétiens à l'usage des synagogues juives [2] : le génie grec n'avait fait que broder l'*acrostichion* sur l'austère récitatif sémitique.

Dans les communautés monastiques égyptiennes de la fin du ive siècle, au témoignage de Jean Cassien, on était resté fidèle à la plus sévère, à la plus ancienne forme de la psalmodie. L'office, tant vespéral que nocturne, d'un mot les deux séances de l'office nocturne, comme l'appelle Cassien, se passaient chacune à exécuter douze psaumes. Et ce nombre douze paraît bien anciennement fixé, puisque les Égyptiens aimaient à dire que la fixation en remontait à saint Marc, leur premier évêque. Ces douze psaumes étaient exécutés en solo par un lecteur, ou plutôt par quatre lecteurs qui se relayaient, chacun d'eux ne devant pas avoir plus de trois psaumes à exécuter à la suite. Quand le psaume était long, chaque dix ou douze versets on faisait une courte pause. Aucune doxologie à la fin du psaume, mais simplement une oraison. A la fin du douzième psaume un alleluia. Puis on passait à la lecture qui comprenait deux leçons, l'une de l'Ancien Testament, l'autre du Nouveau, tous les jours, sauf le samedi et le dimanche où elles étaient l'une et l'autre du Nouveau Testament. Les moines restaient tout le temps de la psalmodie et des leçons dans un silence absolu : défense de cracher ou de tousser ou même de soupirer haut ; on n'entendait qu'une voix, on eût pu croire qu'il n'y avait qu'une âme, si tendue était l'attention de l'assemblée.

---

1. Athanas., *Apolog. de fuga*, 24. Augustin., *Confession.*, IX, 12.
2. Euseb., *H. E.*, II, 17.

Quand les deux leçons étaient achevées, l'assemblée, assise jusque-là, s'agenouillait pour remercier Dieu silencieusement. Puis, tout le monde debout, le président de l'office prononçait à haute voix une oraison [1].

Dans les Eglises syriennes de la première moitié du IVe siècle, l'office des vigiles avait une physionomie où se reconnaissent aisément les mêmes traits qu'en Égypte, malgré quelques différences importantes. La vigile se composait, non plus comme en Égypte de deux offices égaux, le vespéral et le nocturne, mais de trois offices inégaux, le vespéral, le nocturne et le matinal. Le soir, l'évêque réunissait ses fidèles à l'église; les psaumes de vêpres ou *epiluchnicon* une fois dits, le diacre prononçait la prière pour les catéchumènes, pour les énergumènes, pour les pénitents. Puis, les ayant congédiés, il disait : Nous qui sommes les fidèles, prions. Et l'assemblée, debout, silencieuse, demandait à Dieu une nuit tranquille et sans péché. L'évêque se levait à son tour, prononçait une oraison et bénissait les fidèles. Après quoi le diacre donnait congé à l'assistance. Même finale à l'office nocturne [2]. L'office nocturne était ce qu'il était en Égypte : lever au milieu de la nuit, psalmodie d'un nombre donné de psaumes, chaque trois psaumes séparés par un alleluia, après chaque psaume une prière, enfin les leçons. Mais, sitôt que le soleil paraissait, on exécutait un office composé, comme désormais l'office vespéral, de psaumes invariables, les psaumes de l'aurore (ὀρθρινοί), le *Deus deus meus ad te de luce vigilo*, le *Benedicite*, le *Gloria in excelsis* [3]... Au nocturne s'ajoutait ainsi une psalmodie matinale coor-

---

1. Cassian., *Institut.*, II, 4-12.
2. *Constitut. apostol.*, II, 59.
3. Pseudo-Athanas., *De virginitate*, 20.

donnée à la psalmodie vespérale ; c'est l'origine de ce que nous appelons les laudes. Mais, au total, la trilogie de vêpres, du nocturne et de laudes n'était point un développement étranger à l'idée de la vigile primitive, elle en était au contraire l'expression harmonieuse.

***

Nous venons de voir qu'en Syrie, dans la première moitié du IVe siècle, le *Gloria in excelsis* était compté comme un des psaumes de l'office matinal ou de laudes. De même, on comptait parmi les psaumes de vêpres le petit hymne que voici [1] :

> « Nous te louons, nous te chantons, nous te bénissons pour ta grande gloire, Seigneur roi. O père du Christ l'agneau immolé qui efface le péché du monde, à toi la louange, à toi l'hymne, à toi la gloire, à toi qui es Dieu et Père, par le Fils dans le Saint-Esprit, dans les siècles des siècles. Amen.

Ces deux chants, le *Gloria in excelsis* et le *Laudamus te*, sont deux raretés eucologiques. C'est ce qu'on appelait des psaumes privés (*psalmi idiotici*). Ces sortes de psaumes avaient été au IIe et au IIIe siècle en grande faveur tant chez les catholiques que chez les hérétiques. Dans un fragment d'un traité anonyme romain *Contre l'hérésie d'Artémon* cité par Eusèbe, le controversiste oppose aux nouveautés unitaires de cet hérésiarque de la fin du second siècle l'autorité des papes Victor et Zéphyrin qui l'ont condamné, celle de saint Justin, de saint Clément, de saint Irénée, de Méliton, qui ont si nettement affirmé la divinité du Christ, «... et tant de

---

1. *Constitut. apostol.*, VII, 47.

psaumes et de chants chrétiens, composés depuis l'origine [de l'Eglise] par des fidèles, et qui célèbrent le Christ Verbe de Dieu en le proclamant Dieu lui-même [1]. » Paul de Samosate, qui fut évêque d'Antioche de 260 à 270, avait supprimé dans l'Église d'Antioche « les psaumes qui s'y chantaient en l'honneur de Notre Seigneur Jésus-Christ ». Ainsi s'expriment les évêques dans la sentence de déposition de Paul de Samosate. Et quel prétexte celui-ci avait-il mis en avant pour autoriser cette suppression? C'est que ces psaumes n'étaient point les vieux psaumes davidiques : « Ils étaient nouveaux et l'œuvre d'hommes nouveaux [2]. »

On connaît les noms de quelques auteurs de psaumes nouveaux de cette sorte. Saint Basile cite le martyr Athénogène, un martyr du temps de Septime Sévère, auteur d'un psaume célèbre encore au IVe siècle pour l'expression remarquable, assure-t-on, qu'y trouvait le dogme de la Trinité [3]. Au témoignage du fragment de Muratori, Marcion avait, dès la seconde moitié du IIe siècle, mis en circulation un *Liber psalmorum* de sa façon. Saint Denys d'Alexandrie († 265) parle avec éloge des « nombreux psaumes si chers à tant de fidèles », qu'avait composés un évêque égyptien de la première moitié du IIIe siècle, Népos [4]. Valentin, le grand gnostique romain du temps de l'empereur Antonin (138-161), avait aussi composé des psaumes que Tertullien a connus [5]. Un de ses disciples, Bardesane

---

1. Euseb., *H. E.*, V, 28, 5.
2. Euseb., *H. E.*, VII, 30, 10.
3. Basil., *De spiritu sancto*, 73.
4. Euseb., *H. E.*, VII, 24, 4.
5. Tertull., *De carne Christi*, XVII. 20. Cf. *Philosophum.*, VI, 37 et surtout V, 1.

(† 223), était l'auteur d'un recueil de cent cinquante psaumes, très répandus dans les Eglises de langue syriaque : c'était tout un psautier, et un psautier gnostique [1]. Il nous est parvenu, particulièrement dans les actes apocryphes des Apôtres, qui sont pour la plupart des œuvres gnostiques de la seconde moitié du second siècle ou de la première moitié du troisième, plus d'un spécimen de ces psaumes gnostiques, œuvres anonymes d'une poésie parfois très relevée. Voici un texte de ce genre, mais d'origine catholique, contemporain de Clément d'Alexandrie [1] :

HYMNE DU SOIR

Lumière joyeuse de la sainte gloire,
de l'immortel père céleste
et saint heureux [fils],
o Jésus-Christ !
Nous voici au moment où le soleil se couche,
au moment où s'allume la lumière du soir.
Nous chantons le Père, le Fils
et l'Esprit saint de Dieu.
Tu es digne d'être en tout temps
célébré par des voix sans péché,
o fils de Dieu, qui donnes la vie !
Et voilà pourquoi le monde te glorifie !

Une poésie lyrique chrétienne originale s'épanouit ainsi au second et au troisième siècle. Son malheur est d'avoir été trop aisément le véhicule d'idées gnostiques, marcionites, et plus tard un instrument dans la main des pires hérétiques. Au quatrième siècle,

---

1. Sozom., *H. E.*, III, 16.
2. Christ et Paranikas, *Anthologia graeca carminum christianorum* (Leipzig, 1871), p. 40. Cf. Clem. Alex., *Paedagog.*, III, 12. (Christ et Par., *op. cit.*, p. 37.)

les Donatistes et les Ariens se servaient de pareils psaumes pour propager leurs doctrines : Arius avait composé sur des airs nouveaux des « cantiques de marins », des « cantiques de voyageurs »..., qui « insinuaient son impiété dans les cœurs simples par le charme de leur musique [1] ». C'en fut assez pour décourager l'Église catholique. Jamais les hymnes métriques de saint Grégoire de Nazianze, ni de Synésius n'ont eu les honneurs de la liturgie. A leur époque, la seconde moitié du quatrième siècle, les *psalmi idiotici* étaient éliminés de l'usage liturgique catholique. Mais ils n'ont point entièrement péri. Le beau psaume du soir, « Lumière joyeuse... », fait encore partie de l'office canonique de l'Église grecque. Le psaume du matin, *Gloria in excelsis*, éliminé de l'office de laudes, a trouvé dès avant le vi[e] siècle une place dans l'*ordo* romain de la messe. Et le *Te Deum*, que nous chantons encore à la fin de nos nocturnes, n'est qu'un *psalmus idioticus*.

* * *

L'office vigilial, qui avait été à l'origine propre à la solennité du dimanche, fut introduit de bonne heure dans la solennité des fêtes de martyrs : chaque anniversaire (*natale*) de martyr fut solennisé comme le jour du Seigneur par une synaxe liturgique précédée d'une vigile, d'un *coetus antelucanus*[2]. L'antiquité de ces anniversaires est attestée par un document de l'an 155, j'entends la lettre encyclique des fidèles de Smyrne annonçant le martyre de saint Polycarpe : nous y trouvons exprimée déjà comme un usage la pensée de célé-

---

1. Philostorg., *H. E.*, II, 2. Socrat., *H. E.*, VI, 8.
2. De Rossi, *Roma sotterranea*, t. III, p. 488.

brer le *natale* du martyr par une réunion des fidèles au lieu même où repose son corps [1]. C'est ce même usage auquel fait allusion la passion de saint Cyprien, quand elle nous montre une disposition providentielle dans ce fait que le peuple de Carthage célébrait une vigile la nuit même qui précéda le martyre de son évêque : « *Concessit ei tunc divina bonitas ...ut Dei populus etiam in sacerdotis passione vigilaret,* » comme si Dieu avait voulu faire célébrer le *natale* du saint évêque dès avant sa mort [2]. Et l'auteur de la passion de saint Saturnin de Toulouse a formulé cet usage en termes excellents quand il écrit : « L'anniversaire des jours où les martyrs ont été couronnés dans le ciel, nous les solennisons par des vigiles et par la messe : *Illos dies, quibus in dominici nominis confessione luctantes, beatoque obitu regnis coelestibus renascentes ...coronantur, vigiliis hymnis ac sacramentis etiam solemnibus honoramus* [3]... » Ces vigiles des martyrs ne se célébraient pas dans les églises urbaines, mais hors les murs, dans le cimetière où le martyr était enterré. Réunissez-vous, diront au IVe siècle les *Constitutions apostoliques*, réunissez-vous dans les cimetières pour lire les saintes Ecritures, pour psalmodier sur les corps des martyrs qui y dorment, pour y offrir le sacrifice de l'eucharistie [4].

Enfin les dimanches et les anniversaires des martyrs n'étaient pas les seules solennités qui, dans l'ancienne Église, eussent leurs vigiles, *nocturnae convocationes*, comme les appelle Tertullien [5] : il s'y était ajouté de

---

1. *P. G.*, t. V, p. 1043.
2. Ruinart, *Acta sincera*, p. 186.
3. Id., *ibid.*, p. 109.
4. *Constitut. apostol.*, VI, 17.
5. Tertull., *Ad uxorem*, II, 4.

bonne heure les jours de station. De même que les Juifs jeûnaient « deux fois par sabbat », les chrétiens jeûnaient deux fois par semaine : la *Doctrine des apôtres*, à la fin du premier siècle, mentionne déjà ces deux jours de jeûne ; le *Pasteur* d'Hermas, au commencement du second siècle, en parle aussi en leur donnant pour la première fois le nom de stations. Au troisième siècle, les stations du mercredi et du vendredi étaient dans l'usage catholique. « Les deux jours de station, écrit M. Duchesne, étaient consacrés comme le dimanche par des réunions du culte... En certains endroits, on célébrait la liturgie proprement dite, l'eucharistie ; tel était l'usage en Afrique, au temps de Tertullien, et à Jérusalem vers la fin du ive siècle. Dans l'Eglise d'Alexandrie, au contraire, la station ne comportait pas de liturgie. Socrate nous apprend que, ces jours-là, on lisait les Écritures, elles étaient interprétées par les docteurs ; en un mot, on faisait tout ce qui se fait dans les synaxes, moins la célébration des mystères[1]. » C'était une vigile. « *Die stationis, nocte vigiliae meminerimus*, » écrivait Tertullien[2]. Ce fut pendant une vigile de vendredi que saint Athanase fut attaqué dans l'église de Théonas, la nuit du 8 au 9 février 356[3].

Tel est le plus ancien état de l'office divin dans l'Église.

II

Vigiles dominicales, vigiles stationales, vigiles cimétériales : ces vigiles comprenant un triple office, vespéral, nocturne, matinal. On ne trouve pas trace d'autres

---

1. Socrat., *H. E.*, V, 22.
2. Tertull., *De orat.*, 29.
3. Duchesne, *Origines*, p. 220.

synaxes eucologiques dans la littérature des trois premiers siècles. Il faut arriver au ive siècle pour voir le service de la prière publique se modifier, et il se modifie sous l'influence de causes nouvelles.

Le ive siècle a vu naître une architecture ecclésiastique. Le cadre étroit et pauvre où s'était si longtemps resserré le culte chrétien, dans l'exiguïté des églises anciennes, — telles que celles du mont Sion à Jérusalem, où le vieux Saint-Théonas à Alexandrie, ou Saint-Théophile à Antioche, — ce cadre s'élargit soudain dans la magnificence des basiliques constantiniennes : ainsi la *Basilica aurea* de Saint-Jean-de-Latran, ainsi le Dominicum d'Alexandrie, ainsi l'Anastasis de Jérusalem, ainsi les Saints-Apôtres de Constantinople, et tant d'autres. Quelle joie religieuse ces beaux édifices devaient verser dans l'âme des fidèles ! A Alexandrie, les fidèles étaient si impatients de s'y rassembler que, au cours du carême de 354, ils suppliaient leur évêque, saint Athanase, de leur ouvrir le Dominicum, encore que cette basilique ne fût pour lors ni consacrée ni même terminée, et saint Athanase était impuissant à résister à leur requête [1].

Ne se retrouverait-on dans la maison du Seigneur qu'à de rares intervalles? Tant de jours, tant d'heures, ces grandes et saintes nefs resteraient-elles silencieuses et veuves de toute prière ? N'y avait-il point des âmes prêtes à y entretenir la prière perpétuelle ?

On ne pouvait plus compter sur le gros des fidèles. Les chrétiens, en effet, en devenant plus nombreux, n'étaient pas devenus plus fervents. Ils négligeaient maintenant même la synaxe liturgique du dimanche, à

---

1. Athanas., *Apolog ad Constant.*, 14.

la grande tristesse de saint Jean Chrysostome[1]. Mais aussi, à mesure que l'Eglise en s'étendant s'était attiédie, il s'était formé dans son sein un groupement des âmes les plus zélées et les plus ferventes. C'étaient des hommes et des femmes, vivant au milieu du monde et sans se dégager des obligations et des relations de la vie ordinaire, mais s'engageant, par une sorte de vœu, ou par une profession publique, à être chastes toute leur vie, à jeûner toute la semaine, à prier tout le jour. On les appelait, en Syrie, *monazontes* et *parthenae* : c'étaient les vierges et les ascètes. Ils formaient comme un tiers ordre, une confrérie sans hiérarchie et sans lien, un tiers état entre la cléricature et la laïcité, n'ayant, je parle des ascètes, aucun des pouvoirs des clercs, et rien que des devoirs plus stricts que les laïcs. La vie religieuse proprement dite ne sera qu'un développement de cette institution séculière[2]. Ces ascètes et ces vierges, nous les trouvons constitués de cette sorte dans toutes les grandes Eglises d'Orient de la première moitié du IVe siècle, à Alexandrie, à Jérusalem, à Antioche, à Édesse.

Or, à ces ascètes, à ces vierges, leur règle faisait un devoir de prier tous les jours, de ne se contenter point des vigiles solennelles de l'Église, mais de célébrer entre eux des vigiles quotidiennes. Leur vie devait être une vigile perpétuelle. Dans ce traité *De la virginité* qui porte le nom de saint Athanase et qui est en réalité une œuvre syrienne arianisante de la première

---

1. Chrysostom., *Homil. IV in Annam*, 1 : « Cum videam synaxes parum frequentari, ...quis tantum neglectum ferat? Semel in hebdomada hic colligimur, et ne hac quidem die saeculares curas posthabere sustinent! »

2. Cf. *Studia patristica*, p. 139-148.

moitié du IVᵉ siècle, il est prescrit aux vierges de se lever chaque nuit pour un office, purement privé celui-ci, et qui n'est que l'office vigilial rendu quotidien [1]. Un peu plus tard, saint Jean Chrysostome écrivait des ascètes d'Antioche : « A peine le coq a-t-il chanté, ils se lèvent. A peine sont-ils levés, ils entonnent les psaumes de David, et avec quelle suave harmonie ! Il n'y a ni harpe, ni flûte, ni tel autre instrument de musique qui donne un chant pareil à celui que l'on entend monter, dans le silence et dans la solitude, des lèvres de ces saints. De même quand ils chantent avec les anges, oui, avec les anges, le *Laudate dominum de coelis*, tandis que nous, hommes du siècle, nous reposons encore ou qu'à demi éveillés nous ne songeons qu'à nos misérables desseins. Au point du jour seulement ils se reposent, et encore à peine le soleil a-t-il paru, ils se remettent à la prière et exécutent leurs laudes matinales [2]... »

Saint Jean Chrysostome, et aussi le pseudo-Athanase auteur du traité *De la virginité*, poursuivent en disant que ce n'est pas seulement chaque matin, au chant du coq et à l'heure des laudes de l'aurore, que les ascètes et les vierges se livrent ainsi entre eux à la psalmodie, mais encore, et quotidiennement, à la troisième, à la sixième et à la neuvième heure du jour. Aussi bien était-ce une vieille coutume chrétienne que de consacrer par quelque prière tierce, sexte et none. L'Eglise chrétienne avait rattaché des souvenirs chrétiens à ces trois moments, qui divisaient le jour en trois étapes : à la troisième heure (neuf heures du matin), le souvenir de

---

1. Pseudo-Athanas., *De virginitat.*, 20.
2. Chrysostom., *Homil. XIV in I Tim.*, 4.
   Histoire du Bréviaire romain.

la condamnation du Sauveur; à la sixième (midi), le souvenir de sa crucifixion; à la neuvième (trois heures), le souvenir de sa mort [1]. Et chacune de ces heures, en sonnant aux horloges publiques, devait rappeler aux fidèles qu'il ne fallait point laisser leur cœur se distraire des mystères de la foi : « *Tres istas horas ut insigniores in rebus humanis, quae diem distribuunt, quae publice resonant, ita et solemniores fuisse in orationibus divinis [intelligamus]* [2]. »

Ce qui n'était pour les fidèles du IIIe siècle que la matière d'un conseil [3] était devenu pour les ascètes et les vierges du IVe une règle. Ascètes et vierges priaient à tierce, à sexte et à none, comme ils priaient à vêpres ou à laudes : la psalmodie, et la psalmodie en commun, les réunissait à chacune de ces différentes heures, comme elle les réunissait au chant du coq ou à l'heure du lucernaire [4].

Il restait un progrès à accomplir, et que l'Église offrît l'hospitalité de ses nefs à ces ascètes et à ces vierges, et que le clergé prît la direction de ces exercices à l'origine surérogatoires et privés. Ce progrès fut accompli vers le milieu du IVe siècle. Tout ce que nous voyons cité de textes mentionnant la quotidienneté d'exercices eucologiques le matin et le soir, comme à tierce, à sexte, à none, textes empruntés à des auteurs antérieurs au IVe siècle, ne témoigne qu'en faveur d'exercices eucologiques surérogatoires et privés. Et la première fois où l'on voit mentionnée la quotidienneté d'un

---

1. *Constitut. apostol.*, VII, 34.
2. Tertull., *De jeiun.*, 10.
3. Clem., *Stromat.*, VI : « *Nonnulli certas ac definitas horas constituunt precationi, ut tertiam et sextam et nonam.* »
4. Chrysostom., *loc. cit.* Pseudo-Athanas., *loc. cit.*

exercice encologique public, — encore ne s'agit-il que de l'office du matin au chant du coq et de l'office du soir au coucher du soleil, — c'est dans un *document du milieu du IVe siècle et d'origine syrienne, le second livre des Constitutions apostoliques*. On y voit les fidèles conviés par l'évêque à venir à l'église le dimanche et le samedi ; entendez à l'office de la vigile dominicale : « *Praecipue die sabbati et die dominica studiosius ad ecclesiam accurrite.* » Mais l'évêque doit aussi encourager de tout son pouvoir les fidèles à venir à l'église tous les jours, le matin et le soir, pour prendre part à la psalmodie et à la prière présidée par le clergé : « *Singulis diebus congregemini mane et vespere psallentes et orantes in aedibus dominicis*[1]. »

L'usage d'ouvrir ainsi chaque matin et chaque soir l'église aux ascètes et aux vierges pour que, sous la direction des clercs, ils y célébrassent leurs exercices, c'est à savoir les vigiles quotidiennes, cet usage avait été inauguré à Antioche du temps de l'évêque semiarien Léonce (344-357), prélat charitable et inconsistant, fort malheureux de se voir à la tête d'une Eglise où les partisans de la foi nicéenne étaient nombreux et zélés. Les ascètes y formaient le gros du parti nicéen, lequel avait pour chefs deux laïcs de haut rang, Flavien et Diodore. L'ombrage que portait à Léonce la confrérie conduite par de tels hommes le conduisit à des concessions : en 350, il expulsait l'arien Aétius que luimême avait eu la faiblesse d'ordonner diacre et de recevoir dans l'Eglise d'Antioche. Il fit plus. De même que les hospices (*xenodochia*) avaient pour les administrer des préfets laïques nommés par l'évêque, ainsi voulut-

---

1. *Constitut. apostol.*, II, 59.

il que les confréries (*asketeria*) fussent gouvernées par des préfets de son choix, et il promut Diodore à cette charge. Cet évènement dut se placer entre 350 et 357, plutôt vers 350, date de l'expulsion d'Aètius. Et c'est à cet évènement que se rattache l'introduction de l'office quotidien des ascètes et des vierges dans le service des églises.

Puis, car ces confréries de Diodore avaient été, de 350 à 378, l'école où s'étaient formés les plus marquants des hommes d'Eglise de la dernière partie du IVe siècle, — il suffit de nommer Théodore de Mopsueste, saint Basile et saint Jean Chrysostome, — la réforme exécutée sous l'évêque Léonce à Antioche fit en vingt ans la conquête des Eglises de l'Orient grec. Saint Basile l'introduisit à Césarée, malgré l'opposition d'une partie du clergé, que heurtait dans ses vieux usages cette innovation liturgique (375)[1]. A Milan saint Ambroise, évêque depuis 374 et ami personnel de saint Basile, inaugura l'usage oriental des vigiles quotidiennes : « *Hoc in tempore*, écrit Paulin, biographe de saint Ambroise, *primum... vigiliae in ecclesia mediolanensi celebrari coeperunt*[2]. » A Jérusalem, où les ascètes et les vierges étaient plus nombreux que nulle part ailleurs, cet office public quotidien prit une solennité plus grande aussi.

Une femme gallo-romaine, qui visitait les saints lieux vers 385-388 et dont nous possédons le journal de voyage[3], — cent pages de petit latin qui sont un des plus précieux joyaux de l'ancienne littérature chré-

---

1. Basil., *Epistul.*, CCVII, 2-4.
2. Paulin., *Vita Ambr.*, 13.
3. J.-F. Gamurrini, *S. Silviae aquitanae peregrinatio ad loca sancta*, Rome, 1887.

tienne, — sainte Silvia, nous a laissé une description détaillée du service eucologique quotidien de l'église cathédrale de Jérusalem, l'Anastasis.

Voici pour l'office vespéral :

« A la dixième heure, écrit-elle, l'heure que l'on appelle ici *licnicon* et que nous appelons chez nous *lucernare*, la foule se porte à l'Anastasis. Les cierges sont tous allumés ; il fait une lumière infinie. On chante alors les psaumes du soir (*psalmi lucernares*), qui sont des psaumes longuement antiphonés [1]. Au moment voulu, on a prévenu l'évêque ; il descend ; il s'asseoit sur son siège élevé, les prêtres autour de lui à leurs places. Le chant des psaumes et des antiphones s'achève : alors l'évêque se lève et il reste debout devant la balustrade, pendant qu'un diacre fait la commémoraison de chacun, et que les *pisinni* ou jeunes enfants, qui sont là très nombreux, à chaque nom répondent *Kyrie eleison* : leurs voix sont infinies. Le diacre ayant achevé son énumération, l'évêque prononce une oraison : c'est l'oraison pour tous, et l'assemblée, tant les fidèles que les catéchumènes, incline la tête. Puis l'évêque prononce l'oraison pour les catéchumènes, et ceux-ci inclinent seuls la tête. Enfin l'évêque prononce l'oraison pour les fidèles, et, à leur tour, ceux-ci s'inclinent sous la bénédiction épiscopale. L'office est fini : chacun s'en va après avoir baisé la main de l'évêque... La nuit est déjà noire. »

Voici pour les nocturnes et les laudes :

« Chaque jour, avant le chant du coq, toutes les portes de l'Anastasis s'ouvrent et voici qu'arrivent les *monazontes* et les *parthenae* ; et non seulement eux,

---

1. Je reviendrai plus loin à ce détail important.

mais encore des laïcs, hommes et femmes, qui veulent faire vigile (*qui volunt maturius vigilare*). De ce moment-là au lever du soleil, on psalmodie (*psalmi responduntur*); à la fin de chaque psaume, on prononce une oraison. Ces oraisons sont dites par les prêtres et les diacres qui, tous les jours, au nombre de deux ou trois, sont désignés pour venir présider l'office des *monazontes*. — Mais, au moment où le jour point, on commence à dire les *matutinos ymnos*. L'évêque arrive à ce moment avec ses clercs, et, debout derrière la balustrade, il dit une oraison *pro omnibus*, puis *pro catechumenis*, puis *pro fidelibus*. Il se retire ensuite, et chacun vient lui baiser la main et se faire bénir par lui. L'assemblée est congédiée au jour venu, *jam luce*. »

Voici pour sexte et none :

« A la sixième heure, les fidèles se retrouvent semblablement dans la basilique de l'Anastasis : on dit les psaumes et les antiphones. L'évêque est averti, il arrive et, sans s'asseoir, debout devant la balustrade, comme le matin, il prononce de même l'oraison. Il se retire ensuite et chacun vient lui baiser la main. A la neuvième heure a lieu le même office qu'à la sixième. » — Sainte Silvia ne parle point de réunion psalmodique à tierce, cette heure, dans une basilique comme l'Anastasis, étant réservée sans doute au service eucharistique.

C'était là le service quotidien introduit avec les ascètes et les vierges dans la publicité des basiliques. Veut-on voir maintenant comment il s'y combinait avec l'antique usage de la vigile? Sainte Silvia va nous l'apprendre.

« Le septième jour, c'est-à-dire le dimanche, avant le chant des coqs, la multitude, aussi nombreuse qu'elle le serait à Pâques, se réunit à l'Anastasis, mais hors l'église. Il y a là des luminaires suspendus pour éclairer la réunion. Les fidèles arrivent longtemps à l'avance, craignant d'arriver passé le chant du coq. Ils s'asseoient. On chante des psaumes antiphonés, chaque psaume suivi d'une oraison dite par un prêtre ou par un diacre, car il y a toujours des prêtres et des diacres pour présider là les vigiles. La coutume veut qu'avant le premier chant du coq on n'ouvre pas les portes de la basilique. Mais sitôt qu'il a retenti, l'évêque arrive : les portes s'ouvrent, la foule entre ; la basilique étincelle de mille lumières. Le peuple entré, un prêtre dit un psaume auquel l'assemblée répond ; après le psaume, une oraison. Puis un diacre dit un second psaume, suivi d'une oraison. Puis un clerc quelconque un troisième psaume suivi d'une troisième oraison. A la suite, la commémoraison [ou prière pour tous, et pour les fidèles, et pour les catéchumènes, comme plus haut]. Ces trois psaumes et ces trois oraisons achevés, les encensoirs sont apportés ; la basilique s'emplit de leur parfum. C'est le moment où l'évêque prend l'évangile en main et fait la lecture. Après quoi, il bénit les fidèles, l'office est fini. L'évêque se retire ; les fidèles aussi retournent chez eux et vont dormir. — Mais les *monazontes* restent dans la basilique pour chanter, jusqu'au jour, des psaumes antiphonés, chaque psaume suivi d'une oraison dite par quelque prêtre ou diacre. Il reste aussi quelques laïcs, hommes ou femmes, ceux qui veulent. »

Dans cette description si détaillée et si vivante, on distingue nettement la superposition des deux liturgies : la liturgie de la totalité des fidèles, ou vigile dominicale au chant du coq, la liturgie des ascètes et des vierges, ou vigile quotidienne du chant du coq au lever du soleil ; ces deux liturgies se juxtaposent le dimanche de telle sorte que l'une est obligatoire et suivie par tout le clergé et par tous les fidèles, et que l'autre, qui cependant suit la première, reste facultative, et ne retient que les plus fervents pour y prendre part et quelques clercs pour la présider [1]. Tel était l'usage liturgique à Jérusalem. Si nous mettons à part la célébration en public de tierce, de sexte et de none, exercice que je ne vois pas généralisé, on peut dire que tel était aussi l'usage liturgique des Eglises de l'Orient grec et des Gaules. « *Huius celebritatis devotio... non solum in eadem ecclesia* — l'Eglise de Milan — *verum per omnes pene Occidentis provincias manet* », dit le biographe de saint Ambroise [2].

*
* *

La quotidienneté des vigiles n'était point la seule innovation due à l'influence des ascètes et des vierges de Syrie. On leur devait une transformation profonde de la psalmodie ecclésiastique.

Ce qu'était le chant antique des psaumes, le *psalmus responsorius*, on l'a vu plus haut : mais on ne saurait trop répéter la formule qu'en donne saint Augustin d'après saint Athanase : « *Tam modico flexu vocis faciebat sonare lectorem psalmi, ut pronuncianti vicinior esset quam canenti.* » Or, si un pareil chant pouvait suffire à fixer l'attention d'une assemblée très restreinte et très serrée, et à remplir la capacité d'une petite église, il n'en allait pas de même d'une grande foule ni d'une

---

1. Comparez à la description de sainte Silvia celle que présente la *Vie* de sainte Mélanie et qui se rapporte à l'usage de Jérusalem postérieur d'une trentaine d'années au pèlerinage de Silvia : *Analecta Bollandiana*, 1889, p. 29.

2. Paulin., *loc. cit.*

vaste basilique. Dans de pareils vaisseaux la voix grêle d'un lecteur devenait impuissante à dominer le confus murmure du peuple. « *Quantum laboratur in ecclesia ut fiat silentium cum lectiones leguntur,* » observe un évêque du IVe siècle [1]. Dans des assemblées, que le même auteur compare à une mer mouvante et bruyante, « *tanquam undis refluentibus stridet ecclesia* [2], » il fallait que le chant devînt plus puissant, puissant comme le bruit des grandes eaux elles-mêmes. A la psalmodie en solo, *psalmus responsorius*, se substitua la psalmodie en chœur, *antiphona*.

« Le mot *antiphona* vient du grec, écrit saint Isidore, et peut se traduire : *vox reciproca*. L'antiphone est le chant de deux chœurs qui se répondent, et qui se répondent des versets différents : *in antiphonis versibus alternant chori* [3]. » Ici plus de solo : toute l'assemblée prend part au chant, partagée en deux chœurs ou « systèmes », chantant l'un le premier verset du psaume, l'autre le second, et ainsi de suite. Saint Isidore ajoute que cette psalmodie venait des Grecs, « *quod genus psallendi Graeci invenisse traduntur.* » Et rien n'est plus juste, tous les témoignages s'accordant à attribuer à Diodore l'introduction du chant antiphoné dans l'Église d'Antioche.

S'il faut en croire Théodore de Mopsueste, bien en situation de connaître les choses d'Antioche puisqu'il y passa sa jeunesse dans les confréries de Diodore, l'antiphone avait été empruntée par celui-ci à l'usage des Églises de langue syriaque [4]. Saint Basile confirme le

---

1. Ambros., *In ps. I enarrat.*, 9.
2. Id., *Hexaemeron*, III, 15.
3. Isidor., *Etymolog.*, VI, 19.
4. Theodor., apud Nicet., *Thesaur.*, V, 30.

témoignage de Théodore de Mopsueste, quand il écrit que de son temps (375) les Églises de la vallée de l'Euphrate exécutaient la psalmodie à deux chœurs comme les Églises grecques de Palestine et de Syrie [1]. A Antioche, plus tard, on voulut donner à l'antiphone une origine plus indigène et plus glorieuse : on raconta qu'elle remontait à saint Ignace, à qui une vision avait montré les anges chantant ainsi à deux chœurs les louanges de la sainte Trinité ; il avait réalisé cette vision du ciel dans son Église d'Antioche. La légende en a été recueillie par l'historien Socrate, au début du Ve siècle [2].

Reçu à Antioche en même temps que la quotidienneté de l'office, le chant antiphoné des psaumes avait conquis bientôt sa place dans toutes les grandes Églises de l'Orient. Saint Basile, dans cette même lettre qui a été citée à plusieurs reprises déjà, se défend contre les critiques de quelques clercs d'avoir introduit une singularité de son fait dans l'Église de Césarée en y introduisant le chant antiphoné des psaumes. « Cette psalmodie nouvelle n'est point une singularité, écrit-il, puisqu'elle est à cette heure (375) pratiquée dans toutes les Églises de Dieu : les clercs, qui sont tentés de rompre avec moi pour ce motif, devront rompre au même titre avec les Églises d'Egypte, de Palestine, de Syrie et de l'Euphrate. » L'antiphone était reçue à Constantinople du temps de saint Jean Chrysostome, à Jérusalem du temps de sainte Silvia, à Milan du temps de saint Ambroise et par ses soins.

Il y a plus. Le chant antiphoné, qui, dans sa simpli-

---

1. Basil., *Epistul.*, CCVII, 3
2. Socrat., *H. E.*, VI, 8.

cité originelle, n'était qu'une mélopée assez monotone, devint tout de suite une mélodie aussi variée qu'expressive. Le chant des psaumes, après avoir commencé par être un simple récitatif, tournait ainsi au graduel. En 387, lorsque Flavien, évêque d'Antioche, se rend à Constantinople pour demander la grâce des habitants d'Antioche menacés de la colère de Théodose, pour mieux toucher le cœur du grand empereur, il demande « aux jeunes gens qui ont coutume de chanter à la table du prince d'exécuter les psalmodies suppliantes d'Antioche [1] ». Théodose est saisi par le caractère de cette musique religieuse si expressive et si nouvelle ; des larmes d'émotion tombent dans la coupe qu'il tenait à la main [2]. Lorsque saint Jean Chrysostome sera fait évêque de Constantinople, il installera la musique antiochienne dans son Église et donnera la direction des chœurs à un eunuque de l'impératrice [3], le maître-chanteur de la cour.

Le chant antiphoné recevait à Milan un développement semblable à celui que nous constatons à Antioche. Saint Ambroise, pour augmenter l'éclat des vigiles quotidiennes de son Église, y faisait exécuter les psaumes « *secundum morem orientalium partium, ne populus moeroris taedio contabesceret* ». Et cette innovation s'étendait rapidement à « presque toutes les Églises de l'Occident ». « Combien ai-je pleuré, écrivait plus tard saint Augustin, combien ai-je pleuré au son de cette psalmodie, remué que j'étais par les voix de ton harmonieuse église : *Quantum flevi... suave sonantis ecclesiae tuae vocibus commotus acriter !* « Et cependant le même

---

[1] ...τὰς ἐν ταῖς λιταῖς τῶν Ἀντιοχέων ψαλμῳδίας.
[2] Sozomen., *H. E.*, VII, 23.
[3] Id., *ibid.*, VIII, 8.

Augustin n'est pas loin de considérer cette psalmodie en musique comme une invasion inquiétante de l'art dans l'austérité traditionnelle du culte. « Oui, j'ai pleuré aux accents de ces voix et j'ai trouvé de la douceur dans mes larmes. Mais, pardonnez-moi ma sévérité si ma sévérité est une erreur, je voudrais bien souvent éloigner de mes oreilles, et des oreilles de l'Église elle-même, toute la mélodie suave de ces chants avec laquelle on exécute maintenant la psalmodie davidique. » Et ce lui est l'occasion de rappeler le mot de saint Athanase, — *qui tam modico flexu vocis faciebat sonare lectorem psalmi, ut pronuncianti vicinior esset quam canenti*, — et d'ajouter : « Le goût d'Athanase était le plus sûr [1]. »

Ce qu'était cette musique antiochienne et cette musique milanaise, il ne nous appartient pas ici de le rechercher. Nous ne devons que remarquer l'illusion dont était victime le beau génie de saint Augustin. Il regrettait la simplicité antique de la psalmodie, se rendant, semble-t-il, mal compte que cette simplicité n'était plus séante à la pompe du culte chrétien triomphant. L'art chrétien naissait sous toutes ses formes : architecture, peinture, cérémonial. A ces foules de fidèles assemblées sous les marbres et les mosaïques étincelantes de l'Anastasis ou des Saints-Apôtres, à ces longues théories de clercs aux vêtements blancs, « plus blancs que ceux du peuple et de préférence éclatants, » il fallait l'attrait et le prestige d'une musique chorale pénétrante et ornée, comme l'était de même l'éloquence de saint Jean Chrysostome et aussi celle de saint Ambroise. Il n'est pas désirable que les arts, qui sont un langage, en se mettant au service de l'Église,

---

1. Augustin., *Confess.*, IX, 6-7 ; X, 33.

deviennent indépendants des révolutions du goût et des mœurs, et se fixent un canon immuable. Cela est vrai surtout de la musique. Saint Augustin avait tort contre saint Jean Chrysostome et contre saint Ambroise, comme à leur tour auraient tort les plainchantistes d'aujourd'hui, qui voudraient nous donner le plainchant du viie siècle, comme l'expression dernière de la musique chrétienne, et dire à leur tour : le goût de saint Ambroise — ou de saint Grégoire — était le plus sûr.

III

L'œuvre liturgique du ive siècle est accomplie. Elle a consisté à organiser la quotidienneté d'un double service psalmodique : d'une part, le cours (*cursus*) nocturne, comprenant les vêpres, l'office nocturne au chant du coq, enfin les laudes matinales ; d'autre part, le cours diurne, comprenant les trois psalmodies de tierce, de sexte et de none ; ces deux cours célébrés à l'église par les confréries de vierges et d'ascètes sous la direction des clercs, et célébrés avec une pompe musicale toute nouvelle, « *protelati antiphonarum melodiis et adiunctione quarumdam modulationum,* » comme dit Jean Cassien[1]. Cette révolution liturgique s'est faite sous l'influence et presque sous la pression de ces confréries de *monazontes* et de *parthenae*.

Or, il arrive que, à dater du règne de Théodose et du moment où le catholicisme devient la religion sociale du monde romain, une scission profonde se produit dans la société religieuse. Ces ascètes et ces vierges, qui ont vécu jusqu'ici dans la communauté des fidèles, abandonnent le siècle pour passer au désert. Le céno-

---

1. Cassian., *Institut.*, II, 2.

bitisme, dont on n'a vu jusque-là que des essais, se constitue en une société chrétienne distincte, à côté et on dirait même en dehors de la société catholique. L'Eglise de tous n'est plus pour ces purs une cité assez sainte : et secouant sur elle la poussière de leurs sandales, ils s'en vont bâtir dans les solitudes de la Transjordanie ou de la Thébaïde la Jérusalem de leurs vœux.

Désormais, il y aura un double *ordo psallendi* : celui des communautés monastiques et celui des églises épiscopales.

En aucune église, nous ne retrouverons l'office tel qu'il était célébré dans l'Anastasis de Jérusalem au temps de sainte Silvia : tierce, sexte, none ne seront nulle part de l'office public du clergé. Nous voulons, dit une novelle de l'empereur Justinien datée de 529, que « tous les clercs constitués dans chaque église chantent eux-mêmes les vêpres, les nocturnes et les laudes ». Car, ajoute l'empereur, « il est absurde que les clercs, à qui incombe le devoir de la psalmodie, fassent chanter à leur place des gens à gage; et que les laïcs si nombreux, qui pour le bien de leurs âmes se montrent assidus à venir à l'église prendre part à la psalmodie, y puissent constater que les clercs constitués pour cet office ne le remplissent point. » Et la novelle prescrit en conséquence que les clercs de chaque église seront requis, par l'évêque du lieu et par le défenseur de chaque église, de prendre part à la psalmodie : ceux qui se seront montrés infidèles à ce service seront mis hors le clergé[1]. Où nous voyons que dans l'Orient grec, au commencement du VIe siècle, chaque église avait son

---

1. *Cod. Justinian.*, I, 3, 41, éd. Krueger, p. 28.

cours nocturne, c'est-à-dire son office vespéral, nocturne et matinal, auquel les fidèles aimaient encore à assister et que les clercs avaient l'obligation de présider. Aucun cours diurne.

Pareil usage dans les Gaules, où pourtant l'influence monastique aura été étendue et profonde [1]. Le canon de l'office public ne diffère pas du canon tel que le définissait pour l'Orient la novelle de Justinien. A s'en tenir aux termes du concile d'Agde de 506 : « Il convient, lisons-nous, que *l'ordo* de l'Eglise soit également respecté par tous. Nous établissons donc que, suivant l'usage général (*sicut ubique fit*), après la psalmodie antiphonée, les oraisons soient dites par l'évêque ou par les prêtres, et qu'il y ait psalmodie tous les jours, matin et soir [2]... » « Nous voulons, disait le concile de Girone de 517, que tous les jours, après matines et après vêpres, l'oraison dominicale soit dite par un prêtre [3]. » « Nous voulons, disait le quatrième concile de Tolède, qu'il n'y ait qu'un *ordo psallendi* pour l'Espagne et pour la Gaule dans les offices du soir et du matin, *in vespertinis matutinisque officiis.* » « Nous voulons, disait plus expressément encore le concile de Braga, en 561, qu'il n'y ait qu'un seul et même *ordo psallendi* pour les offices du soir et du matin ; et nous repoussons les usages différents, soit privés, soit monastiques, que l'on voudrait mêler à l'usage des Églises : *Ut unus atque idem psallendi ordo in matuti-*

---

1. Cf. Mabillon, *De cursu gallicano disquisitio*, ap. Migne, *P. L.*, t. LXXII, p. 381 et suiv.
2. «... Et ymni matutini vel vespertini diebus omnibus decantentur...; et in conclusione matutinarum vel vespertinarum missarum... » Mansi, t. VIII, p. 329. Friedberg, t. I, p. 1415.
3. Mansi, t. VIII, p. 550. Friedberg, t. I, p. 1415.

nis vel vespertinis officiis teneatur, et non diverse ac private, neque monasteriorum consuetudines cum ecclesiastica regula sint permixtae[1]. » Ces divers textes s'accordent à faire consister l'office canonique des clercs en deux exercices, celui du soir ou vêpres et celui du matin ou matines, l'office nocturne proprement dit étant censé uni à l'office de matines. — Un canon du concile de Tours de 567 nous édifie sur le programme de ce double office. A vêpres, que les clercs de Saint-Martin appellent la douzième heure, on récite invariablement douze psaumes, sans autre antienne que l'alleluia. A matines, le nombre des psaumes varie suivant la saison : de Pâques au mois de septembre, c'est-à-dire en été, on chante douze psaumes antiphonés de deux en deux, soit six antiennes ; en septembre, quatorze psaumes, sept antiennes ; en octobre, vingt-quatre psaumes, huit antiennes ; en novembre, vingt-sept psaumes, neuf antiennes ; de décembre à Pâques, trente psaumes, dix antiennes. Quiconque aura le loisir d'en chanter davantage ne saurait qu'être encouragé ; mais celui qui ne pourrait exécuter à matines une psalmodie parfois si longue fera ce qu'il pourra, *ut possibilitas habet*, à condition de ne jamais réciter à matines moins de douze psaumes, sous peine d'avoir pour pénitence à jeûner jusqu'au soir et sans autre réfection le soir que du pain et de l'eau[2].

Tel était au vi[e] siècle l'*ordo psallendi* des clercs.

Quant aux anniversaires des martyrs, auxquels maintenant s'ajoutaient des anniversaires de translations de martyrs, des anniversaires de saints non martyrs, et des anniversaires de dédicaces d'églises, — ce serait une

---

1. Mansi, t. X, p. 616. Friedberg, t. I, p. 31.
2. Mansi, t. I. , p. 790.

erreur de penser sur la foi des martyrologes qu'ils sont communs à toute la chrétienté. Tel n'est le cas, semble-t-il, que de saint Etienne, de saint Jacques, de saint Jean, de saint Pierre, de saint Paul [1]. En règle générale, là où est la confession ou tombeau du saint, et encore là où se trouve quelque relique du saint, là se célèbre son *natale* : et la fête a toujours ainsi quelque attache topographique, comme au temps où elle se célébrait dans les cimetières mêmes. De là vient que les communautés monastiques, celles que décrit Jean Cassien, ne fêtent point les saints ; et ce sera une originalité de la règle bénédictine [2] que d'introduire dans la liturgie monastique les *natalitia sanctorum*, qui sont jusque-là le privilège, la propriété des vieilles Églises chrétiennes, riches de martyrs locaux ou enrichies de reliques étrangères. A Tours, le *natale* de saint Jean l'évangéliste se célèbre dans la basilique de Saint-Martin ; celui de saint Pierre et de saint Paul, dans la basilique de Saints-Pierre-et-Paul ; celui de saint Martin, celui de saint Brice, celui de saint Hilaire, dans la basilique de Saint-Martin ; celui de saint Litorius, dans la basilique de Saint-Litorius : tandis que la fête de Noël se célèbre dans l'église cathédrale [3]. Au VIe siècle, les fêtes de saints sont donc encore en dehors de l'office des clercs.

A pareille date, l'*ordo psallendi* des moines était arrivé au terme de son développement. L'influence des moines de Palestine avait été ici prépondérante. Les moines d'Egypte, en effet, au moins ceux du temps de Jean Cassien (390-403), ne pratiquaient en commun que

---

1. Gregor. Nyssen., *In laudem fratris Basilii*, 1. [Dom Baeumer.]
2. *Regul.*, 14.
3. Gregor. Turonen., *Histor. Francor.*, X, 6.

le cours nocturne et dans la forme archaïque que nous avons décrite plus haut. Pour eux, point de cours diurne : les *antelucanae orationes*, comme dit quelque part archaïquement Cassien, une fois terminées, les cénobites égyptiens allaient à leurs travaux manuels, et ce qu'ils faisaient de prières dans le courant de la journée n'était plus qu'œuvre individuelle et libre, *voluntarium munus*[1]. C'était, cela aussi, une forme archaïque de l'eucologie chrétienne. Les moines de Palestine, au contraire, avaient gardé l'office tel que les ascètes et les vierges le pratiquaient à Jérusalem du temps de sainte Silvia : le cours nocturne, comprenant les vêpres (*vespertina solemnitas*) au coucher du soleil, le nocturne (*nocturna solemnitas*) et les laudes matinales ; le cours diurne comprenant tierce, sexte et none[2].

Cependant les moines de Palestine, et plus exactement ceux de Bethlehem, avaient ajouté un exercice au cours diurne. L'institution n'était pas ancienne, puisque Jean Cassien l'avait vu établir à l'époque où il séjournait à Bethlehem (390-403). Les moines de Palestine, comme aussi ceux d'Egypte, ne se reposaient pas l'office nocturne et les laudes une fois terminés, et ce point de la règle était d'une extrême dureté. On pensa qu'il serait plus humain de laisser les moines se reposer après l'office nocturne et les laudes ; mais, comme la journée d'un homme de Dieu ne saurait commencer que par une prière, les moines de Bethlehem, à leur relever, se réunissaient pour chanter un office de trois psaumes, semblable par conséquent à l'office des trois autres heures diurnes. On l'appela prime[3].

1. Cassian., *Institut.*, III, 2.
2. Id., *ibid.*, III, 3.
3. Id., *ibid.*, III, 4.

De même que l'office matinal de laudes ne concordait pas avec le commencement de la journée, l'office de vêpres ne concordait pas avec la fin. Après vêpres avait lieu le repas du soir : le coucher venait ensuite. La journée de l'homme de Dieu finirait-elle autrement que par une prière ? C'était une pensée bien ancienne, ou plutôt une pensée qui n'avait pas d'âge, que la pensée de finir le jour en en remerciant Dieu, et en lui confiant la nuit où l'on entrait. Saint Basile parle de cette prière du soir, comme d'une chose traditionnelle [1]. En Occident, saint Benoît le premier la fit rentrer dans le cours des offices, en lui donnant le nom qu'elle a gardé de *completorium*, complies, achèvement.

Le cycle de l'office monastique était maintenant complet.

Il resterait à étudier en détail la description qu'en donne saint Benoît dans sa règle : mais nous ne nous y attarderons pas. L'office bénédictin est une création composite, œuvre personnelle et particulière d'adaptation : « Notre intention, écrit saint Benoît en manière de conclusion, est qu'au cas que quelqu'un n'approuve pas ce partage des psaumes, comme nous l'avons fait, il ordonnera en cela ce qu'il jugera plus à propos [2]. » Il rendait à ses disciples la liberté dont il avait usé lui-même. Quelques éléments de l'office bénédictin sont romains, d'autres milanais ; dans son ensemble, cet office n'aura qu'une influence éloignée et tardive sur la formation de l'office romain, dont il sera plutôt tributaire.

---

1. Basil., *De spiritu sancto*, 73 : « Visum est patribus nostris vespertini luminis gratiam haudquaquam silentio accipere, sed mox ut apparuit agere gratias. »
2. *Regul.*, 18.

En revanche, du point où nous sommes parvenus, nous embrassons d'un regard tout le développement qui constitue la genèse des heures ecclésiastiques. Une pensée théologique chrétienne, la pensée du retour du Christ, la parousie, a créé l'antique vigile, c'est-à-dire l'office vespéral, nocturne et matinal du dimanche. La célébration de cet office a été étendue par l'Église aux jours de station et aux anniversaires des martyrs. Les confréries d'ascètes et de vierges l'ont rendue quotidienne. Une pensée mystique juive a créé tierce, sexte, none, offices restés dans toute l'antiquité chrétienne propres aux moines qui l'avaient rendu liturgique. Plus récents sont les deux offices de prime et de complies, nés des conditions de la vie monastique et demeurés plus longtemps encore propres à la liturgie des monastères. On reconnaît dans ses grands traits la part de l'ancienne Église et la part du monachisme, restées tranchées jusqu'au VIe siècle.

Ce sera l'œuvre du VIIe et du VIIIe siècle de faire la fusion de ces éléments divers, et d'opérer le syncrétisme liturgique que représente l'office canonique de l'époque de Charlemagne. Mais déjà, à parler de syncrétisme liturgique, nous touchons à ce qui est éminemment l'œuvre de l'Église romaine, et le moment est venu d'aborder cette étude où tout ce qui précède nous a conduits.

CHAPITRE II

LES ORIGINES DE L'*ORDO PSALLENDI* ROMAIN

Nous venons de voir comment s'est formée et développée, dans l'Église catholique, la liturgie des heures. Nous avons étudié cette formation et ce développement en dehors de l'Église romaine, pour être mieux à même de distinguer ce qui, dans l'usage intérieur de l'Église romaine, appartient à la tradition locale de ce qui appartient à la tradition catholique. Nous voici désormais à Rome : à l'aide des textes antérieurs au VIIIe siècle que la littérature romaine nous fournit, nous avons à décrire le développement de la liturgie des heures à Rome, les états successifs par lesquels elle a passé avant d'arriver à se fixer dans cet *ordo psallendi* tout ensemble emprunté et original, qui sera l'office canonique romain du temps de Charlemagne [1].

[1]. Quelques indications préalables sont ici nécessaires. Rome comptait quatre sortes d'églises : les églises patriarcales (le Latran, Saint-Pierre, Saint-Paul, Saint-Laurent, Sainte-Marie-Majeure, Sainte-Croix de Jérusalem....), les églises presbytérales ou *tituli*, les églises diaconales ou *diaconiae*, les églises cimitériales ou *martyria*. — Le nombre des églises presbytérales était, au commencement du VIe siècle, de vingt-cinq et, au XIe siècle, de vingt-huit. Voyez Duchesne, *L. P.*, t. I, p. 165. Ces vingt-cinq églises presbytérales étaient en réalité des paroisses. Le *Liber pontificalis* en donne une définition excellente, quand il rapporte du pape Marcel († 309) que « XXV titulos in urbe Roma constituit

I

Le document le plus ancien en date à jeter quelque lumière sur les usages liturgiques de l'Église romaine est cette collection grecque de trente-huit canons, venue à nous sous le nom de saint Hippolyte, mais qui est bien plutôt une œuvre synodale romaine, contemporaine du pape Victor (190-200). Les *Canones Hippolyti* témoignent ainsi de la discipline romaine des dernières années du IIe siècle [1].

quasi dioeceses, propter baptismum et poenitentiam multorum... et propter sepulturas » (*L. P.*, t. I, p. 164). — Les diaconies étaient au nombre de sept, et toute la ville de Rome partagée en sept régions ecclésiastiques, ayant chacune un diacre. Le *Liber* dit du pape Fabien (236-250) : « Hic regiones dividit diaconibus » (*L. P.*, t. I, p. 148). Sozomène nous donne le nombre des diacres : « Diaconi non plures sunt quam septem » (*H. E.*, I, 15). Ministres immédiats de l'évêque, écrit M. Duchesne, les sept diacres n'étaient attachés à aucune église en particulier. Les diaconies étaient des établissements analogues à nos bureaux de bienfaisance, ayant dans leur compétence l'administration des hôpitaux, des asiles de vieillards, des hospices pour les pèlerins et voyageurs pauvres, mais surtout les distributions d'aumônes aux indigents de la ville. Plus tard, c'est-à-dire passé le ve siècle et avant la fin du viie, chaque diaconie eut une église à elle et même un *monasterium diaconiae* (*L. P.*, t. 1, p. 364). — Les prêtres avaient sous leurs ordres une hiérarchie de clercs (sous-diacres, acolythes, lecteurs, etc.). Les diacres commandaient une hiérarchie de sous-diacres et d'acolythes régionnaires. L'archiprêtre était le chef des prêtres et du clergé titulaire; l'archidiacre l'était des diacres et du clergé régionnaire. — La desservance des églises cimitériales ressortissait au clergé des titres. — Voyez, sur cette distribution du clergé romain : M. Duchesne, *loc. cit.*, Mabillon, *Musaeum italicum*, t. II, p. xi et suiv., et le premier paragraphe des *Ordines romani* les plus anciens : « Primo omnium observandum est septem esse regiones ecclesiastici ordinis urbis Romae, etc. »

1. Cf. *Revue historique*, 1892, t. XLVII, p. 384 et suiv.

On y voit marquée l'antique distinction entre les synaxes liturgiques, employées à la célébration des saints mystères (*oblatio*), et les synaxes eucologiques, employées à la seule louange de Dieu (*oratio*). Chaque fois qu'il se célèbrera une synaxe liturgique, l'évêque réunira ses diacres et ses prêtres, vêtus de vêtements blancs, plus beaux que ceux du peuple et éclatants. Il réunira ses lecteurs, vêtus eux aussi d'habits de fête. Les lecteurs se tiendront à l'ambon, où l'un succèdera à l'autre, jusqu'à ce que le peuple soit tout entier réuni. Après quoi l'évêque prononcera une oraison et accomplira la liturgie. C'est là le programme et l'appareil de la messe romaine à la fin du IIe siècle : la célébration des saints mystères précédée d'une série de leçons et d'une oraison épiscopale ou collecte[1]. — Les synaxes eucologiques ont un autre programme et un autre appareil. Ici, il n'est plus question de la présence de l'évêque, mais seulement de ses clercs, diacres et lecteurs. Il n'est plus question, non plus, de vêtements de fête. La synaxe eucologique se célèbre au chant du coq (*tempore gallicinii*) ; elle se célèbre à l'église (*in ecclesia*), mais elle n'est point quotidienne, car les mêmes canons prévoient le cas où il n'y aura point de telle réunion matinale à l'église, et où le fidèle y devra suppléer par des exercices privés et individuels : « *Quocunque die in ecclesia non orant, sumas Scripturam ut legas in ea : sol conspiciat matutino tempore Scripturam super genua tua*[2]. »

Donc, à certains jours, pas quotidiennement, on se réunit à l'église, au chant du coq. La réunion est obli-

---

1. *Canones Hippol.* (ed. Achelis), n. XXXVII.
2. *Id.*, n. XXVII.

gatoire pour les clercs. Le clerc qui y manquerait sans raison grave serait excommunié : « *De clero autem qui convenire negligunt, neque morbo neque itinere impediti, separentur.* » Enfin cette réunion au chant du coq est employée à trois exercices : la psalmodie, la lecture des saintes Écritures, les oraisons : « ... *vacentque psalmis et lectioni Scripturarum cum orationibus* [1]. »

Si l'on veut bien rapprocher ces textes de ceux que nous avons cités au chapitre précédent, de ceux de Tertullien notamment, on reconnaîtra sans peine, dans ces synaxes eucologiques prescrites à certains jours au chant du coq, les vigiles des dimanches et des stations. On remarquera, en outre, qu'il n'y est nullement question d'office vespéral. A Rome, la vigile commence au chant du coq : l'office vespéral public, célébré par les Églises d'Orient, est ici inconnu. Il le restera longtemps encore. Que si, enfin, les canons d'Hippolyte prescrivent de prier à tierce, à sexte, à none et à « l'heure où le soleil se couche, parce que c'est la fin du jour [2] », c'est en termes identiques à ceux dont se sert saint Cyprien [3], et en assimilant ces exercices à ceux, tout privés et individuels, par lesquels le fidèle suppléait le matin à l'absence de réunion solennelle à l'église. Et, tandis que nos canons « séparent » le clerc qui, sans raison grave, manque à assister aux vigiles, marquant par là ce qui différencie le précepte du conseil, ces mêmes canons n'attachent aucune sanction à l'observance de tierce, de sexte, de none, non plus qu'à l'observance de la prière privée du matin et du soir.

Il en était de même encore à la fin du IVe siècle. Pour

---

1. *Id.*, n. XXI.
2. *Id.*, n. XXVII.
3. Cyprian., *De orat.*, 34-36.

saint Jérôme, l'observance de tierce, de sexte, de none, de vêpres est, dans la vie d'une romaine comme Paula, comme Eustochium, comme Laeta, un exercice privé et individuel. A pareille époque, à Jérusalem, sainte Silvia se rendait à la basilique de l'Anastasis pour assister à la célébration publique quotidienne solennelle de tierce, de sexte, de none, de vêpres; à Rome, au contraire, c'était dans la solitude recueillie de la demeure maternelle que la fille de Laeta devait pratiquer ces exercices, en compagnie de la *virgo veterana*, nous dirions de l'institutrice, qui ne la quittait pas : « *Assuescat... mane hymnos canere, tertia, sexta, nona hora stare in acie quasi bellatricem Christi, accensaque lucernula reddere sacrificium vespertinum* ». Et, en dehors des messes, il n'y avait point d'autre office public auxquels elle eût à assister qu'aux vigiles [1]. Mais à ces vigiles solennelles des dimanches et des stations, qui se célébraient dans telle ou telle église et auxquelles assistait le clergé romain, tous les fidèles se transportaient. La foule était considérable, l'attraction énorme, et quelquefois le désordre regrettable [2]. Saint Jérôme recommande à Laeta de ne point permettre à sa fille d'y aller sans elle; il lui prescrit de l'y tenir toujours à ses côtés : « *Vigiliarum dies et solemnes pernoctationes sic virguncula nostra celebret, ut ne transverso quidem ungue a matre discedat* [3]. » Il donne ainsi quelque raison à Vigilantius, qui avait demandé la suppression de l'office nocturne des vigiles, à cause des scandales auxquels il donnait lieu. Mais c'eût été faire là une concession bien vaine à la malice de quelques libertins (*culpa juvenum*

---

1. Hieronym., *Epistul.*, XXII, 37, et CVII, 9.
2. Hieronym., *Contra Vigilant.*, 7.
3. Id., *Epistul.*, CVII, 9.

vilissimarumque mulierum); et l'Église romaine avait condamné Vigilantius (*ille romanae ecclesiae auctoritate damnatus* [*est*]), montrant par là combien elle tenait à ces solennelles vigiles nocturnes [1].

Il ne faudrait cependant point croire que les vigiles solennelles romaines de la fin du IVe siècle, si fréquentées fussent-elles, eussent le même attrait que les vigiles qui se célébraient ailleurs quotidiennement, par exemple, à Constantinople du temps de saint Jean Chrysostome, ou à Milan du temps de saint Ambroise. La musique grecque, ce *canendi mos orientalium partium*, comme disait saint Augustin parlant des vigiles ambrosiennes, ce *melos cantilenarum* qui donnait un charme si pénétrant à l'office nocturne quotidien des basiliques milanaises, était une innovation inconnue à Rome. Les psaumes y étaient exécutés, comme à Alexandrie du temps de saint Athanase, en solo et avec de si simples flexions de voix que le chant se rapprochait le plus possible de la leçon : « *Sic cantet servus Christi, ut non vox canentis, sed verba placeant quae leguntur* [2]. » A l'époque du pape Damase (366-384), aucune trace à Rome de la psalmodie à deux chœurs : rien, semble-t-il, que des *psalmi responsorii*, des psaumes exécutés comme des litanies. C'était à des diacres que revenait la charge d'exécuter ainsi les psaumes ; et plusieurs inscriptions mentionnent dans des épitaphes de diacres le succès qu'ils avaient dans ce genre de ministère. Ainsi celle du diacre Redemptus, inscription damasienne du cimetière de Calliste :

1. Hieronym., *Contra Vigilant.*, 9
2. Hieronym., *In Ephes.*, III, 5

> ...*Redemptum*
> *levitam subito rapuit sibi regia caeli :*
> *dulcia nectareo promebat mella canore,*
> *prophetam celebrans placido modulamine senem :*
> *haec fuit insontis vitae laudata juventus*[1].

Le vieux prophète dont il est question ici n'est autre que David :

> *Hic levitarum primus in ordine vivens*
> *davidici cantor carminis iste fuit...*

dit l'inscription d'un autre diacre, contemporain de Redemptus[2]. Le chant des psaumes davidiques était, du temps de Damase, exécuté en solo par les lévites romains, et selon une méthode assez sévère pour être qualifiée de *modulamen placidum*. Rien de la psalmodie chorale antiphonée.

A quelle époque le *canendi mos orientalium partium*, ou psalmodie chorale antiphonée, pénétra-t-il à Rome ? On ne saurait le déterminer avec précision. Le *Liber pontificalis* attribue cette innovation au pape Célestin (422-432) : ce pape, y est-il dit, fit chanter les cent cinquante psaumes de David avant le sacrifice de la messe, usage inconnu avant lui. Ainsi s'exprime le texte le plus ancien du *Liber*. La seconde édition, qui remonte au VIe siècle, ajoute que ce chant institué par Célestin était le chant antiphoné[3]. La psalmodie chorale passait donc à Rome, au VIe siècle, pour une institution du pape

---

1. De Rossi, *Roma sotterranea*, t. III, p. 239.
2. Id., *ibid.*, p. 242.
3. *L. P.*, t. I, p. 243 : « ...*Constituit ut psalmi David CL ante sacrificium psalli* antephanatim ex omnibus, *quod ante non fiebat.* »

Célestin. L'indice fourni par le *Liber* est en somme très léger, et je m'y arrête d'autant moins que ce malheureux texte a prêté aux interprétations les plus contradictoires.

On doit attacher plus d'intérêt à l'établissement des vigiles quotidiennes. Avec saint Hippolyte, avec saint Jérôme même à la fin du ive siècle, il n'était question encore que de vigiles dominicales et stationales (*festivae dies*). C'était l'ancien régime liturgique. Mais les jours ordinaires, ceux qu'on appelait au ve siècle jours privés (*privatae dies*), ne comportaient point jusque-là de vigiles. Et c'est seulement au cours du ve siècle qu'à Rome ils commencèrent d'en avoir. La plus ancienne attestation qu'on ait de vigiles quotidiennes à Rome est dans la règle de saint Benoît. Ayant à déterminer le programme des vigiles des *privatae dies*, saint Benoît prescrit d'y chanter chaque jour un des cantiques de l'Ancien Testament, « ainsi, dit-il, que fait l'Église romaine, *privatis... diebus canticum unumquodque ex prophetis, sicut psallit ecclesia romana, dicatur*[1]. » Où nous constatons qu'à la fin du ve siècle l'Église romaine avait un office canonique quotidien, en d'autres termes, des vigiles pour les jours privés. L'Église romaine venait bien tard au régime adopté depuis le siècle précédent à Jérusalem, à Antioche, à Constantinople, à Milan. Cette nouveauté ne laissait pourtant pas que de s'adapter sans effort aux usages romains antérieurs. Les vigiles stationales, en effet, étaient coordonnées à la messe stationale : ensemble elles se célébraient dans une basilique désignée, toute l'Église étant censée y prendre part, le pape, le clergé des sept régions ecclé-

---

1. *Regul.*, 13.

siastiques ou de celle des sept régions désignée à cet effet, enfin tous les fidèles. Les vigiles quotidiennes, au contraire, se coordonnaient à la messe privée célébrée quotidiennement dans chaque titre presbytéral; et de même que la messe privée était célébrée par le prêtre du titre assisté seulement de ses acolytes, et qu'elle n'avait qu'une assistance privée, — quelques fidèles du quartier ou des pèlerins, — ainsi la vigile quotidienne, *vigiliae privatae*, pourrions-nous dire, était célébrée dans chaque titre presbytéral par les seuls clercs attachés à ce titre presbytéral, et elle n'avait pour assistance que les laïcs de bonne volonté.

Ces vigiles quotidiennes, instituées au ve siècle, vont constituer longtemps le principal de l'office des clercs romains. Appliquons-nous à relever le peu de traces qu'elles ont laissées dans l'histoire et dans le droit.

Le *Liber pontificalis* nous fournit un renseignement de quelque intérêt. Il rapporte que le pape Hormisdas (514-523) « *composuit clerum et psalmis erudivit*[1] ». S'il s'était agi de former les clercs à la connaissance des saintes lettres, on n'aurait point parlé seulement de psaumes. Il s'agit ici de psaumes à chanter. Cette exécution du chant des psaumes est donc un devoir auquel il est nécessaire de former ou même de ramener le clergé, *erudivit... composuit*. Il est légitime de voir dans ces efforts du pape Hormisdas le même dessein qu'exprimait, à la même époque, l'empereur Justinien dans sa novelle de 529, quand il rappelait les clercs au devoir de psalmodier quotidiennement les vigiles dans l'église à laquelle ils sont attachés.

Une formule autrement précise du même devoir

---

1. *L. P.*, t. I, p. 269.

apparaît dans un fragment de décrétale inséré par Gratien dans le *Décret* : elle porte, selon les manuscrits, tantôt le nom du pape Gélase, tantôt le nom d'un pape Pélage. En réalité, on ne saurait à qui l'attribuer sûrement, mais on est d'accord pour y voir un texte canonique au plus tard du commencement du viie siècle. Qu'y lisons-nous ? Un évêque suburbicaire a promis sous caution au Saint-Siège de faire célébrer dans son église par ses clercs l'office des vigiles quotidiennes. Les clercs, trouvant l'obligation trop onéreuse, ne se sont point rendus à l'invitation de leur évêque. Celui-ci en réfère au pape, lequel enjoint à l'évêque de rappeler, par tous les moyens en son pouvoir, ses clercs à leur devoir liturgique, qu'il définit : « *...ut cottidianis diebus vigiliae celebrentur in ecclesia* [1]. »

On voudrait connaître le programme de ces vigiles quotidiennes qui étaient ainsi au ve, au vi^e, au viie siècle, tout l'office des clercs romains. Un document, étroitement apparenté au fragment de décrétale que je viens de citer, va nous l'apprendre. Voici une formule du *Liber diurnus*, la formule même de cette promesse ou caution que les évêques suburbicaires donnaient au pape, en recevant de lui leur consécration : cette formule décrit l'office liturgique auquel les évêques suburbicaires s'engagent en leur nom et au nom de leurs clercs. C'est le plus ancien *ordo* que nous possédions de l'office romain.

> Illud etiam prae omnibus spondeo atque promitto me omni tempore per singulos dies, a primo gallo usque mane, cum omni ordine clericorum meorum vigilias in ecclesia celebrare, ita ut minoris quidem

---

[1]. Friedberg, t. I, p. 316.

noctis, id est a pascha usque ad aequinoctium XXIVa die mensis septembris, tres lectiones et tres antiphonae atque tres responsorii dicantur; ab hoc vero aequinoctio usque ad aliud vernale aequinoctium et usque ad pascha, quatuor lectiones cum responsoriis et antiphonis suis dicantur; dominico autem in omni tempore novem lectiones cum antiphonis et responsoriis suis persolvere Deo profitemur[1].

En tout temps de l'année, chaque jour, du premier chant du coq au lever du soleil, tout le clergé, évêque en tête, se réunit à l'église pour célébrer les vigiles. Tous les dimanches de l'année, ces vigiles comprennent une psalmodie antiphonée et neuf leçons et leurs répons. Chaque jour, une psalmodie antiphonée, plus des leçons et leurs répons variant en nombre suivant la saison : trois leçons de Pâques au 24 septembre, quatre leçons du 24 septembre à Pâques. Etudions ce texte point par point.

1° Chaque jour, il y a office vigilial. La décrétale anonyme de Gratien nous l'avait dit déjà ; mais le *Liber diurnus* précise, il marque que cet office a lieu tous les jours de l'année, en quelque saison que ce soit ; que cet office commence au premier chant du coq ; et que cet office est obligatoire à tout l'ordre des clercs. Ainsi l'entendaient les conciles espagnols et les conciles franks du vi^e siècle.

2° Cet office vigilial est à distinguer de la psalmodie matinale que nous appelons de laudes : l'office vigilial est célébré *a primo gallo usque mane*, du premier chant du coq au lever du soleil, l'office de laudes sera célébré au lever du soleil, c'est-à-dire à l'issue de l'office

---

[1]. *Lib. diurnus.*, III, 7.

vigilial proprement dit. Le *Liber diurnus* ne mentionne pas, il est vrai, cet office de laudes ; mais saint Benoît, qui, d'accord avec l'usage monastique et clérical de la grécité et de la latinité, prescrit les laudes matinales au lever du soleil, à l'issue de l'office vigilial nocturne, saint Benoît nous a donné à entendre que tel était aussi l'usage de l'Église romaine.

3° Par contre, le *Liber diurnus* ne dit pas un mot de l'office de vêpres. La décrétale citée par Gratien n'en parle pas davantage. Or on se rappelle si les conciles espagnols et les conciles franks du vi° siècle, d'accord avec le droit byzantin contemporain, distinguaient nettement les *vespertina* des *matutina officia*, les *missae vespertinae* des *missae matutinae*. A Rome, à pareille époque, rien de cette distinction : à Rome, rien qu'une vigile nocturne.

4° L'office vigilial, de Pâques au 24 septembre où les nuits sont le plus courtes, compte trois leçons, trois répons, trois antiennes ; du 24 septembre à Pâques où les nuits sont le plus longues, il compte quatre leçons ; tous les dimanches, uniformément, il compte neuf leçons. Il semble que le nombre des antiennes doive être dans les trois hypothèses égal au nombre des leçons, de même que le nombre des répons ; mais dans quel rapport est le nombre des antiennes avec le nombre des psaumes ? En d'autres termes, combien chante-t-on de psaumes à un office de trois leçons, à un office de quatre leçons, à un office de neuf leçons ? Je ne le saurais dire.

5° Les leçons, au nombre soit de trois, soit de quatre, soit de neuf, doivent être empruntées à l'Écriture sainte. Il est certain cependant que, du temps de saint Grégoire, elles étaient empruntées aussi à des textes extracanoniques. « On nous a rapporté, écrit-il, que notre révérendissime frère et coévêque Marinianus fait lire aux vigiles notre commentaire sur Job; cela nous a déplu, car cette œuvre n'est point faite pour le peuple... Dites-lui de faire lire aux vigiles notre commentaire sur les psaumes, qui est plus capable de former aux bonnes mœurs les esprits des séculiers[1]. »

On le voit, du reste, cet *ordo*, le plus ancien que nous possédions de l'office romain, est peu explicite. Il fournit cependant de précieux éléments de comparaison, qui nous suffiront à montrer plus loin comment ce qui doit être l'office canonique romain définitif s'est constitué, et sur un autre plan, passé le début du VIIe siècle.

* * *

Nous avons dit que les vigiles stationales étaient l'office des clercs régionnaires, tandis que les vigiles fériales étaient l'office du prêtre et des clercs attachés à chaque titre ou église paroissiale. Il faut faire parmi ces clercs inférieurs une place exceptionnelle aux lecteurs. Ils appartenaient aux titres, non aux régions. Des inscriptions du IVe siècle mentionnent un LECTOR TITULI PALLACINAE (Saint-Marc), un LECTOR TITULI FASCIOLAE (Saints-Nérée-et-Achillée), un LECTOR DE PUDENTIANA. Dans une inscription du VIIe siècle, on relève la mention d'un LECTOR TITULI SANCTAE CAECILIAE[2]. Il y a à remarquer ce détail important que, au IVe siècle, les lecteurs sont à Rome des hommes faits et

---

1. Gregor., *Epistul.*, XII, 24 : « Commenta psalmorum legi ad vigilias faciat. »
2. De Rossi, *Bulletino*, 1883, p. 20.

Histoire du Bréviaire romain.

même d'un âge plutôt mûr : si le lecteur de Sainte-Pudentienne a vingt-quatre ans, celui de Fasciola a quarante-six ans. Au VIIe siècle, au contraire, les lecteurs sont des enfants : le lecteur de Sainte-Cécile a douze ans. Entre le IVe et le VIIe siècle, le lectorat romain s'est transformé, et il s'est transformé parce que le chant romain lui aussi s'est transformé. On a rompu avec cette antique et sévère méthode de chant psalmodique, qu'une inscription damasienne, nous l'avons vu, qualifiait de « *modulamen placidum* ». La psalmodie chorale a enfin conquis droit de cité romaine. Et voilà pourquoi les clercs à la voix grave et virile ont cédé la place à des chœurs de voix souples et fraîches d'enfants, ainsi que cela se pratiquait depuis longtemps partout dans la catholicité, et par exemple en Afrique, témoin les douze petits clercs carthaginois (*infantuli clerici... strenui atque apti modulis cantilenae*), dont Victor de Vite nous raconte le touchant martyre[1]. C'est à des enfants que revenaient le principal rôle dans le chant liturgique, et de rendre ces notes tremblantes, filées ou saccadées (*tremulas, vel tinnulas, sive collisibiles vel secabiles voces*) où se complaisait l'art nouveau. L'épitaphe du pape Deusdedit (615-618) rapporte qu'il avait débuté dans la carrière cléricale par le lectorat :

Hic vir ab exortu Petri est nutritus ovili;

et que l'office de lecteur avait consisté pour lui à chanter dans les vigiles :

excubians Christi cantibus hymnisonis.

---

1. Vict. Vit., *De persecut. vand.*, V, 10.

Dans le même sens, on rapporte du pape Léon II (682-683) que, tout jeune, il avait été formé à la science du psautier et de la cantilène (*cantilenae psalmodia praecipuus*) ; du pape Benoît II (684-685), qu'il s'était distingué dès son enfance dans la cantilène (*in cantilena a puerili aetate*) ; du pape Sergius (687-701), que tout jeune on l'avait confié au prieur des chantres pour le former, parce qu'il était appliqué et bien doué pour la cantilène (*quia studiosus erat et capax in officio cantilenae, priori cantorum pro doctrina est traditus*).[1]

Voici donc apparaître dans la première moitié du viie siècle la cantilène romaine, et avec la cantilène voici venir la *Scola cantorum*.

Chaque titre avait ses lecteurs. On voulut que les deux grandes basiliques de Rome, celle du Vatican et celle du Latran, eussent leurs lecteurs groupés en une sorte de collège pareil à ces *scolae lectorum* qui existaient à Milan, à Lyon, à Reims[2]... Les deux collèges de lecteurs formés ainsi, et destinés à porter ensemble le nom de *Scola cantorum*, constituèrent deux établissements distincts : l'un bâti en avant du grand escalier de Saint-Pierre, l'autre au rez-de-chaussée du palais de Latran. Il en était du moins ainsi au ixe siècle[3], sous Jean VIII (872-882), au moment où Jean Diacre écrivait la vie du pape saint Grégoire, auquel il attribue la fondation de la *Scola cantorum*.

On ne peut pas ne pas être frappé de ce fait : à l'époque de saint Grégoire remonte l'apparition simultanée de la cantilène et de la *Scola cantorum*. Je ne

---

1. *L. P.*, t. I, p. 320, 359, 363, 371.
2. De Rossi, *op. cit.*, p. 19.
3. *L. P.*, t. II, p. 86.

puis cependant croire que, en réalité, la *Scola cantorum* soit une institution de ce grand pape. — Jean Diacre, il est vrai, l'affirme : « Dans la maison du Seigneur, comme un très sage Salomon, sachant la componction qu'inspire la douceur de la musique, saint Grégoire compila dans l'intérêt des chantres le recueil appelé antiphonaire, qui est d'une si grande utilité. Il institua également l'école des chantres, qui maintenant encore exécute le chant sacré dans la sainte Église romaine suivant les enseignements reçus de lui. Il lui assigna diverses propriétés et lui fit bâtir deux demeures, l'une située au pied des degrés de la basilique de l'apôtre saint Pierre, l'autre dans le voisinage des édifices du palais patriarcal du Latran. On y montre encore aujourd'hui le lit sur lequel il se reposait en donnant ses leçons de chant; et le fouet dont il menaçait les enfants y est encore conservé et vénéré comme une relique, aussi bien que son antiphonaire authentique. Par une clause insérée dans l'acte de donation, il régla sous peine d'anathème que ces propriétés seraient réparties entre les deux fractions de la *Scola* comme récompense du service quotidien[1]. » — Mais le témoignage de Jean Diacre représente seulement la tradition courante du IXe siècle, une époque où le nom de saint Grégoire était trop glorieux pour qu'une institution comme la *Scola* n'eût pas quelque tentation de se l'approprier. L'assertion de Jean Diacre n'est corroborée par aucun autre auteur contemporain ou plus ancien : le *Liber pontificalis* (sa notice de saint Grégoire est du VIIe siècle) ne dit pas un mot de cette prétendue fonda-

---

1. Joan. Diac., II, 6. La traduction française de ce passage est de dom Morin.

tion. Et il y a plus. On a les décisions d'un concile tenu à Rome par saint Grégoire, décisions insérées par Gratien dans le *Décret* : et qu'y lit-on ? Que « dans la sainte Église romaine, c'est une coutume ancienne et fort répréhensible » de faire chanter les diacres et autres personnes engagées dans le ministère du saint autel ; il s'ensuit que, dans la promotion au diaconat, on se préoccupe souvent moins des mœurs que de la voix ; grave abus, auquel on coupera court en interdisant aux diacres de chanter, et en les confinant dans le ministère sacré ; quant au chant, il sera exécuté par les sous-diacres, ou, « si la nécessité l'exige, » par les ordres mineurs : « *Psalmos vero ac reliquas lectiones censeo per subdiaconos vel si necessitas fuerit per minores ordines exhiberi*[1]. » Remarquez bien le *vel si necessitas fuerit :* les psaumes et les leçons seront dans la sainte Église romaine de droit la partie des sous-diacres, et par exception ou par concession, celle des lecteurs. Assurément, il y a dans cette ordonnance de saint Grégoire une disposition singulière, et il ne paraît pas qu'elle ait eu un effet ni plein ni durable : mais il reste que cette ordonnance va contre l'hypothèse de l'institution par saint Grégoire d'un collège de lecteurs ou même de simples chantres.

Si le souvenir de l'institution par saint Grégoire de la *Scola cantorum* est une tradition tard formée, qui n'a pas d'attestation antérieure à l'extrême fin du VIIIe siècle, et qui est contredite par les textes du septième, que faut-il penser de la tradition qui attribue à ce pontife la création de la cantilène romaine, en d'autres termes de la musique des antiennes et des répons

---

1. *P. L.*, t. LXXVII, p. 1335.

(*antiphonae et responsoria*) de l'office ? — Dom Germain Morin a réuni tous les textes qui font de saint Grégoire l'auteur de cette création [1], et j'y vois clairement ceci : de même que l'*ordo* de la messe était attribué à saint Grégoire, de même les pièces de chant qui faisaient partie de cet *ordo* lui étaient attribuées ; l'authenticité du sacramentaire grégorien entraînait celle de l'antiphonaire. Ainsi l'entendait Egbert, évêque d'York (732-766), le plus ancien auteur qui témoigne de l'origine grégorienne de l'antiphonaire. Parlant du jeûne des quatre-temps, il écrit : « C'est saint Grégoire qui, dans son antiphonaire et son missel, a désigné la semaine qui suit la Pentecôte comme celle où l'Eglise d'Angleterre devait l'observer : non seulement nos antiphonaires à nous l'attestent, mais aussi ceux que nous avons consultés avec leurs missels correspondants dans les basiliques des saints apôtres Pierre et Paul : *Nostra testantur antiphonaria, sed et ipsa quae cum missalibus suis conspeximus apud apostolorum Petri et Pauli limina* [2]. » Tant vaut l'authenticité du sacramentaire, tant vaut l'authenticité de l'antiphonaire : et l'on sait quels droits restreints a le sacramentaire à s'appeler grégorien [3]. — Et quand le sacramentaire serait vraiment grégorien, et quand l'antiphonaire le serait aussi, nous ne serions pas en droit de dire que la composition des antiennes et des répons de l'office est de saint Grégoire. Dans la langue du VIIIe siècle, en effet, antiphonaire désigne le recueil des pièces notées de la messe, notre *Liber gradualis*, et non le recueil des pièces notées de

---

1. Dom G. Morin, *Les véritables origines du chant grégorien* (1890), p. 7-33.
2. Id., *ibid.*, p. 28.
3. Duchesne, *Origines*, p. 117.

l'office, le *Liber responsalis*. Et, par là, toute la question de l'origine du recueil des antiennes et répons de l'office reste en dehors et indépendante de la question de l'origine de l'antiphonaire.

Il était bien plus dans le vrai ce liturgiste anonyme du viiie siècle, plus ancien par conséquent que Jean Diacre et peut-être qu'Egbert d'York, plus familier aussi, il semble bien, avec les souvenirs et les choses de la *Scola cantorum* et de la basilique vaticane, quand il attribuait, non pas à un pontife, mais à plusieurs, à saint Léon (440-461), au pape Gélase (492-496), au pape Symmaque (498-514), au pape Jean (523-526), au pape Boniface II (530-533), et seulement enfin à saint Grégoire (590-604), la création collective de la cantilène romaine des antiennes et des répons. Encore n'est-ce point entre les mains de saint Grégoire que cette création s'achevait : elle allait se continuer par les soins de maîtres obscurs, dont notre liturgiste nous donnera les noms, et qui sont du viie siècle avancé, sinon du viiie, Catalenus, Maurianus et les autres [1]. Ce qu'on appelait au viie siècle cantilène romaine, et qui avait remplacé, à Rome, l'antique *modulamen placidum*, ne saurait donc exclusivement porter le nom de saint Grégoire.

II

On vient de voir comment, à Rome, chaque titre presbytéral avait un office vigilial quotidien célébré par le clergé chargé de la desservance du titre : « *Omni tempore per singulos dies, a primo gallo usque mane, cum*

---

1. Voir plus loin, p. 68 et 84.

omni ordine clericorum, vigilias in ecclesia celebrare [1], » telle était la formule de cet usage, inauguré au ve siècle et que nous avons vu en pleine vigueur au vi^e et au commencement du viie. Or, tandis que la formule de l'office stational n'était pas destinée à se développer, celle de l'office vigilial quotidien, au contraire, allait se prêter à des innovations pleines de conséquences.

Un titre presbytéral n'était autre chose qu'une paroisse. A ce clergé paroissial incombait le soin des catéchumènes et des pénitents : première et lourde charge. Il s'y ajoutait celle d'accomplir la liturgie des funérailles et d'administrer les cimetières [2]. Tant de charges devaient rendre plus onéreux le devoir de célébrer tous les jours au chant du coq l'office vigilial.

On aurait résolu la difficulté en reconnaissant aux moines la faculté de se mêler et même de se substituer au clergé pour mieux assurer la régularité de l'office. Mais, à Rome, le clergé paraît avoir été extrêmement jaloux de ses charges, et en maint endroit on saisit la trace de la défiance et de l'animosité que les clercs romains éprouvent pour les moines quels qu'ils soient. On sait quel accueil les clercs romains avaient fait à saint Jérôme, le premier prédicateur du monachisme à Rome : saint Jérôme ne s'est pas fait faute de nous l'apprendre, et du même coup de rendre à ses adversaires peau pour peau. On connaît moins telle et telle préface du sacramentaire léonien, préfaces que M. Duchesne croit pouvoir faire remonter au déclin du ive siècle, et où des prêtres romains ne craignent pas d'exprimer liturgiquement leurs doléances.

---

1. *Liber diurnus*, III, 7.
2. De Rossi, *Roma sotterranea*, t. III, p. 498 et 518.

« Ce sont de véritables déclamations contre les moines...
On fait remarquer à Dieu que son Église contient maintenant de faux confesseurs, mêlés aux vrais; on parle beaucoup des ennemis, des calomniateurs, des orgueilleux qui s'estiment meilleurs que les autres et les déchirent, qui se présentent sous des dehors pieux, *sub specie gratiae*, mais avec l'intention de nuire. On proclame la nécessité de se défendre contre eux[1]... »

Si l'on peut prendre de tels propos liturgiques pour l'expression publique de l'opinion, ne fût-ce que d'une partie du clergé romain, il n'y a pas lieu de s'étonner que le monachisme ait mis un temps énorme à se faire accepter à Rome. Ce n'est qu'au vi^e siècle, en effet, que nous voyons les moines se multiplier dans la ville éternelle, et, un instant, y jouer le rôle d'un parti puissant. L'élection du pape Pélage, en 556, n'est-elle pas mise en question par l'opposition des moines romains? « *Monasteria et multitudo religiosorum... subduxerunt se a communione eius,* » dit le *Liber pontificalis*. Saint Benoît est sorti de ce monde monacal romain. Saint Grégoire y prendra saint Augustin et ses compagnons, les apôtres de l'Angleterre, « *Augustinum et alios plures monachos timentes Deum,* » dit encore le *Liber*. Mais cet état du monachisme romain sur la fin du vi^e siècle n'est qu'une lueur; la faveur que lui vaut particulièrement la protection de saint Grégoire cesse sitôt la mort de saint Grégoire († 604); et les clercs qui rédigeront cette partie du *Liber pontificalis* trahiront en plus d'un endroit le sentiment de joie partiale que cette réaction leur inspire. On les verra féliciter le pape Savinien (604-606) d'avoir, dans son court ponti-

---

1. Duchesne, *Origines*, p. 135.

ficat et évidemment à l'encontre de saint Grégoire son prédécesseur, rempli l'Église de clercs (*Ecclesiam de clero implevit*); et le pape Deusdedit (615-618) de leur avoir rendu les charges et les revenus qu'ils possédaient jadis, grande marque d'amour du clergé (*Hic clerum multum dilexit, sacerdotes et clerum ad loca pristina revocavit*)[1]. Ce qui s'était produit à l'élection de Pélage, en 556, ne se renouvela plus jamais, passé le vi[e] siècle. L'esprit romain voulait que les moines fussent des serviteurs anonymes et gratuits de l'Église.

Le premier monastère, dont nous constations l'établissement dans la ville éternelle, remonte au temps de Xystus III (432-440). Ce pape confie à des moines la garde du cimetière *ad Catacumbas*, sur la voie Appienne[2]. L'objet de cette fondation est difficile à déterminer : s'agissait-il d'assurer la desservance liturgique du sanctuaire ou d'en assurer simplement la garde ? On ne saurait le dire. Au contraire, la pensée de saint Léon (440-461), successeur immédiat de Xystus III, est parfaitement claire. Il établit un monastère d'hommes pour desservir la basilique de Saint-Pierre. Or, il n'est pas permis de dire que ces moines sont là pour le service des catéchumènes, des pénitents et des défunts, ce service étant réservé aux seuls prêtres par une constitution du pape Simplicius. Il n'est pas davantage permis de penser qu'ils sont là pour la garde de la basilique et spécialement de la confession du prince des apôtres, ce soin étant dévolu par une constitution de saint Léon lui-même à des clercs d'un caractère spécial, les *cubicularii*. Ces moines sont là pour le ser-

1. *L. P.*, t. I, p. 303, 312, 315, 319.
2. De Rossi, *Roma sotterranea*, t. III, pp. 258 et suiv.

vice du culte, c'est à savoir des vigiles, puisque les messes sont l'affaire des prêtres. Leur monastère, le monastère, croit-on, de Saints-Jean-et-Paul au Vatican, est une manécanterie [1]. On voit se formuler ainsi, dès le ve siècle, la conception propre à Rome du monachisme.

La fondation, au ve siècle, de ce monastère ainsi rattaché à la basilique de Saint-Pierre est un fait très important. Ce monastère de Saints-Jean-et-Paul, en effet, est le plus ancien des monastères basilicaux de Rome, et le type sur lequel sont fondés peu après les monastères basilicaux de Saint-Laurent-hors-les-murs, sous le pape Hilaire (461-468) et de Saint-Paul-hors-les-murs.

A s'en tenir aux informations du *Liber pontificalis*, ces monastères basilicaux du ve siècle ne paraissent pas s'être développés dans les deux siècles qui suivent : on en a indiqué plus haut la raison. Remarquez, en outre, que ce sont tous des monastères annexés à des basiliques *extra muros*. Dans l'intérieur de Rome, le clergé suffit longtemps au service vigilial des basiliques. La fondation du monastère de Saints-André-et-Barthélemy, annexé à Saint-Jean de Latran, est attribuée au pape Honorius (625-638) : c'est la plus ancienne fondation *intra muros*, et cette fondation est problématique [3]. C'est seulement au viiie siècle que les monastères basilicaux prendront dans l'intérieur de Rome une extension sans précédent.

Le *Liber pontificalis*, dans la vie du pape Léon III (795-816), nous a conservé une liste des monastères

---

1. *L. P.*, t. I, p. 234, 239, 249.
2. *L. P.*, p. 245.
3. *L. P.*, t. I, p. 327.

romains de la fin du VIIIe siècle. Rome, à ce moment, n'en comptait pas moins de quarante-neuf. Sur le nombre, il y a des couvents de femmes ; il y a des couvents indépendants d'hommes ; mais il y a aussi nombre de monastères unis à des basiliques. Ceux-là seuls nous intéressent :

M. sancti Pancratii qui ponitur juxta basilicam Salvatoris.

M. sanctorum Andreae et Bartholomei qui appellatur Honori.

M. sancti Stephani qui ponitur juxta Lateranis.

M. sancti Stephani qui ponitur ad beatum Petrum apostolum.

M. sanctorum Johannis et Pauli qui ponitur juxta beatum Petrum apostolum.

M. sancti Martini qui ponitur ubi supra.

M. sancti Stephani ubi supra qui appellatur cata Galla patricia.

M. sancti Cesarii qui ponitur ad beatum Paulum apostolum.

M. sancti Stephani ubi supra.

M. sanctorum Cosme et Damiani qui ponitur juxta Praesepem.

M. sancti Andree qui appellatur massa Juliana [ubi supra].

M. sancti Adriani qui ponitur juxta Praesepem.

M. sancti Cassiani qui ponitur juxta sanctum Laurentium foris murum.

M. sancti Stephani qui ponitur ubi supra.

M. sancti Victoris qui ponitur ad sanctum Pancratium.

M. sancti Andree qui ponitur juxta basilicam Apostolorum.

M. sancti Agapeti qui ponitur juxta titulum Eudoxie.

M. sanctorum Eufemie et Archangeli qui ponitur juxta titulum Pudentis.

M. sancti Donati qui ponitur juxta titulum sancte Prisce.

M. Hierusalem qui ponitur ad beatum Petrum apostolum.

Si nous mettons à part ce dernier monastère qui est vraisemblablement un couvent de femmes, suivant une conjecture de M. Duchesne, nous avons au total dix-neuf monastères annexés à des basiliques [1].

La basilique du Vatican en a quatre : Saints-Jean-et-Paul date du ve siècle ; Saint-Etienne-Majeur passe pour avoir été fondé par Galla, fille d'un consul nommé Symmaque, au cours du vi^e siècle ; Saint-Etienne-Mineur date du pape Etienne II (752-757) ; Saint-Martin remonte à l'époque du pape Grégoire III (731-741) [2]. La basilique du Latran en a trois : Saint-Pancrace, plus ancien que le pape saint Grégoire par qui il est appelé *monasterium Lateranense* ; Saints-André-et-Barthélemy et Saint-Etienne sont récents. Les deux monastères de Saint-Paul-hors-les-murs, c'est à savoir Saint-Césaire et Saint-Etienne, sont des restaurations de Grégoire II (715-731). De même, les trois monastères de Sainte-Marie-Majeure : Saint-André, Saint-Adrien, Saints-Côme-et-Damien [3].

Ce serait une erreur d'assimiler ces monastères basilicaux du viiie siècle aux monastères purement monastiques, par exemple aux monastères bénédictins. La communauté est exempte de l'autorité du prêtre du titre

---

1. *L. P.*, t. II, p. 22 et suiv.
2. Saints-Jean-et-Paul était sur l'emplacement actuel de la chapelle Sixtine ; Saint-Etienne-Mineur là où est aujourd'hui la sacristie de Saint-Pierre ; les deux autres monastères étaient au chevet de la basilique.
3. *L. P.*, t. II, p. 43 et suiv.

qu'elle dessert, « *segregatum a jure potestatis presbiteri tituli,* » lisons-nous dans un texte qui est comme la bulle de fondation du monastère annexé à l'église de Saint-Chrysogone par Grégoire III (731-741). La communauté possède des biens fonds donnés par le pape ou par des particuliers, et elle vit du revenu de ces biens fonds : « *Pro sustentatione* [le pape] *praedia et dona atque familiam largitus est; et diversi alii fideles et amatores domini nostri Jesu Christi... praedia et dona devotissime contulerunt*[1]. » Jusqu'ici rien ne différencierait ce monastère d'un monastère bénédictin, mais voici où la distinction commence. L'abbé est non point élu par la communauté, mais imposé par le pape : « *Constituit ibidem abbatem,* » dit notre texte. Et ailleurs nous lisons : «...*abbatem super monachos ordinavit;* » ou encore : «... *abbatem idoneam personam ordinavit.* » Il n'en va pas de même, à Rome, des monastères indépendants : lorsque Paul Ier fonde le monastère de Saints-Etienne-et-Silvestre, en 761, monastère qui n'est annexé à aucune basilique, il semble bien, à en juger par la bulle d'érection du monastère, que le pape ne nomme point l'abbé et que la communauté se gouverne par elle-même[2]. Mais, au contraire, chaque fois qu'il est question de monastères basilicaux, comme ceux de Saint-Pierre ou du Latran, il est spécifié que l'abbé est choisi et investi par le pape. Il y a plus : cet abbé à la nomination du pape n'est point un moine de profession, c'est, si j'ose dire, un prélat de la carrière. Dans les dernières années du VIIIe siècle, sous Léon III, la charge d'abbé du monastère de Saint-Etienne-Majeur, un des

---

1. *L. P.*, t. I, p. 418.
2. Jaffé, n° 2346.

quatre monastères annexés à Saint-Pierre, devient vacante. Qui le pape nomme-t-il? Un clerc romain élevé dans le *patriarchium* du Latran, déjà prêtre : il s'appelle Pascal, c'est un prédicateur éloquent, il sera pape à la mort d'Etienne IV (817) : « ...*ei monasterium sancti Stephani... ad regendum commisit.* » Enfin ces moines eux-mêmes, ces moines que gouverne un abbé séculier, ces moines ne sont pas proprement des moines. Etienne III (768-772) est venu de Sicile à Rome tout jeune; le pape Grégoire III (731-741) l'a placé dans le monastère basilical de Saint-Chrysogone, et là il est devenu clerc et moine, « *illicque clericus atque monachus est effectus.* » Et, en étant moine, nul doute qu'il ne soit davantage clerc, car nous voyons le pape Zacharie (741-752) l'enlever à son monastère pour l'attacher au service de la chambre pontificale (*in Lateranensis patriarchii cubiculo esse praecepit*), après quoi il deviendra prêtre du titre de Sainte-Cécile [1]. Saint Chrodegang ne concevra pas autrement les chanoines réguliers ou *clerici canonici* qu'il établira à Metz, sur le modèle, assure-t-il, de ce qu'il a vu pratiquer à Rome. Moins d'un siècle après Grégoire III, nous relèverons, dans la vie du pape Grégoire IV (827-844), le nom de « *monachi canonici* » donné aux moines basilicaux, c'est-à-dire le nom même de chanoines réguliers.

Or, quel est le rôle, à Rome, de ces moines basilicaux du VIIIe siècle? Former les jeunes clercs à la vie et à la science ecclésiastique, en concurrence avec le *vestiarium* du palais pontifical? Héberger les pèlerins qui viennent visiter les sanctuaires apostoliques? Sans doute. Mais la charge principale de ces moines est de

---

1. *L. P.*, t. II, p. 52; t. I, p. 468.

chanter l'office. Et, comme ils sont tout ensemble clercs et moines, leur office sera double.

Clercs, ils prennent part à l'office quotidien des clercs, j'entends l'office vigilial. Moines, ils y ajouteront l'office diurne propre aux moines, tierce, sexte et none. Parlant de la restauration par Grégoire II (715-731) des monastères de Saint-Paul-hors-les-murs, l'historiographe pontifical écrit :

> ... Monasteria que secus basilicam sancti Pauli apostoli erant ad solitudinem deducta innovavit; atque ordinatis servis Dei monachis congregationem post longum tempus constituit, ut *tribus per diem vicibus* et *noctu matutinos* dicerent.

Et comme on pourrait ne pas attribuer à ces expressions toute leur valeur, il les répète peu après, en marquant mieux ainsi le caractère canonique :

> ... Monasterium juxta [ecclesiam sanctae Dei genetrecis ad praesepe] positum sancti Andreae... ad nimiam deductus desertionem... restaurans, monachos faciens, ordinavit, ut *tertiam sextam et nonam* vel *matutinos* in eadem ecclesia sanctae Dei genetrecis cotidianis agerent diebus; et manet nunc usque pia eius ordinatio [2].

En d'autres termes, les moines de Saint-Paul et de Sainte-Marie-Majeure, au commencement du VIIIe siècle, chantent dans la basilique l'office vigilial nocturne (*noctu matutinos*); et, en outre, tierce, sexte, none, le jour (*tribus per diem vicibus*).

Encore quelques années, et il ne s'agira plus seule-

---

1. *L. P.*, t. II, p. 84.
2. *L. P.*, t. I, p. 397.

ment de tierce, sexte et none, mais de prime et de vêpres. Voici comment s'exprime l'historiographe du pape Hadrien (775-795) :

> Cum... repperuisset monasterium quondam Honorii papae in nimia desolatione per quandam neglegentiam evenire, ...a noviter eum aedificavit atque ditavit, et abbatem cum ceteros monachos regulariter ibidem vita degentes ordinavit. Et constituit eos in basilica Salvatoris... juxta Lateranense patriarchio posita officio celebrari, hoc est *matutino*, ora *prima et tertia, sexta seu nona*, etiam et *vespertina*, ab uno choro... monachi monasterii sancti Pancratii ibidem posito, et ab altero choro monachi jamfati monasterii sancti Andreae et Bartholomei qui appellatur Honorii papae... [1].

Il spécifie que les moines des deux monastères du Latran auront à chanter l'office (*glorificos melos... hymniferis choris... psallentes*) en chœur dans la basilique, l'office nocturne des vigiles (*matutino*) et l'office diurne de tierce, sexte et none, auquel s'ajoutent dès lors prime et vêpres. Je relève les mêmes termes dans un texte voisin concernant les moines de la basilique de Saint-Marc :

> ...Constituit ut in titulo beati Marci... officium fungerent, id est *matutino*, hora *prima, tertia et sexta atque nona* seu *vespera* psallerent [2]...

---

1. *L. P.*, t. I, p. 506.
2. *Id.*, p. 507. Et, parlant du monastère de filles attenant à la basilique de Sainte-Eugénie : «... *constituit ut jugiter illuc Deo canerent laudes, videlicet hora, prima, tertia, sexta, nona, vespera et matutino* » (p. 510).

Histoire du Bréviaire romain,

Ainsi, au VIII⁰ siècle, nous constatons que les moines sont associés par les papes à l'exécution des vigiles quotidiennes des basiliques romaines ; et qu'en outre il leur est concédé d'exécuter dans ces mêmes basiliques, pour leur compte de moines, les heures de tierce, de sexte, de none et de vêpres, — ceci dès la première moitié du VIII⁰ siècle ; — à la fin de ce même siècle, ils y auront joint prime. Nous saisissons dans ces divers textes la trace de la révolution liturgique qui s'est accomplie à Rome, entre la fin du VII⁰ siècle et le milieu du VIII⁰, sous l'influence monastique : j'entends la juxtaposition journalière de l'office vigilial traditionnel des clercs et des heures monastiques. N'y a-t-il même que juxtaposition ? Et l'office vigilial des clercs, tel que le formulait le *Liber diurnus* au commencement du VII⁰ siècle, n'a-t-il point subi une transformation profonde ? La distribution des psaumes et des leçons à l'office vigilial, cette distribution que nous verrons être, à Rome, à la fin du VIII⁰ siècle, si sensiblement différente de ce qu'elle était au commencement du VII⁰ siècle à en juger par le *Liber diurnus*, n'est-elle point le fait des moines basilicaux ? Autant d'innovations monastiques dans le vieil usage clérical romain.

Cette révolution liturgique, qui, je le répète, s'est accomplie à l'intérieur des basiliques romaines entre la fin du VII⁰ siècle et le milieu du VIII⁰, est due à l'influence prépondérante de l'usage de la basilique vaticane. Il est certain que, déjà sous Grégoire III (731-741), tous les jours, à Saint-Pierre, les moines des trois monastères alors existant auprès de la basilique chantaient vêpres devant la confession du prince des apôtres. Nous le savons par un texte tout à la fois conciliaire et épigraphique :

> ...Tria illa monasteria quae secus basilicam apostoli sunt constituta, sanctorum Johannis et Pauli, sancti Stephani et sancti Martini, id est eorum congregatio, omnibus diebus dum *vesperas* explevevint ante confessionem...[1].

Et ce même pape Grégoire III, lorsqu'il fonde le monastère de Saint-Chrysogone, dont j'ai parlé plusieurs fois déjà, spécifie que les moines dudit monastère chanteront les louanges de Dieu, dans la basilique de Saint-Chrysogone, non seulement la nuit, mais encore le jour (*diurnis atque nocturnis temporibus*), selon l'usage de la basilique de Saint-Pierre :

> ...secundum instar officiorum ecclesie beati Petri apostoli.

Il restaure et il organise les monastères du Latran :

> ...ad persolvenda cotidie sacra officia laudis divine in basilica Salvatoris... diurnis nocturnisque temporibus ordinata, juxta instar officiorum ecclesie beati Petri apostoli[2].

Saint-Pierre, la confession du prince des apôtres ! C'était le sanctuaire saint entre tous : la liturgie pratiquée à Saint-Pierre ne pouvait être que le canon même de la liturgie. Les monastères qui desservaient la basilique étaient les plus anciens de Rome, puisqu'ils remontaient à saint Léon : leur usage était une tradition, et leur tradition avait, à Rome même, une exceptionnelle autorité. Leurs abbés ou recteurs, qui étaient des clercs, nous l'avons vu, cumulaient leur fonction d'abbé avec celle d'archichantre de Saint-Pierre : ils

---

1. *L. P.*, t. I, p. 422.
2. *L. P.*, t. I, p. 418.

étaient les maîtres liturgistes de l'Église romaine. Le liturgiste anonyme frank, dont j'ai dit un mot au paragraphe précédent et à qui je reviendrai bientôt, nous a conservé le nom de trois de ces recteurs, et il les place à la suite des papes Léon, Gélase, Symmaque, Jean, Boniface, Grégoire, comme les plus récents et les plus autorisés liturgistes et cantilénistes de l'Église romaine :

> Post istos quoque Catalenus abba, ibi deserviens ad sepulcrum sancti Petri, et ipse quidem anni circuli cantum diligentissime edidit.
> Post hunc quoque Maurianus abba, ipsius sancti Petri apostoli serviens, annalem suum cantum et ipse nobile ordinavit.
> Post hunc vero domnus Virbonus abba et omnem cantum anni circuli magnifice ordinavit [1].

Mieux encore, Saint-Pierre était par excellence le sanctuaire de la catholicité latine, et le tombeau de l'apôtre la pierre angulaire de l'Église d'Occident. Tous les yeux étaient tournés vers cette confession auguste. Des pèlerins lui venaient chaque jour des extrémités de la Bretagne, comme des vallées de la Loire et du Rhin. Et pour ceux-là surtout la liturgie pratiquée à Saint-Pierre était le canon même de la liturgie. L'illustre abbé de Wearmouth, le maître de Bède, Benoît Biscop (628-690), était de ces pèlerins du VIIe siècle, si dévots au tombeau du prince des apôtres : cinq fois il fit le pèlerinage d'Angleterre à Rome. A Rome, il avait demandé le plan de son abbaye de Wearmouth. En souvenir de Rome, il avait voulu qu'elle portât le vocable de Saint-Pierre. A Rome, il

---

1. *Anonym. Gerbert.*, V, 6. Cf. *P. L.*, t. CXXXVIII, p. 1347.

avait acheté les livres de ses moines. A Rome enfin, il avait demandé son office et sa cantilène. Davantage, il avait demandé au pape Agathon (678-681) de lui donner des clercs romains, qui viendraient à Wearmouth former les moines anglo-saxons à l'instar des moines romains. Et, accédant à cette prière, le pape avait confié cette mission à qui ? Au « vénérable Jean, archichantre de l'église de l'apôtre saint Pierre et abbé du monastère de Saint-Martin », un des quatre monastères vaticans. Benoit Biscop avait amené de Rome en Bretagne le dit « abbé Jean, pour que dans son monastère il dressât les moines à chanter l'office ainsi qu'on le chantait à Saint-Pierre de Rome : ...*venerabilis Johannes archicantor ecclesiae sancti apostoli Petri et abbas monasterii beati Martini*, ...*per jussionem papae Agathonis*, ...*in monasterio cursum canendi annuum sicut ad sanctum Petrum Romae agebatur edoceret*[1]. »

Ce point est très instructif et n'a point jusqu'ici été assez remarqué, que la basilique de Saint-Pierre, avec la corporation de ses moines chanteurs, de sa *scola* et de ses grand-chantres, a été le véritable lieu d'origine de l'office canonique romain. Le fait était accompli, dans le troisième quart du VIIe siècle, grâce à cet irrésistible mouvement de dévotion et d'admiration qui portait les moines d'au delà les monts et les mers à ne considérer plus comme office romain que l'office clérico-monastique de Saint-Pierre ; à emprunter à cet office basilical la distribution de ses psaumes (*cursum canendi*), de ses leçons (*ordinem legendi*), le texte de ses antiennes et de ses répons (*ritum canendi*), le cycle de ses fêtes (*circulum in celebratione dierum festorum*), entendez les

---

1. Bed., *Hist. Anglor.*, IV, 18.

fêtes du temps. Tel était l'éclat et telle l'autorité du canon de l'office basilical de Saint-Pierre, à une époque où pourtant il n'était point encore définitivement constitué, ni dans son texte, ni dans sa notation, puisque l'abbé Jean l'enseignait à Wearmouth sans texte (*viva voce cantores edocendo*), et dut se résoudre à l'écrire pour la commodité des monastères anglo-saxons (*et etiam litteris mandando*)[1]. Le jour où l'office de Saint-Pierre se trouva codifié, le jour où les *libri responsales* et les *antiphonarii* dits de saint Grégoire et en réalité de Saint-Pierre furent publiés, ils firent la conquête des basiliques romaines. Ils allaient faire la conquête des Églises franques.

Mais avant de voir ce succès de l'office basilical romain, il nous reste à expliquer comment, à côté de l'office dominical et stational des clercs, à côté de l'office vigilial quotidien des titres, à côté de l'office basilical diurne des monastères basilicaux, s'était formé et développé l'office des églises cimétériales, d'un mot le sanctoral de l'Église romaine, et comment bien tard et comme par accident il se fit sa place dans l'office basilical romain.

III

Les fêtes de saints, à Rome comme dans toutes les Églises chrétiennes, étaient à l'origine des anniversaires de martyrs indigènes. Et c'est ainsi que l'histoire des fêtes romaines de saints est liée à l'histoire des cimetières et des basiliques cimétériales de la banlieue romaine.

Les églises *intra muros* ne furent pas d'abord mises

---

1. Id., *ibid.*

sous le vocable des saints. Les églises presbytérales ou titres portaient le nom du fidèle ou du pape qui les avait établies à ses frais. On disait, au IVe et au Ve siècle, le titre de Vestina, le titre de Lucina, le titre de Fasciola, le titre de Damase, le titre de Pudens, le titre de Clément..., pour désigner ces églises paroissiales. Plus tard seulement, au déclin du VIe siècle et au cours du VIIe, les églises de diaconies furent fondées sous des vocables de saints : on eut, *intra muros*, les basiliques de Saints-Côme-et-Damien, de Saint-Adrien, de Saints-Serge-et-Bacchus, de Sainte-Lucie..., par assimilation aux basiliques suburbaines élevées sur le tombeau même des martyrs et pour ce fait nommées de leurs noms.

C'est uniquement dans les cimetières suburbains que se célébraient à l'origine les anniversaires des martyrs, de même que les anniversaires des défunts de chaque famille. Un texte peu explicite du *Liber pontificalis* attribue au pape Félix (269-274) l'institution de synaxes liturgiques sur la tombe des martyrs; mais, comme le fait observer M. Duchesne, ce texte ne témoigne que de l'usage romain du commencement du VIe siècle, c'est-à-dire de l'usage contemporain de la rédaction de ce texte du *Liber*[1]. On sait cependant, grâce à Prudence, que cet usage existait au commencement du IVe siècle : le jour anniversaire de la mort d'un martyr, la messe était célébrée soit sur les autels des basiliques cimétériales, qui s'élevaient au dessus du tombeau, soit dans la crypte elle-même (si elle existait encore), sur un autel placé à côté du tombeau. La messe *ad corpus*, si restreint pouvait être le nombre des assistants, était par

---

1. *L. P.*, t. I, p. 158.

la force des choses une messe quasi privée ; l'autre, au contraire, célébrée dans une enceinte souvent fort vaste, ou même à ciel ouvert sur l'*area* du cimetière, était une *missa publica* [1]. Le peuple pouvait y assister en foule. Parlant de l'anniversaire de saint Hippolyte, sur la voie Tiburtine, Prudence distingue soigneusement la crypte où est le corps du martyr et où les fidèles viennent journellement et individuellement prier :

> *Haud procul extremo culta ad pomoeria vallo*
> *mersa 'atebrosis crypta patet foveis...*
> *Ipsa i'.as animae exuvias quae continet intus*
> *aedicula argento fulgurat ex solido;*

et la basilique, celle de Saint-Laurent, élevée au rez du sol, où, le jour anniversaire du martyr, le peuple et les pèlerins viennent en foule assister aux solennités liturgiques :

> *Jam cum se renovat decursis mensibus annum*
> *natalemque diem passio festa refert...*
> *urbs augusta suos vomit effunditque Quirites...*
> *Exsultat fremitus variarum hinc inde viarum...*
> *Stat sed juxta aliud quod tanta frequentia templum*
> *tunc adeat, cultu nobile regifico...*
> *Plena laborantes aegre domus accipit undas*
> *arctaque confertis aestuat in foribus....* [2]

Mais, dans tout le poème de Prudence, on ne voit pas qu'il soit question de fêter l'anniversaire de saint Hippolyte autrement que par la solennité d'une messe. L'auteur du traité *De haeresi praedestinatorum*, qui écrivait au ve siècle, donne au contraire à entendre

---

1. De Rossi, *Roma sotterranea*, t. III, p. 488-494.
2. Prudent., *Peristephanon*, XI, 153 et suiv.

que les cimetières des martyrs avaient leurs vigiles. Il nous apprend, en effet, que la basilique des saints Processus et Martinien, au deuxième mille de la voie Aurélienne, a été enlevée à la secte hérétique des Tertullianistes, qui y avaient installé leur culte (392-394). Cette expulsion date au plus tard du pontificat d'Innocent Ier (401-417). Et notre auteur en écrit ceci : « *Martyrum suorum Deus excubias catholicae festivitati restituit*[1]. » Le mot *excubiae* est le propre synonyme de *vigiliae*.

S'il est permis de chercher dans les usages d'au delà les monts l'explication des usages romains, volontiers nous verrions un commentaire de ce texte dans la description que donne Sidoine Apollinaire des vigiles célébrées au tombeau de saint Just, à Lyon, au jour anniversaire de ce martyr. Il écrit : « Nous nous étions rendus au tombeau de saint Just, avant le jour, pour l'anniversaire (*processio fuerat antelucana, solemnitas anniversaria*). La foule était énorme, tellement que la basilique et la crypte et les portiques ne la pouvaient contenir. On célébra d'abord les vigiles : les psaumes furent chantés par les chœurs alternant de moines et de clercs (*Cultu peracto vigiliarum, quas alternante mulcedine monachi clericique psalmicines concelebraverunt...*). Et les vigiles terminées, chacun alla se promener, à son gré, mais sans trop s'éloigner, car il fallait être revenu à tierce pour la messe solennelle (...*ad tertiam praesto futuri, cum sacerdotibus res divina facienda*). C'était, ajoute-t-il, un moment délicieux; on sortait haletant de cette basilique étouffante de foule, flamboyante de lumière, et l'on était dans la campagne, dans la tiédeur d'une nuit voisine encore de l'été, mais que

---

1. *P. L.*, t. LIII, p. 617.

rafraîchissaient les frissons légers d'une aurore d'automne [1]. »

A Rome, au cours du IVe siècle, non seulement les cryptes historiques des catacombes avaient été disposées pour le culte ainsi entendu, mais des basiliques avaient été construites sur l'*area* de la plupart des cimetières. J'ai nommé Saint-Laurent sur la voie Tiburtine, il faudrait en nommer bien d'autres : Saint-Silvestre au cimetière de Priscille, Saints-Nérée-et-Achillée au cimetière de Domitille..., et, avant tout autre, Saint-Pierre au Vatican et Saint-Paul sur la voie d'Ostie. Le soin que les plus anciens calendriers (tel le calendrier philocalien de l'année 354) mettent à marquer le *locus depositionis* des saints qu'on fête, est une preuve que ces fêtes de saints se célébraient précisément au *locus depositionis*. Le sacramentaire que l'on appelle léonien, et qui est le plus ancien missel romain que l'on possède (il est sûrement antérieur à saint Grégoire et certaines pièces du recueil peuvent dater de la fin du IVe siècle), indique pour toutes les fêtes de saints qu'il comprend le lieu où elles sont célébrées, et c'est toujours dans un cimetière suburbain qu'il donne rendez-vous aux fidèles :

III non. augusti natale sancti Stephani, in cymiterio Callisti via Appia.

---

1. Sidon., *Epistul.*, CVII, 9. Comparez le texte très important et tout romain fourni par la vie latine de sainte Mélanie et concernant la vigile de saint Laurent, *Analecta Bollandiana*, 1889, p. 23 : « Occasio evenit ut et dies sollemnis et commemoratio beati martyris Laurentii ageretur. Beatissima ...desiderabat ire in sancti martyris basilicam et pervigilem celebrare noctem; sed non permittitur a parentibus, etc. »

VIII id. augusti natale sancti Xysti, in cymiterio Callisti ; et Felicissimi et Agapeti, in cymiterio Praetextati via Appia, etc.

Dans les sacramentaires postérieurs, les stations ne seront pas indiquées autrement. Des homélies du pape saint Grégoire on peut tirer des indications analogues : en effet, en dehors des homélies prêchées les jours de station, si le pape prêche au peuple pour le *natale* d'un martyr, on est sûr que c'est dans la basilique cimétériale de ce martyr, c'est-à-dire dans une église *extra muros*. Ceci au commencement du VIIe siècle.

En cessant toutefois, à dater de 410 et de la prise de Rome par les Goths d'Alaric, d'être les cimetières ordinaires des paroisses romaines, et en devenant par ce fait de simples lieux de pèlerinage, les catacombes perdirent nombre de leurs visiteurs et de leurs desservants. Les *fossores* disparaissent au Ve siècle. L'usage de célébrer dans ces vieilles nécropoles des messes anniversaires privées pour les défunts s'éteint au siècle suivant, où nous voyons le pape Jean III (561-574) obligé, pour qu'au moins le dimanche les saints mystères soient célébrés dans les anciens cimetières suburbains, de faire les humbles frais de ce service. Avec le VIe siècle commence l'époque de la ruine lente et de l'oubli. Le siège de Rome par les Goths, en 537, y contribue plus qu'aucune autre cause : « *Nam et ecclesias et corpora martyrum exterminatae sunt a Gothis,* » écrit l'historiographe du pape Silvère (536-537) [1].

Et les Lombards, au VIIe siècle et au VIIIe, n'étaient pas ennemis à s'abstenir de cette guerre sacrilège.

---

1. *L. P.*, t. I, p. 305 et 291.

Au milieu de ces paniques et de ces ruines, que devait devenir le culte des martyrs ? Allait-on, puisque le *locus depositionis* devenait inaccessible, cesser de fêter l'anniversaire du saint ? Le culte des saints ne pouvait-il donc pas immigrer à l'intérieur de Rome et à l'abri de ses murs ?

Cette immigration du culte des martyrs à l'intérieur de Rome coïncide avec l'époque où les églises romaines commencent à se décorer de noms de saints. Les églises de diaconies, fondées au déclin du VIe siècle et au VIIe, l'avaient été, nous l'avons vu, sous des vocables de saints. Vers le même temps, les titres presbytéraux se donnent à leur tour des martyrs pour titulaires : le *titulus Pudentis* devenant Sainte-Pudentienne, le *titulus Priscae* Sainte-Prisca, le *titulus Anastasiae* Sainte-Anastasie, le *titulus Clementis* Saint-Clément. Cette transformation des vocables basilicaux est achevée au VIIIe siècle. La même pensée qui a fait donner aux églises de diaconies le nom de saints étrangers à Rome avait fait, et ce dès le Ve siècle, consacrer des basiliques de l'intérieur de Rome sous le vocable de la vierge Marie et des saints apôtres. L'anniversaire de la dédicace de ces églises urbaines coïncidait le plus souvent avec la date fixée par les martyrologes à l'anniversaire des saints dont ces églises portaient le vocable. Les fêtes des saints non indigènes s'établirent ainsi les premières dans les églises de l'intérieur de Rome. Puis, à dater du VIIe siècle, les reliques des martyrs suburbains, en 648 celles des saints Prime et Félicien de Nomento, en 682 celles des saints Simplicius et Faustinus de Porto..., commencèrent à être transférées dans les basiliques de la ville. Au VIIIe siècle, à la suite du siège de Rome par Astolphe et les Lombards (756), les corps des principaux martyrs des catacombes elles-mêmes se trouvèrent transportés *intra muros* [1].

Et leur culte les y suivit.

Les fêtes des saints cessaient d'être des fêtes cimétérériales, mais elles ne perdirent pas encore leur caractère strictement local. Là où était la relique, là se célébrait la fête; et par analogie, à l'église qui portait le nom du saint appartenait en propre sa fête. La fête du saint devenait une sorte de station. Ainsi les fêtes de la vierge Marie étaient célébrées à Sainte-Marie-Majeure; les fêtes des saints Côme et Damien dans la basilique de Saints-Côme-et-Damien; la fête des saints Simplicius et Faustinus dans la basilique de Sainte-Bibiane, et ainsi des autres. Dans l'*ordo* de Montpellier, qui est du VIIIe siècle [2], on lit la rubrique suivante : l'archidiacre, à la messe solennelle pontificale, avant de distribuer la communion aux fidèles, doit annoncer la prochaine station en ces termes : « Tel jour est l'anniversaire (*natale*) de tel saint, soit martyr, soit confesseur, qui se célèbrera en tel ou tel lieu. » Ce qui prouve bien que les fêtes du sanctoral, même célébrées *intra muros*, restaient des fêtes locales. Autre preuve du même fait dans la vie du pape Grégoire III (731-741). Ce pape construit dans la basilique de Saint-Pierre un oratoire « en l'honneur du Sauveur, de la vierge Marie, des apôtres, des martyrs, des confesseurs et de tous

---

1. De Rossi, *Roma sotterranea*, t. I, p. 221. Sous Grégoire III (731-741) les anniversaires des martyrs se célèbrent encore par des vigiles dans les catacombes : « Disposuit ut in cimiteriis circumquaque positis Romae in die nataliciorum eorum luminaria ad vigilias faciendum... deportentur. » *L. P.*, t. I, p. 421.

2. *Ordo* de Montpellier inédit, fol. 92. Voyez sur ce document plus loin, aux pièces justificatives.

les justes » ; il établit que « tous les jours », après que les « vêpres auront été dites devant la confession » de saint Pierre, les moines des « trois monastères attachés à la basilique » (Saints-Jean-et-Paul, Saint-Etienne, Saint-Martin) se rendront au nouvel oratoire, et là « chanteront trois psaumes » suivis d'une leçon tirée de l'Evangile et d'une oraison, en l'honneur des saints dont ce sera la fête (*quorum natalicia fuerint*). En d'autres termes, l'office de « tous les jours » ne faisant aucune mention des saints dont est marquée la fête au calendrier romain, le pape Grégoire III institue un office commémoratif à part pour les saints, afin que ces saints, fêtés ailleurs, ne soient point oubliés dans la basilique de Saint-Pierre [1].

Commentant ce texte de la vie de Grégoire III, M. Duchesne écrit : « La fondation liturgique de Grégoire III n'est pas mentionnée dans les vies des papes ses successeurs, ni dans aucun texte, à ma connaissance. Il est probable que l'on se sera affranchi de bonne heure d'un service assez onéreux [2]. » Ne serait-ce pas plutôt que cette fondation ou rubrique de Grégoire III aura été transformée en une autre qui seule a persisté ? Et quelle autre institution sera-ce que l'extension à toutes les basiliques urbaines de l'obligation de célébrer les *natalitia* de tous les saints martyrs et confesseurs du calendrier romain ?

A défaut de preuves plus directes, la coïncidence des dates est frappante. En 741, les anniversaires de martyrs sont encore localisés au *locus depositionis* ou au *locus tituli* : en 756, siège de Rome par les Lombards et

---

1. *L. P.*, t. I, p. 422.
2. *Id.*, p. 423.

à la suite translation dans l'intérieur de Rome des principaux martyrs des catacombes ; en 772-795, le sanctoral général est entré dans le canon de l'office de Saint-Pierre.

> Passiones sanctorum vel gesta ipsorum usque Adriani tempora [772-795] tantummodo ibi legebantur ubi ecclesia ipsius sancti vel titulus erat : ipse vero a tempore suo rennuere jussit et in ecclesia sancti Petri legendas esse constituit.

Ainsi s'exprime l'*ordo* de la Vallicellane publié par Tommasi [1]. Ce n'est qu'un indice. Ce qui est plus qu'un indice, c'est que les liturgistes carolingiens, qui vont transporter en France l'office canonique romain, ne connaîtront point d'autre régime que celui-là : le sanctoral, après avoir été si longtemps tenu en dehors de l'office canonique, devenu partie intégrante de cet office [2].

Le moment était venu, en effet, et il coïncide (autre et significative rencontre) avec le pontificat des successeurs immédiats de Grégoire III, où le canon de l'office observé à Saint-Pierre allait faire la conquête des Églises franques ; où le même sentiment qui avait popularisé à la fin du siècle précédent en Angleterre le *cursus* et la cantilène de Saint-Pierre, allait faire adopter ce même *cursus* et cette même cantilène par les évêques franks ; et où il n'y aurait pas que des basiliques romaines comme Saint-Chrysogone, mais bien encore de lointaines cathédrales, comme celles de Metz et de Rouen, où l'office divin se célébrerait désormais *juxta instar officiorum ecclesie beati Petri apostoli*. En France,

---

1. Tommasi, t. IV, p. 325.
2. Amalar., *De ord. antiph.*, 28.

comme cent ans auparavant en Angleterre, cette propagation de la liturgie romaine est le fait de l'initiative individuelle : le Saint-Siège s'y prête, mais ne la provoque point. La liturgie romaine attire les dévotions à elle par la vertu de saint Pierre et par la vertu de sa beauté propre. Saint Chrodegang († 766) est, comme était Benoît Biscop, tout pénétré de dévotion aux choses de Rome et de saint Pierre. Au retour d'un pèlerinage au tombeau du prince des apôtres, en 754, désireux d'assurer la régularité de l'office tant nocturne que diurne dans la cathédrale de Metz, il institue une communauté de clercs sur le modèle des communautés monastiques attachées à Rome à la desservance des basiliques, et il impose à ces clercs réguliers l'*ordo* romain de l'office et la cantilène romaine : « *Clerum, ...romana imbutum cantilena, morem atque ordinem romanae ecclesiae servare praecepit*[1]. » Le grand évêque de Metz n'est pas mort que son exemple est imité par Rémi, archevêque de Rouen; lui aussi, au retour d'un pèlerinage à Rome, en 760, il amène à Rouen, avec l'autorisation du pape Paul, le secondicier de la *Scola cantorum* pour initier ses clercs aux « modulations de la psalmodie » romaine. Puis, le grand-chantre romain ayant dû peu après revenir à Rome, Rémi envoie ses clercs terminer leur formation à Rome même dans la *Scola cantorum*[2]. Il veut avoir à Rouen, comme Chrodegang à Metz, le pur *ordo* et la pure cantilène de Saint-Pierre. A son tour enfin, c'est Pépin qui étend à toutes les Églises franques la réforme inaugurée à Metz et à Rouen, qui enjoint à tous les évêques

---

1. *P. L.*, t. LXXXIX, p. 1057.
2. Jaffé, n. 2371.

franks de renoncer à l'*ordo* gallican, d'apprendre le chant romain, de célébrer désormais l'office divin en conformité avec le Saint-Siège : « *Ut cantum romanum pleniter discant et ordinabiliter per nocturnale vel gradale officium peragatur..., ob unanimitatem apostolicae sedis et sanctae Dei ecclesiae pacificam concordiam.* « Ce sont les termes de l'empereur Charlemagne renouvelant, en 789, le décret de Pépin le Bref [1].

Dès le milieu du viiie siècle, et c'est la conséquence qu'il faut tirer de ces quelques faits si considérables, l'office romain, qui supplante ainsi en France le vieil office gallican, est codifié. L'antiphonaire (responsoral) dit grégorien, en réalité l'antiphonaire de Saint-Pierre, est écrit et fermé. Et, de fait, vers l'année 760, le pape Paul envoie au roi Pépin un exemplaire du *Liber responsalis*, ou recueil des antiennes et des répons de l'office romain [2]. En 756, saint Chrodegang avait rapporté pareilles pandectes à Metz, comme plus tard Wala, abbé de Corbie, en rapportera à son abbbaye. C'est cette œuvre liturgique, codifiée ainsi pour la première fois, ou du moins nous apparaissant telle pour la première fois en 756, qu'il nous reste à décrire en détail, en restituant dans la mesure de nos ressources historiques l'économie de cet office romain, qui ravissait si fort les pèlerins nos aïeux du viiie siècle, qu'ils n'hésitèrent point à lui sacrifier la tradition propre de leurs Églises.

1. Duchesne, *Origines*, p. 97.
2. Jaffé, n. 2451.

CHAPITRE III

L'OFFICE CANONIQUE ROMAIN DU TEMPS DE CHARLEMAGNE

Ici est le point culminant de tout le développement historique que nous avons à embrasser. Cinq siècles d'archaïsme ; un siècle de préparation prochaine ; puis l'âge d'or, deux siècles d'âge d'or, le VIIe siècle et le VIIIe, durant lesquels s'est formé, dans la basilique de Saint-Pierre, ce *cursus* qui, avec les moines anglo-saxons du VIIe siècle, a triomphé du *cursus* bénédictin ; qui, avec les princes carolingiens, triomphe du *cursus* gallican ; et qui en arrive à être le canon de la chrétienté latine. Moment unique de fortune et de perfection, où il importe de le saisir et de l'analyser.

Les documents où nous avons à puiser sont nombreux et explicites.

Si, en effet, nous n'avons aucun des *Libri responsales* romains du VIIIe ou du IXe siècle, nous avons du moins l'œuvre du liturgiste frank Amalaire[1], qui, en n'ayant l'intention que de commenter et de défendre la lettre de l'office canonique tel que les Églises franques le pratiquaient après la réforme de Pépin et de Charlemagne, nous a donné une description minutieuse de cet office

---

1. *P. L.*, t. CV, p. 985 et suiv. Mabillon, *Vetera analecta* (éd. de 1723), p. 93-100.

romano-frank et des détails qui le différenciaient dès lors de l'office romain pur. Amalaire, clerc de Metz, disciple d'Alcuin, conseiller de Louis le Débonnaire, maître de l'école du palais, était, lui aussi, allé à Rome (827), et ce pour perfectionner sa science liturgique auprès des « ministres de l'église de Saint-Pierre »; de plus, il avait en mains les « antiphoniers » authentiques donnés par le pape à l'abbaye de Corbie[1]. Amalaire est donc un excellent témoin des rubriques romaines du temps de Charlemagne. A défaut de *Libri responsales* romains du VIIIe siècle, nous en avons un du XIIe siècle d'origine romaine, mieux encore provenant de Saint-Pierre même : l'antiphonaire publié par le cardinal Tommasi et aujourd'hui encore appartenant à la bibliothèque du chapitre de Saint-Pierre[2]. Document d'époque tardive assurément, mais qu'il suffit de comparer aux rubriques fournies par Amalaire pour constater qu'il représente, à bien peu d'éléments près, la liturgie romaine contemporaine d'Amalaire. On n'en saurait dire autant, il s'en faut, d'antiphonaires plus anciens pourtant, — tel que l'antiphonaire de Compiègne[3], admirable manuscrit de la fin du IXe siècle, publié par Mabillon, — parce qu'ils représentent l'office non plus romain pur, mais romano-frank, et cet office adapté à l'usage monastique. A l'œuvre d'Amalaire et à l'antiphonaire de Saint-Pierre, on joindra avantageusement les *ordines romani*, ceux-là du moins qui sont les plus anciens et purement romains, tels l'*ordo* de Saint-Amand publié par M. Duchesne[4], ou l'*ordo I*[us] de

---

1. *Hist. litt. de la France*, t. IV, p. 531 et suiv.
2. Tommasi, t. IV, p. 1-170. Archives de Saint-Pierre, B. 79.
3. *L. P.*, t. LXXVIII, p. 725-850. Biblioth. nation., *lat.* 17436.
4. Duchesne, *Origines*, p. 439 et suiv.

Mabillon dans ses parties originales [1]. On y joindra plus avantageusement encore un texte découvert à Saint-Gall et publié au siècle dernier par dom Martin Gerbert, l'érudit abbé de Sant-Blasien ; ce texte est un fragment d'*ordo* des monastères basilicaux romains du VIIIe siècle [2]. Faute d'autre titre, on me pardonnera de le désigner sous le nom d'« Anonyme de Gerbert ».

Ce sont là les sources où nous puiserons les éléments de la restitution que nous devons essayer de l'office romain du temps de Pépin et de Charlemagne.

I

L'office commun du temps.

Le cours nocturne comprend vêpres, le nocturne proprement dit, les laudes.

L'office de vêpres a pour incipit le verset *Deus in adiutorium*, entonné par le président du chœur, suivi d'un *Gloria Patri*. De même commenceront les laudes, de même aussi les heures diurnes, et cet incipit uniforme est déjà marqué dans la règle de saint Benoît. La psalmodie de vêpres compte cinq psaumes invariablement : la règle de saint Benoît n'en marquait que quatre. Les psaumes réservés à la psalmodie de vêpres sont les psaumes graduels, et comme ces quinze psaumes ne feraient pas le compte, on y joint les psaumes de peu d'étendue laissés libres par les autres heures (Ps. 109-134 sqq.) : ainsi également dans la règle de saint Benoît, à laquelle l'ordre des vêpres romaines doit beaucoup. « *Quotidianus usus noster tenet*

---

1. *P. L.*, t. LXXVIII, p. 937-959.
2. Voir plus loin, aux pièces justificatives.

ut quinque psalmos cantemus in vespertinali synaxi...; hos quinque psalmos antiphonatim cantare solemus, » dit Amalaire [1]. La psalmodie de vêpres est une psalmodie antiphonée.

Psalmodie antiphonée n'a pas, à Rome, au VIIIe siècle, le sens que nous lui avons vu avoir, au IVe siècle, dans la langue et dans l'usage de saint Ambroise et de saint Augustin. Antiphoner, pour Amalaire, signifie intercaler entre chaque verset ou couple de versets du psaume une courte phrase, étrangère au psaume généralement. Par analogie, cette courte phrase porte le nom d'*antiphona* ou antienne. Cette phrase est notée, et c'est sur le ton de cette phrase musicale que se chante le psaume lui-même. « *Antiphona inchoatur ab uno unius chori; et ad eius symphoniam psalmus cantatur per duos choros... Cantores alternatim ex utraque parte antiphonas levant*[2]. » Entendez bien qu'il s'agit de répéter l'antienne au cours même du psaume, et de ne point la dire seulement au début et à la fin. Les liturgistes carolingiens adoptèrent cet usage romain; et, encore qu'il se soit perdu de bonne heure, on en retrouve maintes traces. Ainsi, à la fin du IXe siècle, les chanoines de Saint-Martin de Tours répétaient encore l'antienne après chaque verset de psaume : « *... unamquamque antiphonam per singulos psalmorum versus repetendo canebant,* » est-il dit dans la vie de saint Odon de Cluny[3]. Par contre, au commencement de ce même siècle, voici un clerc de Ratisbone qui se plaint que ses confrères chantent l'office sans dévotion, exécu-

---

1. Amalar., *De eccl. off.*, IV, 7. *De ord. antiph.*, 6.
2. Id., *De eccl. off.*, IV, 7.
3. *P. L.*, t. CXXIII, p. 48.

tent les psaumes à la course, et, pour revenir plus tôt à leurs affaires, suppriment la répétition des antiennes, « *sine antiphonis* », ignorant la raison d'être de ces répétitions instituées par les saints docteurs pour la consolation des âmes : « *Nesciunt quia sancti doctores et eruditores Ecclesiae instituerunt modulationem in antiphonarum vel responsoriorum repetitione honestissima, quatenus hac dulcedine animus ardentius accenderetur*[1]. » Les chanoines de Tours étaient donc dès lors exceptionnels : à Rome même, la coutume avait prévalu vite de supprimer ces répétitions. Mais la rubrique écrite ne sera point supprimée. Au xiie siècle, pour des solennités comme Noël, elle portait encore que, « au nocturne, les antiennes doivent être répétées, au commencement du psaume, puis au cours du psaume aux endroits marqués, puis à la fin du psaume, puis après le *Gloria Patri*, enfin après le *Sicut erat*[2]. » J'emprunte cette rubrique à l'antiphonaire de Saint-Pierre. On voit à cela de quelle importance était l'antienne dans la psalmodie romaine du viiie siècle, et comment, au lieu d'être comme aujourd'hui une ritournelle parasite, elle était l'élément capital et distinctif de la psalmodie cantilénée de Rome[3].

Les cinq psaumes antiphonés de vêpres une fois achevés, le président du chœur récitait une leçon brève tirée de l'Ecriture sainte : « *Sequitur lectio brevis*

1. *P. L.*, t. CXXIX, p. 1399.
2. Tommasi, t. IV, p. 37.
3. Il arrivait même qu'un psaume eût, non pas une, mais deux antiennese t davantage. « Si, poursuit la rubrique que je viens de citer de l'Ant. de Saint-Pierre, le psaume a deux antiennes, la première sera chantée au commencement, à la fin, après le *Gloria Patri*, après le *Sicut erat* ; la seconde sera chantée au cours du psaume aux endroits marqués. »

a pastore prolata[1], » dit Amalaire. Cette leçon brève, qui figure ici comme une sorte d'organe rudimentaire, était tout ce qui restait de ce qu'aurait dû être la lecture scripturaire que comportait la première vigile de la nuit dans l'antiquité. De même, cette leçon brève était suivie d'un verset, comme *Vespertina oratio ascendat ad te Domine*, etc., ou *Dirigatur oratio mea sicut incensum*, etc.; ce verset, au lieu d'être chanté, était récité comme la leçon. Sitôt le verset dit, le *Magnificat* était chanté avec ses antiennes.

La fin de vêpres est à remarquer, d'autant que la fin de laudes sera identique. Point de *Dominus vobiscum*, mais à l'unisson le *Kyrie eleison*, et, comme oraison finale, le *Pater*, que l'on récitait à haute voix, ainsi d'ailleurs que le prescrit encore aujourd'hui la rubrique de l'office férial. On donnait ainsi à l'oraison dominicale la place la plus solennelle, comme à la prière suprême. Religieuse et antique pensée qui ne se conserva malheureusement pas : le *Pater*, en effet, était déjà au viiie siècle remplacé, les jours de fête, les dimanches et les jours de station, par la collecte du jour. Cette substitution est postérieure à saint Benoît, qui n'a connu que l'ancien usage de dire le *Pater* au moment recueilli où la psalmodie s'achevait. Cette psalmodie finissait avec le jour; car vêpres, ayant commencé à la douzième heure, se terminait la nuit venue. Ce qui fait dire à Amalaire, plus justement encore qu'il ne croyait dire, que vêpres appartient à l'office nocturne : « *Vespertinum officium ad noctem pertinet*[2]. »

A l'office de vêpres tel que nous venons de le décrire

---

1. Amalar., *De eccl. off.*, IV, 7.
2. Id., *ibid.*

et à l'office de laudes que nous décrirons plus loin, s'ajoutait un court exercice eucologique[1], celui-là même que nous désignons aujourd'hui sous le nom de *preces feriales*, et qui était un reste de la plus haute antiquité liturgique. Ces prières fériales, dans la forme où nous les récitons encore à l'office férial, sont mentionnées par Amalaire et par saint Benoît d'Aniane, au IXe siècle : elles étaient de rubrique romaine monastique. Nous y prions pour les fidèles présents et pour nous-mêmes (*Ego dixi : Domine miserere mei... Fiat misericordia tua Domine super nos...*), pour tout l'ordre ecclésiastique (*Sacerdotes tui induantur justitiam...*), pour le prince et les peuples (*Domine salvum fac reges...; Salvum fac populum...*), pour la communauté (*Memento congregationis...*), pour les défunts (*Oremus pro fidelibus defunctis...*), pour les absents (*Pro fratribus nostris absentibus...*), pour les captifs (*Pro afflictis et captivis...*), enfin pour la sécurité commune (*Exurge Christe adiuva nos...*). Cette série de prières est indiquée par saint Colomban, au VIIe siècle; elle est désignée par saint Benoît sous le nom de *supplicatio litaniae*; on la retrouve sous une forme identique dans le huitième livre des *Constitutions apostoliques*[2]. Au VIIIe siècle, cette litanie n'accompagnait pas seulement laudes et vêpres, mais encore tierce, sexte et none. Les dix derniers versets du *Te Deum* n'en sont qu'une variante.

Complies, dont il est naturel de parler ici, n'appartenait point à l'office nocturne, et pas davantage à l'office diurne. Complies était un exercice purement

---

1. Amalar., *De eccles. off.*, IV, 4.
2. Dom Baeumer, *Ein Beitrag zur Erklärung von Litaniae und Missae*, dans les *Studien und Mittheilungen aus dem Benedictiner- und dem Cistercienser-Orden*, 1886, t. II, p. 285-294.

conventuel et nullement basilical. C'était la prière du coucher des moines. Le repas du soir une fois pris, les moines basilicaux du VIIIe siècle ne revenaient point à Saint-Pierre pour y chanter complies, mais ils passaient directement du réfectoire au dortoir, et au dortoir ils disaient complies : « *Canuntur completorio ubi dormiunt in dormitorio,* » dit dans son latin d'illettré l'Anonyme de Gerbert. Complies, dans la liturgie d'Amalaire, est déjà devenu un office moins intime ; et, de même que les *ordines* monastiques du IXe siècle font chanter complies au chapitre [1], Amalaire ne marque pas que complies se chante en un local autre que le chœur. En tête de complies, Amalaire place une leçon brève, comme nulle autre heure n'en a. Cette leçon brève, en effet, représente la fin de la lecture ou *collatio* qui vient de se faire au réfectoire : « *Ante istud officium conveniunt in unum fratres ad lectionem*; » et ailleurs : « *In isto consumitur esus, potus et collatio* [2]. » La psalmodie de complies se compose de quatre psaumes, un nombre qui ne se retrouve à aucune autre heure canonique, quatre psaumes invariables et ceux-là mêmes que nous y récitons encore. Pas de leçon brève, pas de répons par conséquent, pas de verset non plus, car le verset indiqué par Amalaire *Custodi me Domine ut pupillam oculi*, etc., est un verset messin. Mais le cantique *Nunc dimittis*, suivi, sans *Kyrie eleison*, d'une oraison : « *Tantummodo postulatio pro custodia deprecetur.* » Et, ajoute Amalaire, après cette oraison, le grand silence commençait et l'abdication de tout souci terrestre. L'Anonyme de Gerbert disait plus simplement : « *Et*

---

1. *P. L.*, t. LXVI, p. 941.
2. Amalar., *De off. eccl.*, IV, 8.

tunc vadunt cum silentio pausare in lectula sua. » On le voit, tout est à part dans cet office de complies, et tout est à part parce que complies est une heure privée.

L'office nocturne proprement dit commençait au milieu de la nuit. Au son de la cloche [1], tout le pieux personnel des clercs et des moines arrivait à la basilique. L'office s'ouvrait par le verset *Domine labia mea aperies* dit par le président du chœur et suivi d'un *Gloria Patri*. Le verset *Deus in adiutorium* aurait fait double emploi avec le *Domine labia* : il ne figurait donc point en tête de l'office. Immédiatement après le *Gloria Patri*, le psaume *Venite exultemus* ou invitatoire.

Remarquez bien cette admirable pièce. Elle n'est point, comme on l'a dit souvent, un reste de « l'ancienne manière de chanter ce que nous appelons les antiennes », mais bien un reste de l'ancienne manière de chanter les *psalmi responsorii*; et c'est très justement que l'auteur frank du VIIe siècle, connu sous le nom de *Magister anonymus*, à qui nous devons le plus ancien commentaire de la règle bénédictine, donne à l'invitatoire le nom de « *responsorium hortationis* [2]. » Ici, en effet, un soliste chante d'abord le verset, lequel n'est point une antienne véritable, mais un *acrostichion*, et le chœur répète à l'unisson le verset. Puis, au lieu que ce soit le chœur qui chante le psaume, c'est le soliste qui l'exécute, et le chœur ne fait que répéter à chaque deux versets l'*acrostichion* du début. Nous retrouvons là l'antique psalmodie ecclésiastique.

L'invitatoire exécuté, le chant des psaumes commence. Le nocturne compte douze psaumes, douze

---

1. Voy. sur la cloche des vigiles, *L. P.*, t. I, p. 485.
2. *P. L.*, t. LXXXVIII, p. 1006.

psaumes qui ne sont point antiphonés, comme l'ont été ceux de vêpres : mais chantés d'un trait : (*in directum.*) Chaque quatre psaumes, on intercale un *Gloria Patri*[1]. Le texte du psautier en usage à Rome n'était pas le même que celui des Églises franques. L'Église romaine avait conservé, et elle conservera jusqu'au xve siècle, son ancienne version du psautier, celle dont saint Jérôme, en 383, à la demande du pape Damase, avait fait une révision d'après les Septante, révision hâtive et incomplète[2] : on chantait à Rome les psaumes dans ce texte hiéronymien de 383, tandis qu'en Gaule on avait, dès l'époque de Grégoire de Tours, adopté, et, au viiie siècle, conservé la seconde version hiéronymienne des psaumes, la version que nous appelons gallicane, celle que saint Jérôme avait faite, entre 387 et 391, à Bethlehem, d'après l'hébreu et les Hexaples, et qui est aujourd'hui celle dont se sert toute l'Église catholique.

Quant à la distribution des psaumes du psautier aux nocturnes des différents jours de la semaine, elle était aussi propre à Rome. Un liturgiste du moyen âge en a donné la formule excellente que voici : « Il faut savoir que le psautier est en deux parties : la première, qui s'arrête au *Dixit Dominus*, est pour l'office nocturne ; la seconde, à partir du *Dixit Dominus*, pour l'office diurne. Saint Ambroise partageait la première partie en dix nocturnes ou *diguriae*, comme dit le vulgaire. La première *diguria* est de seize psaumes, la seconde de

---

1. Amalar., *De off. eccl.*, IV, 2.
2. Hieronym., *Praef in lib. Ps.* : « Psalterium Romae... emendaram, et juxta LXX interpretes licet cursim magna illud ex parte correxeram. »

quatorze, les sept suivantes de dix, la dernière de huit. Ces dix *diguriae*, dans l'office ambrosien, servent tout le cours de l'année de quinzaine en quinzaine : ainsi une semaine, cinq *diguriae* pour le lundi, le mardi, le mercredi, le jeudi et le vendredi ; la semaine suivante, les cinq autres *diguriae* ; le samedi et le dimanche ayant dans le rite ambrosien leurs cantiques spéciaux... » A Rome, au contraire, « le psautier est intégralement récité chaque semaine, ...et la première partie du psautier divisée en sept nocturnes, dix-huit psaumes pour le dimanche, douze pour chaque férie, à la réserve de quelques psaumes destinés aux heures diurnes [1]. »

Les douze psaumes du nocturne une fois chantés, on passait aux leçons. La psalmodie était séparée de la lecture par un verset, rien de plus, et surtout rien de l'oraison dominicale et de l'absolution que nous rencontrons là aujourd'hui : « *Praecedit versus lectionem,* » dit nettement Amalaire [2]. Les leçons vont être lues au pupitre (*analogium*). Le clerc ou frère qui va les lire demande au préalable la bénédiction du président du chœur par la formule *Jube domne benedicere*. A quoi le président répond par une courte bénédiction, dans le style de celles qui nous servent encore. Et le chœur répond *Amen*. Puis la lecture commence, empruntée au texte courant de l'Écriture sainte. La distribution de l'Écriture sainte entre les divers temps de l'année était canoniquement réglée. J'en emprunte l'indication à l'Anonyme de Gerbert :

---

1. Radulph., *De canon observant.*, 10.
2. Cependant l'*ordo* de Saint-Amand semble indiquer, à l'encontre d'Amalaire, que là se plaçait une oraison prononcée par le président du chœur : « ...presbyter dat oracionem » (ap. Duchesne, *Origines*, p. 444).

Du 1ᵉʳ décembre à l'Épiphanie, Isaïe, Jérémie, Daniel ; — de l'Épiphanie aux ides de février (13 février), Ezéchiel, les douze petits prophètes, Job ; — au printemps, le Pentateuque, Josué, les Juges, jusqu'à la semaine sainte ; — de Pâques à la Pentecôte, les épîtres catholiques, les actes des apôtres, l'Apocalypse ; — puis, pour l'été, les Rois et les Paralipomènes ; — du commencement de l'automne au 1ᵉʳ décembre, les livres sapientiaux, Esther, Judith, les Maccabées, Tobie.

L'usage de lire l'Écriture sainte à la suite de la psalmodie nocturne avait été longtemps propre au nocturne dominical ou stational ; le nocturne férial ne comportait point de leçons. Les féries n'eurent de leçons qu'au VIIᵉ siècle, à l'époque de saint Grégoire (590-604) ou du pape Honorius (625-638). Théodemar, abbé du mont Cassin (777-797), explique ainsi pourquoi saint Benoît ne prescrit point de leçons au nocturne des jours privés ou féries[1]. — La leçon durait un temps convenable et jusqu'à ce que le président du chœur fît signe au lecteur de s'arrêter (*quousque praecipiat ut finiatur*). Le lecteur terminait uniformément par la formule *Tu autem*, à quoi le chœur répondait *Deo gratias*. Les trois leçons du nocturne étaient chacune suivie d'un répons.

Ce serait une inexactitude que d'identifier le répons romain avec le *psalmus responsorius* de l'ancienne Église. Le *psalmus responsorius*, nous l'avons retrouvé

---

1. *P. L.*, t. XCV, p. 1584 : « ...necdum eo tempore in ecclesia romana, sicut nunc leguntur, sacras Scripturas legi mos fuisse ; sed post aliquot tempora hoc institutum esse, sive a beato papa Gregorio, sive ut ab aliis affirmatur ab Honorio. Qua de re maiores nostri instituerunt ut hic tres cotidianis diebus... lectiones in codice legantur, ne a sancta romana ecclesia discrepare viderentur. »

très exactement dans l'invitatoire, et rien ne ressemble moins à l'invitatoire qu'un répons. Le répons est, en réalité, un graduel. La leçon du texte sacré lue à la messe était suivie d'un chant exécuté en solo et repris par l'assemblée : c'était le graduel. Le graduel est à Rome la forme la plus ancienne du chant musical ecclésiastique [1]. Il se compose d'un texte ou *capitellum*, lequel est emprunté aussi bien au psautier qu'à toute autre partie de l'Écriture sainte, et c'est ce qui le distingue du *psalmus responsorius* qui est par définition et en fait un psaume du psautier. A Rome, cependant, on étendit l'application du mot *responsorium* : le graduel de la messe, qui n'était point un *psalmus responsorius*, fut appelé répons, et Amalaire ne le désigne pas autrement [2]. Puis l'usage s'en perdit : on eut le graduel de la messe, on eut le répons de l'office, et l'identité originelle du graduel et du répons finit par ne plus être remarquée. Il se pourrait que le répons, tant à la messe qu'à l'office, fût une création proprement romaine, et c'est dans ce sens que s'entendrait le texte de saint Isidore de Séville († 636) : « *Responsoria ab Italis longo ante tempore sunt reperta* [3]. » Saint Benoît prescrit le chant des répons à la suite des leçons, où nous voyons une confirmation du *longo ante tempore* de saint Isidore. — Le même saint Isidore définit le répons tel qu'on l'entendait au VIIe siècle quand il dit : « *Uno canente chorus consonando respondet* [4]. » Trois éléments en effet

---

1. Duchesne, *Origines*, p. 107.
2. Amalar., *De eccl. off.*, III, 11. De même l'*ordo* de Montpellier : « Lecta lectione …de die, sequitur responsorium et alleluia » (fol. 89).
3. Isidor., *De eccl. off.*, I, 9.
4. Id., *Ibid.*

composaient le répons : le *responsorium* proprement dit, le verset, la doxologie. Chacun des trois répons avait son *Gloria Patri*, où Amalaire voit une innovation de papes récents[1] ; de fait, saint Benoît ne donnait de doxologie qu'au troisième répons seulement. Les trois répons étaient exécutés de la manière suivante qui était la vieille manière, et, au dire d'Amalaire, la manière propre à Rome. Le préchantre chantait le texte initial du répons (*responsorium*) en solo, et le chœur après lui le répétait à l'unisson ; puis le préchantre chantait le verset, et le chœur répétait le *responsorium* intégralement comme devant ; puis le préchantre chantait la doxologie et le chœur reprenait la deuxième partie du *responsorium* (*circa mediam partem intrant in responsorium et perducunt usque in finem*) ; enfin le préchantre chantait une seconde fois le texte du *responsorium*, que, pour la troisième fois, le chœur répétait intégralement. C'est, à peu de choses près, la façon dont s'exécute encore aujourd'hui le beau répons *In manus tuas Domine commendo spiritum meum*. — La lettre des répons était coordonnée à l'Écriture occurrente. On avait les répons prophétiques ; on avait les répons tirés de la Genèse (entre autres les beaux *responsoria de Joseph*) ; on avait les *responsoria Regum*, les *responsoria de Sapientia*, les *responsoria de Job*, les *responsoria de Tobia*, *de Judith*, *de Hester*, *de Maccabaeis*. Les *responsoria de psalmis* accompagnaient les leçons du Nouveau Testament. L'ensemble des répons tirés d'un même livre s'appelait *Historia*[2].

Sur le troisième répons de la troisième leçon, le noc-

---

1. Amalar., *De ord. antiph.*, 2.
2. Amalar., *De ord. antiph.*, 53 et suiv.

turne était achevé. Douze psaumes, trois leçons, trois répons constituaient donc le nocturne, tant dominical que férial. Mais, tandis que c'était là tout l'office nocturne férial, à l'office nocturne dominical s'ajoutaient encore six psaumes, six leçons et six répons partagés en deux séances ou nocturnes. Les trois psaumes de la première séance étaient antiphonés comme ceux des vêpres ; les trois psaumes de la seconde étaient alleluiatisés, c'est-à-dire qu'ils avaient un alleluia pour toute antienne. A chacun de ces deux nocturnes, comme au premier, la psalmodie se terminait par un verset, lequel était suivi de même des leçons. Mais ces leçons des deux nocturnes supplémentaires du dimanche n'étaient plus empruntées à l'Écriture sainte. On y lisait les saints Pères : « *Tractatus sanctorum Hieronymi, Ambrosii, caeterorumque patrum prout ordo poscit leguntur,* » dit l'Anonyme de Gerbert. Cet usage était, à Rome, sûrement antérieur au pape saint Grégoire, qui le mentionne expressément[1] ; il devait être antérieur à saint Benoît lui-même, qui le prescrit dans sa règle.

Un exemplaire de la sainte Bible suffisait aux besoins du premier nocturne ; pour les deux autres nocturnes, au contraire, une véritable bibliothèque n'eût pas été de trop. Aussi voyons-nous le pape Zacharie (741-752) faire don à la basilique de Saint-Pierre de tous les manuscrits qu'il possédait, pour servir à l'office nocturne des dimanches et des fêtes : « *Hic in ecclesia principis apostolorum omnes codices domui suae proprios qui in circulo anni leguntur ad matutinos armariorum ope ordinavit*[2]. » En ce même siècle cependant, siècle de codi-

---

1. Gregor., *Epistul.*, XII, 24.
2. *L. P.*, t. I, p. 432. Cf. t. II, p. 132 et 195.

fication liturgique, on entreprit de publier des recueils de sermons. De là les homéliaires et sermonaires, dont on sait s'ils sont nombreux dans nos bibliothèques : *Omeliae sive tractatus beatorum Ambrosii, Augustini, Hieronymi, Fulgentii, Leonis, Maximi, Gregorii et aliorum catholicorum et venerabilium patrum legendae per totius anni circulum*, lisons-nous en tête d'un de ces homéliaires pris au hasard (ms. n° 29 de la bibliothèque de Montpellier, IX® siècle). Quelques-uns de ces recueils ont un nom. Le nom d'Alain, qui fut abbé de Farfa dans la seconde moitié du VIII® siècle († 770), est resté attaché à un homéliaire compilé par lui, et dont il existe divers manuscrits du VIII® et du IX® siècle[1]. Autant en avait fait Bède († 735) et aussi Alcuin († 804). Mais le nom de Paul Diacre, le plus lettré et le plus renommé des moines du Mont-Cassin, et l'un des meilleurs érudits de l' « officine des lettres » de Charlemagne, a fait la fortune d'un autre homéliaire, publié à l'instigation et avec une préface de Charlemagne lui-même, « tenu en son temps pour un chef-d'œuvre de critique et dont est dérivé en grande partie l'homéliaire actuel de l'Église romaine[2]. »

La neuvième leçon dominicale était suivie de son répons, le neuvième. A Rome, même du temps d'Amalaire, il n'était aucunement question de substituer à ce neuvième répons, ou de lui donner comme complément

---

1. Münich, ms. lat. 4564, VIII®-IX® siècle, et 14368, même date [communication de Dom Baeumer]. Cf. *P. L.*, t. LXXXIX, p. 1198.
2. Dom Morin, *Revue bénédictine*, 1891, p. 270. Le texte de l'homéliaire de Paul Diacre dans *P. L.*, t. XCV, p. 1159 sqq. Mais sujet à caution. Voir le ms. de Reichenau, IX® siècle, qu'en possède la Hofbibliotek de Karlsruhe (H. Ehrensberger, *Bibliotheca liturgica manuscripta*, 1889, p. 19).

le *Te Deum*. Au contraire, saint Benoît, dans la règle de qui l'office nocturne dominical est si différent de ce que nous constatons qu'il est à Rome au VIIIe siècle [1], saint Benoît prescrit le *Te Deum*. La liturgie romaine du temps d'Amalaire réservait le *Te Deum* au nocturne des seules fêtes des saints papes (*tantum in natalitiis pontificum*). C'est dire que cette « hymne », ou, pour employer une expression plus antique, ce *psalmus idioticus*, n'appartenait point, non plus (nous le verrons) que le *Quicunque vult*, à la tradition liturgique romaine. En pays gallican, on tenait le *Te Deum* pour l'œuvre collective de saint Ambroise et de saint Augustin ; et, dans un psautier donné par Charlemagne au pape Hadrien, il est intitulé *Hymnus quem S. Ambrosius et S. Augustinus invicem condiderunt* (Biblioth. imp. de Vienne, ms. lat. 1861). Mais personne ne songe plus à attribuer ce centon à saint Ambroise ni à saint Augustin. On a renoncé également à l'attribuer à Nicétius, archevêque de Trèves (537-566), le *Te Deum* étant sûrement antérieur au VIe siècle. On a proposé plus récemment saint Nicétas, archevêque d'Aquilée, et Abundius, évêque de Côme, tous deux contemporains du pape saint Léon (440-461)[2]. Ces attributions déterminées n'ont guère de base. On peut affirmer plus sûrement du *Te Deum* qu'il est un symbole de foi :

> Te Deum... Te aeternum Patrem... Venerandum tuum verum et unicum Filium... Sanctum quoque

---

1. Premier nocturne : six psaumes, quatre leçons, quatre répons. Second nocturne : six psaumes, quatre leçons, quatre répons. Troisième nocturne : trois cantiques, quatre leçons, quatre répons, le *Te Deum*, plus la leçon de l'évangile du jour.
2. Dom G. Morin, *Revue bénédictine*, 1890, p. 151-159.

paraclitum Spiritum... Tu Patris sempiternus es Filius... Judex crederis esse venturus...

une sorte de *confessio Trinitatis*; et remarquant l'expression mal définie de

Tu, ad liberandum, suscepturus hominem...

mise là pour signifier « afin de racheter l'homme, tu as revêtu l'humanité, la nature humaine », comme aurait dit un théologien familiarisé avec les controverses antinestoriennes, on peut conjecturer que ce symbole de foi n'est pas de beaucoup postérieur au concile d'Ephèse (431). Et comme, par ailleurs, les versets de psaumes qu'il s'est appropriés sont vraisemblablement empruntés à la version gallicane hiéronymienne du psautier, il y a quelque lieu de croire qu'il date de la première moitié du ve siècle[1].

A défaut du *Te Deum*, c'était donc, à Rome, le neuvième répons qui terminait l'office nocturne dominical. Pour commencer laudes, on attendait que le soleil parût. La pause était plus ou moins longue selon la saison : les clercs et les moines l'employaient à se remettre en haleine : « *Nocturnis finitis, si lux non statim supervenerit faciunt modicum intervallum, propter necessitates fratrum, et iterum ingrediuntur ad matutinis laudibus complendas,* » dit encore l'Anonyme de Gerbert dans son latin de frère lai ! A Rome, on tenait si fort à commencer laudes au soleil levant, que, arrivait-il aux nocturnes de n'être point achevés quand le soleil paraissait, l'on devait couper court au nocturne pour atta-

---

1. J. Wordsworth, art. *Te Deum*, p. 1119-1130 du *Dictionary of hymnology* (1892).

quer laudes sans plus tarder [1]. Comme vêpres, laudes débutaient par le verset *Deus in adiutorium* suivi du *Gloria Patri*. Comme à vêpres, la psalmodie comptait cinq psaumes : invariablement les psaumes matutinaux *Deus deus meus*, et, comptant pour un psaume, le *Laudate dominum de coelis*, le *Cantate domino* et le *Laudate dominum in sanctis*. Il s'y ajoutait, le dimanche, le *Dominus regnavit* et le *Benedicite*; aux fériés, le *Miserere* et l'un des six autres cantiques de l'Ancien Testament... [2]. Le programme psalmodique de laudes est donc le même aujourd'hui qu'au VIIIe siècle. La psalmodie de laudes était, comme celle de vêpres, antiphonée. Comme à vêpres, la psalmodie s'achevait sur une leçon brève, un verset, puis le *Benedictus*, antiphoné. Enfin le *Kyrie eleison* et soit le *Pater*, soit la collecte, suivant que l'office était du dimanche ou de la férie. — Avec l'office de laudes s'achevait le cours nocturne, et les moines pouvaient maintenant aller prendre quelque repos, avant de commencer le labeur de la journée.

La journée était au cours diurne, c'est-à-dire aux trois heures de tierce, sexte et none. Chacune des trois avait même programme. En tête, le verset *Deus in adiutorium*, le *Gloria Patri*, et trois psaumes à la suite. Trois psaumes, ou plutôt trois sections de psaume, trois octonaires du psaume *Beati immaculati*. Trois psaumes non antiphonés. Après la psalmodie, une leçon brève et son verset ou répons bref, le *Kyrie eleison* et le *Pater*. Jamais de collecte en place du *Pater*. Le programme des trois petites heures diurnes était

---

1. Amalar., *De ord. antiph.*, 4.
2. Amalar., *De eccl. off.*, IV, 10 et 12.

ainsi complètement indépendant de celui de l'office nocturne, et il était invariable comme un rosaire [1].

De même que complies, prime n'appartenait ni au cours nocturne, ni au cours diurne; comme complies, prime était un exercice purement conventuel et non basilical. C'était la prière du lever des moines, comme complies était la prière de leur coucher. Du dortoir, en effet, où ils étaient revenus se reposer après laudes, les frères ne venaient point à Saint-Pierre pour prime : « *Ista prima ibi cantatur ubi dormiunt*, » dit l'Anonyme de Gerbert. Et, ce qui prouve que les petites heures diurnes avaient commencé par être de même purement conventuelles, prime comme elles comptait trois psaumes, dont les deux premiers octonaires du *Beati immaculati*; comme elles, prime débutait par le *Deus in adiutorium…Gloria Patri*; comme elles, prime s'achevait par un verset, le *Kyrie eleison* et le *Pater*; point de leçon brève [2]. A ce compte, prime aurait été semblable aux petites heures diurnes; mais, et c'est ce qui lui donnait son caractère d'office tout privé et l'assimilait à complies, prime s'allongeait d'un exercice purement conventuel, le chapitre ou *capitulum*, comme l'appellent tant Amalaire que l'Anonyme de Gerbert, et les *ordines* monastiques contemporains de l'un et de l'autre de nos deux liturgistes [3]. Le chapitre était la réunion de toute la communauté au commencement de la journée. Il s'ouvrait par la récitation du symbole des apôtres. A la suite, la coulpe : les moines se confessaient mutuel-

---

1. Amalar., *ibid.*, IV, 3.
2. Amalar., *De eccl. off.*, IV, 3.
3. Voyez l'*ordo* monastique reproduit par Migne, *P. L.*, t. LXVI, p. 937-942. On a de cet *ordo* des mss. du ixe siècle. (Communication de Dom Amelli).

lement leurs péchés (*donent confessiones suas vicissim*), rubrique monastique. A la suite, le *Miserere*, considéré comme une profession de contrition et de bon propos : rubrique romaine et monastique. A la suite, lecture du *Martyrologe*, verset *Pretiosa in conspectu Domini*, oraison *Sancta Maria et omnes sancti* ou tout autre analogue : autant de rubriques monastiques, qu'Amalaire n'a point relevées dans l'usage romain de son temps, mais qui y pénétreront après lui. Tout cela est d'ailleurs secondaire, car ni la coulpe, ni la lecture du martyrologe n'étaient la raison d'être du chapitre : le chapitre était placé ainsi au début de la journée pour que la tâche de chacun y fût déterminée, et la bénédiction de Dieu appelée sur l'œuvre des mains de ses serviteurs. De là le prononcé de trois fois le verset *Deus in adiutorium... Gloria Patri*, suivi du *Respice in servos tuos* et de l'oraison si belle *Dirigere et sanctificare...*, rubrique essentielle que donne dans les mêmes termes Amalaire et les *ordines* monastiques du ixe siècle [1]. Est-ce tout? Point encore, car l'Anonyme de Gerbert nous apprend que les moines basilicaux de Rome ne levaient point le chapitre sans avoir fait une courte lecture dans la règle de saint Benoît, nul ne devant être admis à se prévaloir de l'ignorance de la règle. Cette lecture se terminait par la bénédiction de l'abbé. Deux rubriques purement monastiques, qui, dès Amalaire, avaient ensemble déjà passé dans la liturgie romaine, à cette seule différence près que la lecture de la règle y avait été remplacée par une leçon brève. Tout, ici encore, était donc à part comme il convenait à un exercice non canonique, mais privé et conventuel.

---

1. Amalar., *De eccl. off.*, IV, 3.

La description du commun du temps est achevée. Ai-je besoin de faire remarquer, en terminant, combien l'on y distinguait encore la juxtaposition des cycles ? Le vieux cycle ecclésiastique des vigiles nocturnes (vêpres, nocturnes, laudes), le cycle surérogatoire des prières diurnes (tierce, sexte, none), le cycle tout monastique des exercices conventuels (prime et complies) ? Maintenant ces trois cycles, jadis si séparés, se compénétraient et formaient ensemble un seul office devenu l'office canonique, ou, pour mieux dire, un seul poème eucologique, dont les fêtes du temps seraient les épisodes.

II

Les fêtes du temps.

Le cycle des fêtes du temps commençait à l'Avent. L'usage de solenniser les quatre dimanches qui précédaient le grand anniversaire de Noël, usage d'origine gallicane mais ancien, s'était introduit à Rome dès avant le temps de saint Grégoire, encore que postérieurement à saint Léon. Ces quatre dimanches étaient des solennités stationnales : le premier, station à Sainte-Marie-Majeure ; le second, à Sainte-Croix-de-Jérusalem ; le troisième, le plus solennel, le dimanche *Gaudete*, à Saint-Pierre [1]. L'office de ces dimanches était pour la psalmodie l'office dominical du commun. Les leçons étaient, les trois premières, de l'Écriture occurrente (Isaïe) ; les cinq suivantes des expositions tirées des saints Pères ; la neuvième, une homélie sur l'évangile de la messe stationnale. Les répons devaient

---

1. Le quatrième n'eut pas de station avant le XIIe siècle. Tommasi, t. IV, p. 30.

donner à l'office sa physionomie propre ; et cela est si vrai que tout l'office tirait son nom de l'incipit du premier répons ; ainsi, pour désigner l'office du premier dimanche de l'Avent, on disait : l'office *Aspiciens a longe*. Amalaire ne dit pas autrement.

Je regrette infiniment de n'être point musicien, de ne point jouir de la cantilène de ces compositions responsorales, et d'en être réduit à les juger comme nous jugeons des parties chorales des tragédies antiques. Mais comme, à ce simple criterium, il reste encore de beautés à ces répons du propre du temps, à ces compositions ingénieuses et éloquentes, à ces humbles centons qui arrivent à parler un langage dramatique et éclatant, et à ranimer dans le sanctuaire des basiliques comme le dialogue du chœur de la tragédie grecque ! Ainsi cet admirable répons du premier dimanche de l'Avent, le répons *Aspiciens a longe*, où, prêtant à Isaïe un rôle qui rappelle une scène célèbre des *Perses* d'Eschyle, la liturgie faisait adresser au chœur muet par le préchantre ces paroles énigmatiques :

> Aspiciens a longe ecce video Dei potentiam venientem, et nebulam totam terram tegentem. Ite obviam ei et dicite : Nuntia nobis si tu es ipse qui regnaturus es in populo Israël.

Et tout le chœur, confondant en un ensemble profond les voix graves de ses moines et les notes claires de ses petits lecteurs, reprenait, comme l'écho tumultueux de la voix du prophète.

LE CHŒUR.

> Aspiciens a longe ecce video Dei potentiam venientem et nebulam totam terram tegentem.

LE PRÉCHANTRE.

℣. Quique terrigenae et filii hominum, simul in unum, dives et pauper!

LE CHŒUR.

Ite obviam ei et dicite.

LE PRÉCHANTRE.

℣. Qui regis Israël, intende. Qui deducis velut ovem Joseph! Qui sedes super Cherubim!

LE CHŒUR.

Nuntia nobis si tu es ipse qui regnaturus es in populo Israël.

Mais qu'avait-on besoin d'interroger ainsi l'horizon? Celui qui venait était connu, et il était béni, et il n'y aurait pas de triomphe assez beau pour saluer sa venue.

LE PRÉCHANTRE

℣. Tollite portas, principes, vestras et elevamini portae aeternales, et introibit.

LE CHŒUR.

Qui regnaturus es in populo Israël.

LE PRÉCHANTRE.

Gloria Patri et Filio et Spiritui sancto.

Et la phrase du début reprenait en ensemble.

LE CHŒUR.

Aspiciens a longe... Ite obviam ei... in populo Israël.

Ce répons du premier dimanche de l'Avent, Amalaire le commente avec une juste admiration, car il est un des plus parfaits modèles que je sache de ce genre de compositions. Et, sans doute, il en est nombre d'autres dont l'inspiration est loin d'être ni si large, ni si brillante. Ajoutez que, dès la fin du VIIIe siècle, on goûtait moins, semble-t-il, ces compositions cantilénées : on les voulait plus brèves, elles devenaient étriquées et froides. Le répons *Aspiciens a longe* compte trois versets; mais, à Rome, on n'en chantait déjà que deux, au témoignage d'Amalaire [1] ; et la règle se généralisait de n'en donner plus qu'un aux répons. Tels quels, ils ont duré jusqu'à nos jours; et, malgré bien des oppositions, ils se sont maintenus dans l'office privé lui-même. Mais l'habitude où nous sommes de ne redire que les plus médiocres nous dispose mal à goûter la saveur de ces petites œuvres antiques, dont quelques-unes (on en citera) sont au vrai de purs chefs-d'œuvre méconnus.

Les quatre dimanches de l'Avent, que, sous l'influence d'usages monastiques franks, on devait prendre bientôt pour les étapes d'un temps de pénitence, étaient au contraire à Rome, au VIIIe siècle et encore au XIIe, les étapes d'un temps d'allégresse, où tout était à la joie de la venue prochaine du Rédempteur; et le troisième, le dimanche *Gaudete*, avec sa pompeuse station à Saint-Pierre, était le point culminant de cette montée joyeuse vers Bethlehem. Les six jours qui précédaient le 24 décembre antiphonaient leurs psaumes fériaux de vêpres et de laudes d'antiennes où rayonne déjà la lumière de l'étoile : *Rorate coeli*...,

---

1. Amalar., *De ord. antiph.*, 8.

Haurictis aquas in gaudio..., *Constantes estote videbitis...*, *Consurge consurge induere...*, *Elevare elevare consurge Hierusalem...* L'antienne du *Magnificat* des vêpres de ces derniers jours d'attente était, dès le VIIIᵉ siècle, prise à cette série d'antiennes que nous appelons les « grandes antiennes » : *O Sapientia...*, *O Adonai...*, *O radix Jesse...*, *O clavis...*, *O oriens...*, *O rex gentium...*, *O virgo virginum...*, d'un si pur et si antique symbolisme [1]. Et l'on arrivait ainsi au 24 décembre où le *Benedictus* des laudes fériales s'antiphonait de l'antienne, aujourd'hui transférée aux premières vêpres de Noël : *Dum ortus fuerit sol videbitis regem regum procedentem a matre [sic] tanquam sponsus de thalamo suo...* Plus qu'une nuit, et le roi des rois allait sortir de sa tente.

La station de Noël était à Sainte-Marie Majeure, sans doute depuis l'époque de la reconstruction de la basilique sous le vocable de la Vierge Marie au Vᵉ siècle, sous Xistus III (432-440) ; et elle avait tiré une solennité plus grande encore de la présence dans la basilique de la célèbre crèche de l'enfant Jésus, à dater du VIIᵉ siècle. Noël était une antique fête romaine, mentionnée dès 336 par le calendrier philocalien [2]. Avec Noël, pour la première fois, nous sommes en présence d'un office nocturne, qui n'est ni le dominical, ni le férial : un triple nocturne, neuf psaumes et neuf leçons. C'était, il me semble, une simple réduction de l'office dominical, réduction où le premier nocturne comptait trois psaumes antiphonés et non plus chantés *in directum* comme les dimanches. A Noël, en effet, tous les psaumes, tant des trois nocturnes que de vêpres et de laudes, étaient antiphonés et antiphonés, verset par verset :

---

1. Id., *ibid.*, 13.
2. Duchesne, *Origines*, p. 248, et *Bulletin critique*, 1890, p. 45.

> In die natalis Domini ad omnes antiphonas vigiliae chorus choro respondet, et sic omnes antiphonas cantamus ante psalmos et infra psalmum ubi inveniuntur, et in fine psalmorum, et post gloria patri et post sicut erat [2].

La présence du pape ajoutait tout l'éclat d'un cérémonial majestueux à celui de la cantilène des psaumes antiphonés. C'était une vigile glorieuse, qui méritait d'être, ce qu'elle était dès lors, la fête liturgique modèle, dont toutes les autres, Pâques et la Pentecôte mises à part, ne seraient que des répliques.

L'Epiphanie était plus que toute autre une réplique de Noël : n'était-elle pas la Noël grecque ? On la célébrait à Rome, comme dans le reste de l'Occident, depuis le ve siècle. Si le 25 décembre était la Noël des bergers, le 6 janvier était la Noël des mages. La station était ce jour-là à Saint-Pierre; et l'office était, comme le 25 décembre, un office de neuf psaumes et neuf leçons, avec tous ses psaumes antiphonés. L'office du 25 décembre et celui du 6 janvier évinçaient chacun huit jours à la suite l'office férial de douze psaumes et trois leçons : on célébrait ainsi l'octave tant de Noël que de l'Epiphanie.

On était maintenant aux ides de janvier, la date de Pâques était annoncée et l'on allait se préparer par un long temps de pénitence et de deuil à l'anniversaire de la résurrection du Sauveur. Le carême romain, dès le ive siècle, comptait six semaines; mais l'usage d'assigner une station à chacun des jours de ces six semaines, de même qu'aux trois dimanches *in quinquagesima, in sexagesima, in septuagesima*, n'a pas d'attestation plus

---

2. Tommasi, t. IV, p. 37.

ancienne que le viie siècle environ[1]. La Septuagésime, comme un dernier regard jeté sur Bethlehem, était un dimanche de joie, où antiennes et répons retentissaient encore de l'alleluia de Noël : rubrique qui persista à Rome jusqu'à l'époque d'Alexandre II (1061-1073)[2]. Mais, passé la Septuagésime, l'Église entrait dans sa tristesse; plus d'alleluia. Les jeûnes allaient s'y ajouter[3]. Puis, à partir du dimanche de la Passion, plus même de *Gloria Patri* aux répons. Et l'on verrait l'office s'assombrir plus encore. En attendant, l'office de ces neuf dimanches avant Pâques était l'office dominical ordinaire de dix-huit psaumes et neuf leçons. De même, l'office des stations de carême étaient l'office férial de douze psaumes et trois leçons. Les répons donnaient à ces différents offices leur caractère distinctif; car, outre les *responsoria de Abraham, de Joseph*, etc., correspondant à l'Écriture occurrente qui était de l'Octateuque jusqu'à la semaine sainte, les dimanches et les stations d'avant Pâques avaient une série de répons pénitentiaux : *Ecce nunc tempus acceptabile...*, *Emendemus in melius...*, *Paradisi portas...*, tous répons qui ont passé dans le Bréviaire romain, mais qui, il faut le dire, sont sensiblement inférieurs à la plupart des répons de l'Avent. Par contre, les répons du temps de la Passion constituent un ensemble de premier ordre. Nous les avons presque tous au Bréviaire ces admirables

---

1. Duchesne, *Origines*, p. 234-236.
2. *Microlog.*, p. 47.
3. *Ordo* de Montpellier, fol. 96 : « Graeci a sexagesima de carne levant jeiunium; monachi vero et Romani devoti vel boni christiani a quinquagesima; rustici autem et reliquus vulgus a quadragesima. Primum autem jeiunium quarta et sexta feria post quinquagesimam, id est una ebdomada ante quadragesimam, apud eos publice agitur. »

répons dont Amalaire dit expressément qu'ils sont l'œuvre des maîtres de l'Église romaine [1] : « *Compositi sunt a magistris sanctae romanae ecclesiae.* »

> In proximo est tribulatio mea, Domine, et non est qui adiuvet, ut fodiant manus meas et pedes meos. Libera me de ore leonis, ut narrem nomen tuum fratribus meis. — Deus deus meus, respice in me : quare me dereliquisti longe a salute mea ? — Libera me de ore leonis... — In proximo est tribulatio mea, et non est qui adiuvet !

Ils exprimaient la plainte déchirante du Christ au jardin des Oliviers, du Christ abandonné et déjà trahi, « *compunctionem traditionis eius,* » pour employer le mot d'Amalaire. Et, plus loin, c'était dans l'ombre la conjuration de ses ennemis :

> Dixerunt impii non recte cogitantes : Circumveniamus justum, quoniam contrarius est operibus nostris. Promittit se scientiam Dei habere ! Filium Dei se nominat ! Et gloriatur patrem se habere Deum ! Videamus, si sermones illius veri sint. Et si est verus filius Dei, liberet illum de manibus nostris. Morte turpissima condemnemus eum ! — Haec cogitaverunt. Et erraverunt : excaecavit enim illos malitia eorum, et nescierunt sacramenta Dei. — Morte turpissima condemnemus eum !

Là, c'était la foule indécise encore, et son ironie et sa brutalité : toutes les menaces grondantes et terrifiantes d'un peuple aveuglé. — Et le Christ reprenant dans un autre répons : Entendez-vous, ô Père céleste ?

---

1. Amalar., *De ord. antiph.*, 43.

> Adtende, Domine, ad me, et audi voces adversa-
> riorum meorum. Numquid redditur pro bono malum ?
> Quia foderunt foveam animae meae ? — Homo pacis
> meae in quo sperabam, qui edebat panes meos,
> ampliavit adversum me supplantationem. — Numquid
> redditur pro bono malum ? — Adtende, Domine, ad
> me, et audi voces adversariorum meorum...

On entrait dans la grande semaine : l'office du lundi, du mardi, du mercredi saints était l'office férial : douze psaumes, trois leçons. Et l'on arrivait ainsi au triduum des trois dernières féries de la semaine sainte, où l'office devait prendre l'ampleur des plus solennels anniversaires.

L'office des trois derniers jours de la semaine sainte est minutieusement décrit par les *ordines romani* les plus anciens et les plus purs, tel celui d'Einsiedeln publié par M. de Rossi[1], et celui de Saint-Amand publié par M. Duchesne. Cet office était sûrement une pure création romaine. Le jeudi, le vendredi, le samedi saints, l'office devait commencer au milieu de la nuit, et, contrairement à l'ordinaire, on ne disait ni le *Deus in adiutorium*, ni l'invitatoire, mais on attaquait la psalmodie sans préliminaire. L'office était de trois nocturnes, chacun de trois psaumes antiphonés. Puis le verset, et le lecteur se levait pour la leçon ; mais il ne demandait point de bénédiction pour la commencer et ne prononçait point le *Tu autem* en la terminant. Les leçons, au premier nocturne, étaient des Lamentations de Jérémie à chacun des trois jours ; celles du second nocturne étaient de saint Augustin ; celles du troisième, des épîtres de saint Paul. Les psaumes ni

---

1. De Rossi, *Inscriptiones christianae*, t. II, p. 34.

les répons ne comportaient de *Gloria Patri*. A la suite des trois nocturnes, laudes antiphonées. Et, pour clore les laudes, point de *Kyrie eleison* comme d'ordinaire, mais simplement l'oraison *Christus factus est*. Et toute l'assemblée se retirait en silence. — A l'office nocturne du jeudi saint, qui se célébrait à Saint-Jean-de-Latran, la basilique était illuminée comme à l'ordinaire. A l'office du vendredi saint, à Sainte-Croix-de-Jérusalem, on éteignait l'une après l'autre toutes les lumières, de sorte qu'à la fin du *Benedictus* de laudes il n'en restât plus qu'une d'allumée, que l'on faisait alors disparaître derrière l'autel (*reservetur absconsa usque in sabbato sancto*). C'était le signe que la lumière du monde était éteinte, le Christ mort, et que les ténèbres se faisaient sur toute la terre. L'office nocturne du samedi saint se célébrait dans l'obscurité, (*tantum una lampada accendatur propter legendum.*) Ce symbolisme était du plus éloquent effet; que dire au contraire de la rubrique franque qui s'y est substituée depuis, et dont nos triangles de cierges jaunes sont la fidèle persistance? Amalaire la connaissait, l'ayant vue pratiquée en France de son temps; mais ayant à Rome demandé à l'archidiacre Théodore s'il avait connaissance qu'elle se pratiquait au Latran le jeudi saint, celui-ci, Dieu merci, put l'assurer qu'il n'avait rien vu de pareil[1].

L'Église romaine n'aurait même pas eu besoin de cette symbolique mise en scène pour frapper l'esprit de ses fidèles. Tout le mystère, tout le drame de la passion du Sauveur était dans les répons de son office. Toute la pitié de la victime résignée et pardonnante :

---

1. Amalar., *De ord. antiph.*, 44.

> Eram quasi agnus innocens : ductus sum ad immolandum et nesciebam. — Consilium fecerunt inimici mei adversum me dicentes : Venite, mittamus lignum in panem eius, et conteramus eum de terra viventium. — Omnes inimici mei adversum me cogitabant mala mihi : verbum iniquum mandaverunt adversum me. — Venite, mittamus lignum in panem eius, et conteramus eum de terra viventium. — Eram quasi agnus innocens, etc.

Toute l'émotion de sa mère appelant au secours les apôtres qui ont fui :

> Vadis propitiatus ad immolandum pro omnibus. Non tibi occurrit Petrus, qui dicebat mori tecum ? Reliquit te Thomas, qui aiebat : Omnes cum eo moriamur ? Et ne unus ex illis ? Sed tu solus duceris, qui castam me confortasti, filius et Deus meus ! — Promittentes tecum in carcerem et in mortem ire, relicto te fugerunt. — Et ne unus ex illis... ! — Vadis propitiatus ad immolandum, etc.

Toute l'horreur de la conscience humaine à la vue d'une telle iniquité :

> Barrabas latro dimittitur et innocens Christus occiditur. Nam et Judas armidoctor sceleris, qui per pacem didicit facere bellum, osculando tradidit dominum Jesum Christum. — Verax datur fallacibus, pium flagellat impius. — Osculando tradidit... — Barrabas latro dimittitur, etc.

Le tressaillement de la nature elle-même et de la Loi :

> Tenebrae factae sunt, etc.
> Et velum templi scissum est, etc.

Et, après cet orage de douleur, de trahison, de sang, après cet ébranlement de la terre et du ciel, l'apaisement dans les larmes :

> Recessit pastor noster, etc.
> Ecce quomodo moritur justus, etc.
> Domine, post passionem tuam et post discipulorum fugam, Petrus plorabat dicens : Latro te confessus est, et ego te negavi. Mulieres te praedicaverunt, et ego renui. Putas, jam vocabis me discipulum tuum ? Aut iterum constitues me piscatorem mundi ? Sed repoenitentem suscipe me, Domine, et miserere mei. — Ego dixi in excessu meo omnis homo mendax. — Putas jam vocabis me...? — Domine post passionem tuam, etc.

L'office nocturne de ces trois jours devenait la grande représentation du mystère douloureux de la passion, de la mort, de l'ensevelissement du Sauveur, et des inexprimables regrets de l'humanité pénitente. Et il s'achevait, le samedi saint au matin, dans l'obscurité et dans les larmes de laudes : *Sedentes ad monumentum lamentabantur flentes Dominum*[1].

De toute la journée du samedi saint, aucune autre cérémonie ne rappellerait les fidèles à la basilique. Mais, le soir de ce jour, à trois heures de l'après-midi, commencerait la vigile pascale. Point de bénédiction de feu nouveau ou de cierge pascal, usages venus de France à Rome après le VIIIe siècle. Mais, et c'était d'antique usage romain, la longue séance de leçons et de répons, que nous avons encore à l'office liturgique du samedi saint, et qui représente au mieux le plus ancien état de toute vigile. Deux sous-diacres, portant des torches, venaient se mettre devant l'autel, au pied

---

1. Ant. du *Benedictus*.

du trône pontifical, et éclairaient le lecteur. Et les leçons commençaient, sans aucune annonce ni bénédiction : « *In principio creavit Deus coelum et terram,* » etc. Chaque leçon était lue d'abord en grec, puis en latin. Elle était suivie de l'*Oremus*, du *Flectamus genua* et de l'oraison. Chaque trois leçons, un répons, exécuté d'abord en grec, puis en latin. Au total, six fois deux leçons : « *Sex lectiones ab antiquis romanis graece et latine legebantur,* » dit Amalaire. Qu'était-ce que cet office, sinon un office nocturne diminué de sa psalmodie ? en d'autres termes, moins les psaumes, une vigile sur le patron des vigiles du IVe siècle ? A cet office vigilial s'ajoutait le baptême des catéchumènes, qui se célébrait dans le baptistère du Latran, tandis que dans la basilique le peuple et la *Scola cantorum* chantaient les litanies, répétant jusqu'à quinze fois les mêmes invocations ; puis, qu'arrivé enfin à l'*Agnus Dei* de cette longue litanie, le maître de la *Scola* disait « *Accendite* » ; et que toute la basilique s'illuminait pour la rentrée processionnelle du cortège pontifical ramenant les nouveaux baptisés. Et la messe, la première messe de Pâques, commençait au chant triomphal du *Gloria in excelsis* et de l'alleluia. On devait être à ce moment fort au delà de minuit.

Il semblerait donc que cette liturgie de la nuit pascale, qui n'était que l'antique vigile, dût dispenser de l'office nocturne canonique : il n'en était rien, mais, comme à Jérusalem du temps de sainte Silvia, à la suite de la vigile l'office nocturne quotidien maintenait sa place. Dans la nuit même de la Résurrection, dit l'*ordo* de Saint-Amand, on se lève après le chant des coqs ; on arrive à l'Église, et, après une prière, on s'embrasse en silence. Puis commence l'office nocturne, le

Deus in adiutorium, l'invitatoire alleluiatisé, trois psaumes alléluiatisés, le verset...[1], trois leçons et leurs répons. Puis laudes alléluiatisées. Cet office nocturne canonique était, on le voit, un office de trois psaumes, trois leçons, trois répons. La raison de cette brièveté était que, commençant « *post gallorum cantum* », et non plus « *media nocte* », il eût été impossible de lui donner l'ampleur de l'office de Noël à neuf psaumes, neuf leçons, neuf répons. Toute l'octave de Pâques, on répèterait ce même nocturne de trois psaumes et trois leçons, d'après cette règle que l'office de l'octave devait être la réplique de l'office de la fête. Et voilà comment s'était introduit cet office pascal, le plus abrégé de tous, qui devait tant de fois depuis être exploité comme un prétendu modèle par des clercs de peu de zèle, ignorant ou feignant d'ignorer que cet office de trois psaumes n'était si court, que parce qu'il était le hors-d'œuvre du long office liturgique de la vigile pascale [2].

L'octave de Pâques, ou, comme on disait alors, les sept *dies baptismales*, amenaient avec eux un office exceptionnel. On a vu que les *ordines romani*, qui nous fournissent de si minutieux renseignements sur la liturgie des trois derniers jours de la semaine sainte et sur celle de Pâques, non seulement ne mentionnent point les trois heures de tierce, sexte et none, mais ne disent rien des vêpres : point de vêpres publiques prévues pour le jeudi saint ni le vendredi saint, aucune sorte de vêpres pour le samedi saint [3]. Nos *ordines*

1. Ici encore l'*ordo* de Saint-Amand insère une oraison : « ... et orationem dat presbyter. »
2. Amalar., *De eccl. off.*, I, 32.
3. Les *ordines* purement romains, celui d'Einsiedeln et celui de Saint-Amand, ne font aucune allusion à l'office diurne. Par contre

étaient en cela fidèles à l'ancien usage romain, qui ne tenait point vêpres pour un office canonique, mais pour un office de surérogation monastique. Par contre, ces mêmes *ordines* prescrivent des vêpres pour chacun des *dies baptismales*. La chose serait pour nous surprendre, si ces vêpres pascales étaient un office analogue aux vêpres que nous avons rencontrées dans le commun et dans le propre du temps. Mais il n'en est rien, et ces vêpres pascales ont avec les vêpres de l'office canonique le nom seul de commun, ce qui est une preuve nouvelle que l'on avait entendu à Rome par le mot de vêpres un tout autre exercice que l'exercice bénédictin et gallican désigné sous ce même mot. — Le soir de Pâques, par exemple, où l'office stational se célébrait à Saint-Pierre, le clergé arrivait pour vêpres procesionnellement, vêtu de ses ornements de soie, précédé de la croix et de l'encens, et venait se ranger dans le presbyterium, autour de l'autel majeur. Le *Kyrie eleison* ouvrait l'office ; puis la *scola* exécutait le *Dixit dominus*, et, à la suite, le *Confitebor* et le *Beatus vir*, soit trois psaumes alléluiatisés. Entre le second et le troisième de ces psaumes, se plaçait un groupe de versets : *Dominus regnavit decore induit... Parata sedes*

l'*ordo romanus* I[us] de Mabillon, qui représente pour la liturgie pascale l'usage romain tel qu'il s'observe ailleurs qu'à Rome (Duchesne, *Origines*, p. 141), fait mention de l'office diurne. Le jeudi saint : « Ipsa vero die omne diurnale officium insimul canunt. » Le vendredi saint : « Vesperam dicit unusquisque privatim. » Le samedi saint : rien. Mabillon, *Musaeum italicum*, t. II, p. 19 et suiv. L'antiphonaire de Saint-Pierre, qui témoigne du vieil usage romain tel qu'il subsistait encore au XIIe siècle, donne cette rubrique : « Primam, tertiam, sextam et nonam usque ad pascha secreto dicimus; similiter vesperum parasceven » (Tommasi, t. IV, p. 90).

tua ex tunc... Elevaverunt flumina Domine..., autant d'allusions à la résurrection et au triomphe du Christ. La psalmodie terminée, un long chant de l'alleluia exécuté par la *scola*, « *cum melodias simul cum infantibus* » dit *l'ordo* de Saint-Amand. Enfin, le *Magnificat* antiphoné, et, pour terminer, une oraison. Voilà un programme extraordinaire de vêpres. Et ce n'en est encore qu'une partie. La procession, en effet, reprend sa marche, et le clergé, quittant le presbyterium, c'est-à-dire l'abside de la basilique, vient se ranger en avant de l'arc triomphal, à l'entrée de la nef, au pied de la grande croix suspendue à l'arc dans l'axe de la nef. Là s'exécute un psaume alléluiatisé, la *Laudate pueri*, puis pour la seconde fois le *Magnificat* antiphoné, et, pour la seconde fois aussi, une oraison. Il reste une troisième station vespérale. La procession se dirige maintenant vers les fonts baptismaux, et là se chante un cinquième psaume, l'*In exitu* alléluiatisé; puis, une troisième fois, le *Magnificat* antiphoné et une oraison. Ce sont les rubriques d'Amalaire[1]. L'*ordo* de Saint-Amand, qui représente une liturgie plus ancienne, fait chanter devant les fonts un long verset grec. Au total, nous sommes, avec ces vêpres pascales, bien loin des vêpres canoniques : sans doute les vêpres pascales comptent cinq psaumes, et de ceux que l'office canonique réserve à ses vêpres; mais ces trois stations, ces trois *Magnificat*, ces versets latins et grecs, tout cela est d'une liturgie romaine sensiblement plus ancienne, et d'un temps où les vêpres canoniques étaient sûrement inconnues à Rome.

Au dimanche *in albis depositis*, l'exceptionnel office

---

1. Amalar., *De ord. antiph.*, 52.

de Pâques et des *dies baptismales* faisait place à l'office ordinaire des dimanches et des féries ; le temps pascal n'avait plus à lui en propre que ses antiennes et ses répons. La fête le l'Ascension de Notre-Seigneur se célébrait quarante jours après Pâques ; elle était, comme Noël et l'Epiphanie, une fête de neuf psaumes, neuf leçons, avec ses antiennes et ses répons propres. Mais, cinquante jours après Pâques, la Pentecôte ramenait l'office de trois psaumes, trois leçons. La Pentecôte, en effet, *Pascha Pentecosten*, comme l'appelle l'antiphonaire de Saint-Pierre, avait comme Pâques sa vigile liturgique de six fois deux leçons en grec et en latin, avec leurs répons, et les oraisons qui les accompagnaient ; et cette vigile liturgique, comme celle de Pâques, était suivie du baptême des catéchumènes : « *In vigilia Pentecoste sicut in sabbato sancto ita agendum est,* » dit l'*ordo* de Saint-Amand. L'office canonique devait donc être pareil à celui de Pâques, et cet office abrégé se répèter durant toute l'octave de la Pentecôte. Il semble cependant qu'on ait hésité quelque temps à assimiler ainsi quant à l'office Pâques et la Pentecôte : l'antiphonaire de Saint-Pierre atteste que l'office de la Pentecôte et de son octave était bien de trois psaumes, trois leçons ; mais Amalaire au contraire donne au dimanche de la Pentecôte un office de dix-huit psaumes, neuf leçons, c'est-à-dire l'office dominical ordinaire, et à l'octave un office de douze psaumes, trois leçons, c'est-à-dire l'office férial [1]. Ce serait une preuve de plus du caractère absolument exceptionnel de l'office pascal.

Nous sommes arrivés au terme du cycle des fêtes du temps, puisque la fête de la Trinité est une fête bien

---

1. Amalar., *De ord, antiph.*, 57.

postérieure au VIIIe siècle. Nous avons vu l'office canonique romain se ramener à quatre types liturgiques :

1° L'office férial de douze psaumes et trois leçons ;

2° L'office dominical de dix-huit psaumes et neuf leçons ;

3° L'office des fêtes de neuf psaumes et neuf leçons ;

4° L'office pascal de trois psaumes et trois leçons.

Or, et il n'est pas inutile de préjuger ici une question qui se présentera plus tard à notre attention, ces quatre types liturgiques se retrouvent formulés dans un décret de Grégoire VII :

1° *Omnibus diebus... XII psalmos et III lectiones recitamus;*

2° *In dominicis diebus XVIII psalmos et IX lectiones celebramus;*

3° *Si festivitas est, ...IX lectiones dicimus;*

4° *In die Resurrectionis usque in sabbatum in albis et in die Pentecostes usque in sabbatum eiusdem, III psalmos et III lectiones legimus.* J'ai reproduit les termes mêmes du décret [1]. Et j'en conclus que l'office romain du VIIIe siècle était encore à Rome, au XIe siècle, intact ; et que les liturgistes se sont trompés, qui ont voulu voir dans ce décret une réforme de Grégoire VII réglant à nouveau et fixant l'office, alors qu'il ne faisait que confirmer l'usage du VIIIe siècle. — J'en conclus, en outre, et ceci pour confirmer ce que j'ai avancé précédemment de la fixation de l'office canonique romain aux VIIe et VIIIe siècles, que ces quatre types liturgiques constituent un système d'office sensiblement autre que celui que formulait au commencement du VIIe siècle le *Liber diurnus*, et qui peut se résumer ainsi :

1. Friedberg, t. I, p. 1416.

1° *A Pascha ad aequinoctium III lectiones;*
2° *Ab aequinoctio ad Pascha IV lectiones;*
3° *Dominico tempore... IX lectiones.*

En d'autres termes, la fixation de l'office canonique du temps que nous venons de décrire datait du VIIe-VIIIe siècle. A ces deux siècles, âge d'or de la liturgie romaine cantilénée, revenait la création de l'admirable office dont nous venons d'analyser bien imparfaitement les harmonieuses beautés.

III

On a vu au chapitre précédent comment aux environs de 750 l'office des saints du sanctoral, maintenu jusqu'alors en dehors de l'office quotidien des basiliques urbaines, et fidèle en cela à sa tradition d'office cimétérial, s'était fait sa place dans l'office des basiliques. Cette place devait être d'abord petite, à côté du grand office quotidien. Loin de se substituer à l'office dominical ou férial, l'office sanctoral s'y ajoutait : on exécutait l'office du temps, et, en outre, l'office du saint, de même qu'aujourd'hui nous ajouterions à l'office du jour l'office des morts. L'office sanctoral, tard reçu dans la liturgie des grandes basiliques urbaines, devait y constituer un office supplémentaire, adventice. Mais il se fondit vite dans le grand office quotidien. A l'époque d'Amalaire, la fusion était faite.

On distinguait dès lors deux degrés dans les offices de saints. Il y avait les fêtes mineures et les fêtes majeures (*minores* et *maiores festi*) : ce sont les termes mêmes de l'*ordo* de la Vallicellane[1]. L'Anonyme de

---

1. Tommasi, t. IV, p. 321-327, a publié ce curieux ordo, d'après le ms. Vallicellan D, 5, du Xe-XIe siècle. Cet *ordo* nous fournira plu-

Gerbert parle seulement de « *sancti principales* », par opposition à d'autres qui ne le sont pas : ce qui revient à la même rubrique.

Les fêtes mineures correspondaient à nos fêtes simples d'aujourd'hui : l'office férial à peine modifié. Ainsi, aux vêpres, qui étaient de la férie, le verset et l'antienne du *Magnificat* étaient seuls du saint. Au nocturne, les psaumes et les répons étaient de la férie, mais l'antienne de l'invitatoire, le verset et les trois leçons étaient du saint. A laudes comme aux vêpres tout était de la férie, sauf le verset et l'antienne du *Benedictus* qui étaient du saint. N'était donc que les leçons sanctorales évinçaient les leçons de l'Ecriture occurrente, on pourrait dire que la fête mineure était peu de chose de plus qu'une mémoire et ne faisait point tort à l'office férial [1].

En principe, les fêtes majeures n'évinçaient pas davantage l'office férial, mais le principe ne subsista pas longtemps. Dès la seconde moitié du VIIIe siècle, nous constatons que les vêpres ne sont plus de la férie, mais du saint : cinq psaumes (*psalmi dominicales*) et les antiennes sanctorales (*antiphonae de sanctis*). Ainsi pareillement à laudes. Au nocturne toutefois, l'office férial défendit mieux son droit de possession séculaire.

Le saint n'eut d'abord qu'un nocturne supplémentaire et distinct du nocturne férial ; ce nocturne s'exécutait au préalable, soit peu après les vêpres. Une transformation de seconde venue consista à rendre facultatif le

---

sieurs importantes rubriques. Mais ce n'est point un *ordo* romain pur ; c'est l'adaptation de l'*ordo* ou *capitulare* romain aux coutumes d'une église cathédrale inconnue. Il est possible qu'il ait été rédigé à l'extrême fin du VIIIe siècle.

1. *Microlog.*, 44.

nocturne férial : on disait soit le nocturne férial, soit le nocturne sanctoral. Amalaire, dont cette rubrique est restée inaperçue, témoigne de cet état liturgique intermédiaire quand il écrit :

> Sunt festivitates quarum officia celebrantur nocturnalia circa vespertinam horam, quae vulgo appellantur propria; et in posteriore parte noctis canitur alterum officium sive de propria feria sive de communibus sanctis [1].

Puis enfin le nocturne férial fut évincé complètement même de cette part précaire qui lui demeurait : tout vestige de la dualité et de la concélébration de l'office férial et de l'office sanctoral s'effaça : il n'y eut plus qu'un office nocturne, et cet office fut dévolu au saint. Les liturgistes carolingiens ne reçurent pas d'autre usage que celui-là[2]. Mais, à Rome, et au XIIe siècle encore, on demeurait fidèle à la rubrique rapportée par Amalaire, et que, en un autre passage, il explique ainsi : « Dans les fêtes de saints les plus solennelles, la coutume de la sainte Église romaine notre mère est de célébrer deux offices dans la nuit. On appelle ce double office vigiles... Le premier est célébré au commencement de la nuit; il ne comporte point d'invitatoire, parce que à cette heure le peuple n'est pas invité aux vigiles (?), il n'est

---

1. Amalar., *De ord. antiph.*, 17.
2. L'Anonyme de Gerbert s'exprime ici d'une manière indécise : « In vigiliis omnium apostolorum vel ceterorum principalium..., ipsa nocte ad vigilias eorum passiones vel gesta leguntur...; psalmi cum eorum passionibus vel gestis cum responsoriis et antiphonis de ipsis pertinentes canuntur...; in novem leccionibus... gesta... leguntur. Et octabas eorum cum responsoria vel antiphonas... sicut die prima festivitatis eorum celebrantur. »

invité qu'à la vigile du milieu de la nuit. Mais, alors, le peuple et le clergé entrant à cette seconde vigile, on chante l'invitatoire[1]... » Sans doute, ces doubles vigiles n'étaient point données à toutes les fêtes majeures indistinctement ; au IXe siècle, les fêtes des saints Pierre et Paul, de saint André, de saint Laurent, de l'Assomption, de la nativité de saint Jean-Baptiste étaient les seules qui eussent pareille solennité. Mais cette solennité persistait, et elle était un reste de l'ancienne rubrique. Passé le XIIIe siècle, elle disparaîtra à Rome même, et il n'en restera plus que l'expression liturgique, inexplicable autrement, d'office double, plus exactement d'office double majeur.

Quelles étaient les fêtes de saints célébrées à Rome ?

On voudrait avoir un calendrier romain de la seconde moitié du VIIIe siècle ; on n'en a pas. Mais l'antiphonaire de Saint-Pierre nous fournit un calendrier purement romain de l'office, et ce calendrier du XIIe siècle peut être aisément remis dans un état plus ancien de trois siècles ; il suffit de le comparer aux listes de fêtes fournies par le sacramentaire dit grégorien, qui représente le sanctoral romain contemporain du pape Hadrien (772-795), et subsidiairement aux listes fournies par les *capitularia* des évangéliaires carolingiens, comme l'évangéliaire d'Ada à Trèves, admirable manuscrit des premières années du IXe siècle. On élimine ainsi du calendrier de l'antiphonaire de Saint-Pierre les fêtes postérieures au début du IXe siècle, et l'on en fait un calendrier de l'office romain du temps de Charlemagne[2].

---

1. Amalar., *De ord antiph.*, 59 et 60.
2. Nous avons imprimé en lettres capitales les fêtes portées au sacramentaire grégorien et au comes d'Ada, en italiques les fêtes

Janvier.

1. Octave de N.-S. S^e *Martine*.
6. Epiphanie de N. S.
13. Octave de l'Epiphanie.
14. S. Félix, prêtre.
16. S. Marcel, pape.
18. S^e Prisca.
20. S. Fabien, pape, et s. Sébastien.
21. S^e Agnès.
22. *S. Vincent et* S. Anastase.
25. Conversion de s. Paul.
28. S^e Agnès, pour la seconde fois [1].

Février.

2. Purification de Marie.
5. S^e Agathe.
11. S. Valentin, prêtre.
22. Chaire de s. Pierre.
24. S. Mathias, apotre [2].

Mars.

12. S. Grégoire, pape.
25. Annonciation de Marie [3].

données par ce seul dernier. On trouvera le sacramentaire grégorien dans Migne, *P. L.*, t. LXXVIII, ou dans Tommasi, t. VI; le comes dans *Die Trierer Ada-Handschrift* (Leipzig, 1889), p. 16-27.

1. L'antiphonaire de Saint-Pierre a en outre : — s. Télesphore (2), s. Maur (15), s. Antoine (17), s. Aquilas (18), s. Marius et s^e Marthe (19), s^e Emerentienne (23), ss. Papias et Maur (29), ss. Cyr et Jean (31).
2. De même : — s. Siméon (2), s. Blaise (3), s^e Scolastique (10).
3. De même : — les quarante martyrs (10), s. Benoît (21).

Avril.

14. SS. Tiburce, Valérien et Maxime.
23. S. Georges.
25. S. Marc, évangéliste.
28. S. Vital, martyr [1].

Mai.

1. SS. Philippe et Jacques, apotres.
3. Annonciation de la Croix. SS. Alexandre et ses compagnons.
6. S. Jean devant la Porte latine.
10. SS. Gordien et Épimaque.
12. S. Pancrace. SS. Nérée et Achillée.
19. Se Pudentienne.
25. S. Urbain, pape [2].

Juin.

1. S. Nicomède.
2. SS. Pierre et Marcellin.
9. SS. Prime et Félicien.
12. SS. Basilide, Cyrin, Nabor et Nazaire.
17. SS. Marc et Marcellien.
19. SS. Gervais et Protais.
24. Nativité de s. Jean-Baptiste.
26. SS. Jean et Paul.
28. S. Léon, pape.

---

1. De même : — s. Clet (26).
2. De même : — translation de s. Etienne (5), s. Michel (8), s. Boniface (14), s. Eleuthère, pape (26), s. Jean, pape (27), se Pétronille (31).

29. SS. Pierre et Paul.
30. S. Paul[1].

Juillet.

2. SS. Processus et Martinien.
6. Octave de ss. Pierre et Paul.
10. Les sept frères.
15. *S. Cyr.*
21. *S^e Praxède.*
23. *S. Apollinaire.*
25. SS. Jacques, apotre.
29. S. Félix, pape. *SS. Simplice, Faustin et Béatrix.*
30. SS. Abdon et Sennen[2].

Août.

1. S. Pierre aux liens.
2. S. Etienne, pape.
6. S. Xistus, pape. SS. Félicissime et Agapit.
8. S. Cyriaque.
10. S. Laurent.
11. S. Tiburce.
13. S. Hippolyte.
14. S. Eusèbe.
15. Assomption de Marie.
18. S. Agapit.
22. S. Timothée.

1. De même : —] s. Erasme (2), s. Barnabé (11), ss. Vit et Modeste (15).
2. De même : — s^e Rufine (10), ss. Nabor et Félix, s. Pie, pape (12), s. Anaclet (13), s. Alexis (17), s^e Simphorose (18), s^e Madeleine (22), s^e Christine (24), s. Pasteur (26), s. Pantaléon (27), s. Nazaire, s. Victor, pape (28).

25. S. Barthélemy, apotre.
28. S. Hermes. S. Augustin, évêque.
29. Décollation de S. Jean-Baptiste. Sᵉ Sabine.
30. SS. Félix et Adauctus.[1]

Septembre.

8. Nativité de Marie. S. Adrien.
11. SS. Protus et Hyacinthe.
14. Exaltation de la Croix. SS. Corneille et Cyprien.
15. S. Nicomède.
16. Sᵉ Euphémie. Sᵉ Lucie et S. Géminien.
21. S. Mathieu, apotre.
27. SS. Come et Damien.
29. S. Michel, archange.[2]

Octobre.

7. S. Marc, pape.
14. S. Calliste, pape.
18. S. Luc, évangéliste.
25. *SS. Chrysanthe et Darie.*
28. SS. Simon et Jude, apotres[3].

---

1. De même : — ss. Machabées (1), invention de s. Etienne (3), s. Justin (4), s. Donat (7), s. Romain (9), ss. Euplus et Leucius (12), sᵉ Aure (24), sᵉ Balbine (28), s. Paulin (31).

2. De même : — s. Gilles (1), s. Antonin (2), s. Gorgonius (9), s. Maurice (22), s. Lin, pape, sᵉ Thècle (23), s. Eustache (25), s. Jérôme (30).

3. De même : — ss. Serge et Bacchus (7), ss. Denys, Rustique, Eleuthère (9), s. Evariste, pape (26), s. Germain de Capoue (30), s. Quentin (31).

Novembre.

1. Fête de tous les saints. S. Césaire.
8. Les quatre couronnés.
9. S. Théodore.
11. S. Martin, évêque. S. Mennas.
22. S^e Cécile.
23. S. Clément, pape. S^e Félicité.
24. S. Chrysogone.
29. S. Saturnin.
30. S. André [1].

Décembre.

13. S^e Lucie.
21. S. Thomas, apôtre.
25. Nativité du Seigneur. S^e Anastasie.
26. S. Etienne.
27. S. Jean, évangéliste.
28. Les saints Innocents.
31. S. Silvestre pape [2].

Aux yeux de quiconque est familier avec les topographes romains du VIIe siècle [3], une série de noms se détache tout de suite du catalogue que nous venons de dresser : les noms des martyrs romains rappelant les plus célèbres sanctuaires cimétériaux de l'Église romaine. — S. Silvestre et saint Marcel, papes, avaient leur

---

1. De même : — s. Tryphon (10), s. Martin, pape (12), s. Jean Chrysostome (13), s^e Catherine (25).
2. De même : — s^e Bibiane (2), s^e Barbe, s^e Julienne (4), s. Sabas (5), s. Nicolas (6), s. Ambroise, s. Savin (7), s. Damase, pape (11), s. Eustrate (13), s. Grégoire de Spolète (23), s^e Eugénie (25).
3. De Rossi, *Roma sotterranea*, t. I, p. 175-183.

Histoire du Bréviaire romain.

basilique (*S. Silvestri ecclesiam*) au cimetière de Priscille sur la voie Salaria nova. S. Fabien, pape, appartenait à la crypte pontificale du cimetière de Calliste, comme aussi les papes Etienne et Xystus. S. Sébastien avait sa basilique sur la voie Appienne, *ad Catacumbas*; sainte Agnès, sur la voie Nomentane; saint Valentin, sur la voie Flaminienne; saints Tiburce et Valérien, au dessus du cimetière de Prétextat, sur la voie Appienne; saint Alexandre, que l'on confondait dès le viie siècle avec le pape Alexandre, avait sa basilique au septième mille de la voie Nomentane; saints Gordien et Epimaque avaient la leur sur la voie Latine; saint Pancrace, sur la voie Aurélienne; saint Urbain, qui était en réalité enterré dans la crypte pontificale du cimetière de Calliste, avait un oratoire à son nom au cimetière de Prétextat (Sant-Urbano alla Cafarella); saints Pierre et Marcellin avaient leur basilique sur la voie Lavicane, *ad duas lauros*; saints Marc et Marcellien, sur la voie Ardéatine; saints Processus et Martinien, sur la voie Aurélienne; les saints sept frères, enfants de sainte Félicité, avaient leur souvenir uni à la petite église de Sainte-Félicité, sur la voie Salaria nova; saint Félix, éponyme du cimetière *ad insalatos*, y avait sa basilique, au troisième mille de la voie de Porto. Au cinquième mille de la même voie, le cimetière *Generosae* gardait saints Simplice, Faustin et Béatrix; au second mille, *ad usum pileatum*, était la sépulture des saints Abdon et Sennen. Saints Félicissime et Agapit appartenaient au cimetière de Prétextat, sur la voie Appienne. La basilique de saint Cyriaque et de ses compagnons était au septième mille de la voie d'Ostie. Saint Tiburce était *ad duas lauros*. Saint Hippolyte avait donné son nom à un cimetière voisin de celui de saint Laurent, sur la voie Tiburtine. La basilique de saint Hermes était au cimetière *Basillae*, sur la voie Salaria antiqua; celle des saints Félix et Adauctus au cimetière *Commodillae*, sur la voie d'Ostie. Les saints Protus et Hyacinthe appartenaient au cimetière *Basillae*. Le pape Corneille avait une basilique à son nom sur le cimetière de Calliste; le pape Marc avait donné le sien à la basilique du cimetière *Balbinae*, sur la voie Ardéatine; le pape Calliste, à celle du cimetière *Calepodii*, sur la voie Aurélienne. Une église s'élevait sur la voie Salaria nova, au nom des saints Chrysanthe et Darie. Sainte Cécile était la sainte la plus populaire du cimetière de Calliste. Au cimetière *Thrasonis*, sur la voie Salaria nova, appartenait l'église de saint Saturnin. — Au dixième mille de la voie Cornelia, était la basilique de sainte Rufine; au premier mille de la voie Prénestine, celle de saint Agapit; au dixième mille de la voie Aurélienne, celle de saint Basilide. — Ajoutez-y les saints Jean et Paul, seuls d'entre tous les martyrs de Rome à avoir été enterrés *intra muros* : j'ai nommé la belle basilique du Cœlius, le *titulus Pammachii*. C'étaient là, au temps où s'écrivaient les itinéraires de pèlerins que nous possédons, itinéraires contemporains de Benoît Biscop et de Céolfrid, c'étaient là les sanctuaires visités et fêtés : ceux dont les anniversaires ne pouvaient pas disparaître, et n'ont point disparu en effet, recueillis qu'ils ont été par la liturgie de l'office[1].

Mais il y en avait d'autres et plus vénérables encore. Saint Aquilas et sainte Prisca, au moins sainte Prisca, une martyre du cimetière de Priscille, prétendaient à

---

1. De Rossi, *loc. cit.*

l'honneur d'être mentionnés dans l'épître de saint Paul aux Romains (XVI, 3-5). Saints Nérée et Achillée, ensemble avec sainte Pétronille, avaient donné leurs noms à la basilique de la voie Ardéatine au cimetière *Domitillae*, enterrés qu'ils étaient là dans la sépulture des Flaviens chrétiens, à la famille de qui ils appartenaient. On touchait avec eux à l'origine de l'Église romaine. Et je ne parle pas des fêtes de saint Pierre, de saint Paul et de saint Laurent.

Les anniversaires que nous venons d'énumérer formaient le vieux sanctoral romain, le sanctoral des cimetières. D'autres souvenirs ou d'autres préoccupations avaient provoqué la création de fêtes plus récentes. Le *titulus Pudentis*, en devenant au viiie siècle *titulus sanctae Pudentianae*, du nom d'une martyre « *Potentiana* » enterrée au cimetière de Priscille, avait introduit dans le sanctoral urbain la fête de sainte Pudentienne. De même, au *titulus Praxedis*, devenu vers le même temps *titulus sanctae Praxedis*, on devait la fête urbaine de sainte Praxède. Au *titulus Clementis* se rattachait, dès avant la fin du ive siècle, l'anniversaire de saint Clément. La basilique des Santi-Quattro, au Cœlius, vieille église anonyme, avait épousé le souvenir énigmatique des martyrs désignés sous le nom de *IV coronati*. Saint-Etienne-le-Rond, au Cœlius encore, avait, sous le pape Théodore (642-649), recueilli les reliques et l'anniversaire des saints Prime et Félicien de Nomento, apportés du quatorzième mille de la voie Nomentane. La chapelle domestique de la *domus Pinciana* des Anicii, sur le Pincio, restaurée au viiie siècle par le pape Hadrien, avait introduit à Rome le vocable et la fête de saint Félix de Nole. La basilique *ad aquas Salvias*, bâtie au milieu du viie siècle, l'avait été sous le vocable de saint Anastase-le-Perse († 627), auquel on avait joint bientôt l'espagnol saint Vincent, à cause de son chef transféré là même, *ad aquas Salvias*. Sainte Agathe de Catane avait au vi[e] siècle donné son nom à une petite église arienne de la Suburra ; saint Georges, le héros légendaire de l'Orient grec, à une petite église du Vélabre, enrichie au viiie siècle du chef de son saint éponyme ; saints Gervais et Protais, deux milanais, au *titulus Vestinae* (ceci dès le ve siècle) devenu au viiie le *titulus* actuel de saint Vital, un ravennate tenu pour père de saint Gervais et de saint Protais ; saint Apollinaire, un ravennate aussi, à un oratoire construit par le pape Honorius (625-638) sur l'atrium de Saint-Pierre ; sainte Sabine, une martyre ombrienne, au *titulus Sabinae* de l'Aventin, enrichi de ses reliques vers la fin du viie siècle ; saint Adrien, de Nicomédie, à l'antique *Curia hostilia* transformée au viie siècle en basilique ; sainte Euphémie, de Nicomédie elle encore, à une église élevée ou restaurée au viie siècle ; saints Côme et Damien, les deux médecins anargyres si populaires dans tout l'Orient grec, à la basilique aménagée par le pape Félix IV (526-530) dans l'*aula* des archives romaines ; saint Césaire de Terracine, à une petite basilique du Palatin ; saint Chrysogone de Sirmium, au vieux *titulus Chrysogoni* du Transtevere ; sainte Lucie de Syracuse, au couvent grec *De renatis*, fondé vers le viiie siècle ; sainte Anastasie de Sirmium, au vieux *titulus Anastasiae* du Palatin. — Il s'agit là, on le voit, de martyrs étrangers qu'un vocable monumental ou qu'une translation de reliques a faits romains [1].

---

1. Voyez M. Armellini, *Le chiese di Roma dalle loro origini sino ai secolo XVI* (Rome, 1887), s. v.

Les autres fêtes du calendrier romain de la fin du VIIIe siècle n'ont plus ce caractère local et monumental qui en fait des anniversaires si proprement romains. Des fêtes de la vierge Marie, la seule qui fût romaine avait été démarquée ; c'était celle qui se célébrait à l'octave de la Noël, et qui, au VIIIe siècle, était déjà toute au souvenir de la Circoncision. Au commencement du VIIe siècle, au contraire, au temps du pape Boniface IV (608-615), elle se célébrait au Panthéon consacré par ce pontife au vocable *beatae Mariae et omnium sanctorum*, et le beau répons

> Gaude, Maria virgo ! cunctas haereses sola interemisti, quae Gabrielis archangeli dictis credidisti, dum virgo Deum et hominem genuisti et post partum virgo inviolata permansisti !

composé, dit-on, par un chantre aveugle, avait été exécuté pour la première fois au Panthéon [1]. La station du premier janvier au Panthéon était, je le répète, la vieille fête romaine de la sainte Vierge. — D'autres fêtes de la Vierge entrèrent, mais plus tard, dans le calendrier romain : la Nativité (8 sept.), l'Annonciation (25 mars), la Purification (2 février), la Dormition ou Assomption (15 août), qui toutes quatre se célébrèrent à Sainte-Marie-Majeure, et, toutes quatre d'importation byzantine, n'ont pas à Rome d'attestation plus ancienne que la vie du pape Sergius Ier (687-701) [2]. — Les fêtes d'apôtres, et en première ligne celle de saint André, frère de saint Pierre, puis à la suite celles de saint Jean, des saints Philippe et Jacques, celle de saint Pierre aux

---

1. Tommasi, t. IV, p. 212.
2. *L. P.*, t. I, p. 381.

liens, étaient des anniversaires de dédicace de basiliques urbaines, et remontaient pour Rome au vie siècle au plus tôt [1].

Nous avons vérifié le principe qui, antérieurement au milieu du viiie siècle, ne permettait pas à une fête de saint de n'être point localisée dans une basilique déterminée, soit cimétériale, soit urbaine. Plus tard, lorsque ce principe aura cessé de dominer la liturgie sanctorale, mais seulement alors, apparaîtront les fêtes sans attache monumentale. Les grands souvenirs monastiques provoqueront l'institution de fêtes comme celles de saint Benoît, de saint Maur, de saint Antoine, de saint Sabas, de sainte Scolastique ; la littérature légendaire créera les fêtes de saint Nicolas, de sainte Barbe, de sainte Catherine, de saint Eustache, de saint Maurice, de sainte Christine, de saint Christophe, de saint Alexis...; l'admiration et la reconnaissance littéraires, celles de saint Justin, de saint Paulin, de saint Jean Chrysostome, de saint Jérôme, de saint Ambroise... Autant de créations fondées en raison. Mais combien juste le sentiment qui avait voulu que le canon de la messe fût intangible, et qu'immuable fût le nombre des saints que le prêtre y invoquerait !

De toutes ces fêtes du calendrier romain, on voudrait pouvoir dire quelles étaient celles qui étaient majeures, qu'elles étaient celles qui étaient mineures : j'abandonne cette recherche à de plus habiles. Un petit nombre de fêtes avaient une octave [2].

L'office sanctoral, entendez l'office des fêtes majeures, était conçu sur le modèle de l'office de Noël, de l'Epi-

---

1. Duchesne, *Origines*, p. 265.
2. Amalar., *De eccl. off.*, IV, 36.

phanie, de l'Ascension. C'était un office de neuf psaumes, neuf leçons, neuf répons. Amalaire écrit : « *Sicut per novenarium numerum qui celebratur in nativitate Domini,* ...*ita per eumdem numerum gratias agimus in festivitatibus sanctorum.* » Et ailleurs : « *Natalitia sanctorum quae recolimus per novenarium numerum*[1]... » Les neuf leçons étaient empruntées aux actes du saint; de même le texte des antiennes, des répons et des versets. Les neuf psaumes n'étaient point indéterminés : les fêtes d'apôtres, les fêtes de martyrs, les fêtes de confesseurs, les fêtes de vierges, avaient chacune les leurs ; la distribution actuelle des psaumes dans le Bréviaire romain n'est pas différente de ce qu'elle était dès lors. L'office commun se ramenait à ces quatre types : apôtres, martyrs, confesseurs, vierges. Cet office commun, outre sa psalmodie de neuf psaumes, comportait les antiennes, les versets et les répons appropriés soit aux apôtres, soit aux martyrs, soit aux confesseurs, soit aux vierges[2]. On remarque que cet office commun dépend, pour une bonne part tant de ses antiennes que de ses répons, des offices propres : ainsi l'office du commun des apôtres de l'office de la fête de saint Pierre, l'office du commun des vierges de l'office de sainte Agnès. Les offices propres avaient servi de modèle aux offices communs, qui ne dataient, eux, vraisemblablement que de l'époque de la codification du sanctoral, tandis que les offices propres, écrits pour des fêtes locales, « *ad ipsum natalitium pertinentes*[3], » représentaient chacun la tradition de basiliques

---

1. Amalar., *De ord. antiph.*, 15, et *De eccl. off.*, IV, 35.
2. Tommasi, t. IV, p. 150-157.
3. *Ordo Vallicellan.*, ap. Tommasi, t. IV, p. 324.

différentes. Ainsi s'explique la physionomie sensiblement originale de chacun.

L'office des saints Pierre et Paul appartenait à la basilique de Saint-Pierre. Ici point de trace de textes légendaires : les leçons étaient empruntées aux actes des apôtres et aux Pères les plus classiques, saint Augustin, saint Léon, saint Jérôme[1]. Les antiennes et les répons étaient des centons scripturaires : *Si diligis me Simon Petre,* — *Domine, si tu es, jube me venire,* — *Tu es Petrus et super hanc petram,* — *Beatus es Simon Petre,* etc., — ou s'inspiraient de très près de l'Ecriture : *Tu es pastor ovium, princeps apostolorum* : *tibi tradidit omnia regna mundi,* etc. Au choix sévère du texte de cette littérature liturgique, on reconnaît l'école à qui nous devons le texte du responsoral du temps. Il n'y avait qu'un répons de l'office du 29 juin qui ne fût point biblique, et il est comme la marque même de la basilique vaticane pour laquelle il avait été composé : c'est le répons *Qui regni claves,* qui reproduisait le texte de l'inscription métrique gravée, par le pape Simplicius (468-483), au dessus de l'entrée de la basilique[2] :

> *Qui regni claves et curam tradit ovilis,*
> *qui coeli terraeque Petro commisit habenas,*
> *ut reseret clausis, ut solvat vincla ligatis,*
> *Simplicio nunc ipse dedit sacra jura tenere,*
> *praesule quo cultus venerandae cresceret aulae.*

Ce même répons *Qui regni claves... et solvat vincla ligatis* avait pour verset un beau distique :

---

1. *Ordo Vatican.,* ap. Tommasi, t. IV, p. 319-320.
2. De Rossi, *Inscriptiones christianae,* t. II, p. 55.

> *Solve jubente Deo terrarum, Petre, catenas,*
> *qui facis ut pateant coelestia regna beatis,*

qui se lisait au VIIe siècle dans la basilique de Saint-Pierre « *in icona sancti Petri*[1] ».

L'office des saints apôtres Pierre et Paul était avec l'office de saint Jean-Baptiste un des rares offices sanctoraux qui fussent fidèles à l'austère tradition de l'office du temps. Les autres offices propres avaient sacrifié au goût de la légende et de la littérature légendaire. Les antiennes et les répons de l'office de saint André étaient empruntés à ces *Acta Andreae* que pourtant le catalogue gélasien des livres apocryphes avait rigoureusement condamnés ; et l'on chantait, dès le VIIIe siècle, le répons *O bona crux*, qui est, au demeurant, une admirable chose, sans plus reconnaître le gnoticisme que certains théologiens y ont de nos jours signalé.

> O bona crux, quae decorem et pulchritudinem ex membris Domini suscepisti, accipe me ab hominibus et redde me magistro meo, ut per te me recipiat qui per te me redemit. Salve, crux, quae in corpore Christi dedicata es et ex membris eius tanquam margaritis ornata !

Les actes de saint Laurent avaient fourni le texte des antiennes et des répons de son office. De même, pour sainte Cécile, pour saint Sébastien, pour sainte Agnès, pour saints Jean et Paul, et bien d'autres, sans oublier saint Martin :

---

1. Id., *ibid.*, p. 254.

> Martinus Abrahae sinu laetus excipitur. Martinus hic pauper et modicus coelum dives ingreditur, hymnis coelestibus honoratur, etc.

Plus heureuse, la vierge Marie avait trouvé à Sainte-Marie-Majeure une presque aussi sévère école que les apôtres à Saint-Pierre. Les mauvais textes n'eussent pas manqué à des fêtes comme celles de la Vierge : les cantilénistes romains voulurent ne demander qu'à la sainte Ecriture le thème des louanges de Marie. Nous leur devons les plus gracieux textes du responsoral :

> Vidi speciosam sicut columbam ascendentem super rivos aquarum, cuius inaestimabilis odor erat magnus in vestimentis eius, et sicut dies verni circumdabant eam flores rosarum et lilia convallium. Quae est ista quae ascendit per desertum sicut virgula fumi ex aromatibus myrrhae et thuris? Et sicut dies verni...

Ou d'autres, inspirés de plus loin par l'Ecriture, et pénétrés d'une piété tout ensemble théologique et tendre :

> Pulchra facie, sed pulchrior fide, beata es virgo Maria: respuens mundum laetaberis cum angelis, intercede pro omnibus nobis. Sancta et immaculata virginitas, quibus te laudibus referam nescio. Intercede...
> Virgo Maria semper laetare, quae meruisti Christum portare coeli et terrae conditorem, quia de tuo utero protulisti mundi salvatorem.
> O quam gloriose migrasti ad Christum, beata et venerabilis virgo Maria, cui Abrahae sinus non sufficit, sed coeli palatia patent!

On ne s'étendra pas davantage sur le sanctoral romain de la fin du VIIIe siècle. Mais ce qui vient d'en être dit suffit à montrer comment, non seulement l'office sanctoral, accession tardive à l'office canonique des basiliques, n'avait pu s'y faire sa place qu'en restreignant et en mutilant ce vieil office, mais encore avait consacré l'introduction dans le style liturgique d'éléments littéraires sensiblement moins purs. Le sanctoral accusait des symptômes de décadence liturgique, en même temps que son succès préparait l'abandon de l'office temporal.

L'office romain, dans cet ensemble que nous venons de décrire, était arrivé à un état de perfection qui ne devait être ni dépassé ni maintenu,[1] mais qui méritait incontestablement l'exceptionnelle fortune que lui fit l'admiration des Églises anglo-saxonne, franque et germanique. Œuvre anonyme lentement et inconsciemment faite, mais œuvre singulière où vivait l'âme de Rome! Rome, en effet, y avait mis le meilleur de sa littérature et de son histoire : son psautier, sa bible, ses pères, ses martyrs. Elle y avait mis la marque de sa piété directe et simple, plus historique que subtile; de son esthétique restée sensible aux compositions sobres, larges et harmonieuses; de sa langue brève, claire, concrète, biblique de lexique, hiéronymienne de tour, rythmique de nombre[2]. Elle y avait mis enfin et surtout sa cantilène, — ce plein chant grégorien que le bas moyen âge a défiguré, que la renaissance a dédaigné, que le XVIIe siècle (dans la tradition duquel nous

---

1. Sur la prompte décadence de l'office romain en France, voyez Helisachar, *Epistul. ad Nidibrium ep. Narbonen.*, publiée par M. Bishop, *Neues Archiv*, t. XI (1885), p. 566-568.

2. Voyez L. Couture, *Le cursus ou rythme prosaïque*, dans le *Compte-rendu du congrès scientifique international des Catholiques*, 1891, t. V, p. 103-109.

vivons encore) n'a plus compris, mais qu'il suffit d'avoir entendu exécuter dans sa notation vraie par les moines de Solesmes ou de Beuron pour y retrouver, avec en plus le charme délicat de l'archaïsme, quelque chose des élégances et des émotions qui ravissaient les pèlerins de Saint-Pierre, et qui dans leur technique étaient l'héritage, et dans leur inspiration le renouveau de l'art antique.

L'office romain du VIIIe siècle était tout cela.

CHAPITRE IV

L'OFFICE MODERNE ET LES BRÉVIAIRES DE LA COUR ROMAINE

On lit dans une bulle du 7 juin 1241, adressée par le pape Grégoire IX aux Franciscains : « Nous vous autorisons à vous contenter d'observer l'*office moderne*; vous l'avez dans vos *bréviaires*, corrigé soigneusement par nous, et conforme à l'usage de l'Église romaine [1]. » Ces quelques mots pourraient servir d'épigraphe au présent chapitre, car tout entier il va consister à rechercher : 1° quel était l'usage de l'Église romaine jusqu'au XIIIe siècle; 2° ce qu'était cet office non romain que le pape appelait du nom d'office moderne; 3° ce qu'il faut entendre par bréviaire de cet office moderne.

I

L'office romain, tel qu'il était constitué à Rome du temps de Charlemagne, se maintint à Rome même dans l'usage des basiliques sans modification sensible à travers le Xe et le XIe siècle et jusqu'à la fin du XIIe.

---

1. Potthast, n° 11028 : « Vestrae itaque precibus devotionis inducti, ut observantia *moderni officii*, quod in *breviariis* vestris exacta diligentia correctum a nobis ex statuto regulae vestrae juxta ecclesiae romanae morem excepto psalterio celebrare debetis, sitis contenti perpetuo. »

C'est là une proposition dont je dois fournir toute la preuve.

Nous possédons un livre d'offices de la basilique de Saint-Pierre, j'entends l'antiphonaire publié par le cardinal Tommasi. Ce monument si important de la liturgie basilicale romaine est du xiie siècle. Et l'on a suffisamment indiqué au chapitre précédent la conformité de son texte et de ses rubriques avec les renseignements fournis par Amalaire, pour pouvoir dire qu'il est une première preuve que l'office romain du xiie siècle était, dans son texte et dans ses rubriques, substantiellement conforme à l'office romain du viiie siècle. — Une lettre célèbre d'Abailard, lettre remontant à 1140 environ, atteste que la basilique de Saint-Pierre n'était pas seule à pratiquer l'ancien office, puisque, au dire d'Abailard, tel était également le cas de la basilique du Latran : « *Ecclesia... lateranensis, quae mater est omnium, antiquum officium tenet.* » Sans doute, et nous nous empressons de l'ajouter, Abailard, dans ce texte même, assure que la basilique du Latran est seule à observer l'ancien office : « *Sola ecclesia lateranensis...,* » dit le texte intégral. Mais cette restriction ne tient pas, étant donnée la teneur de l'antiphonaire de Saint-Pierre ; et elle s'explique, étant donné qu'Abailard entend prouver l'universalité de l'office moderne ; il reste donc que, de son propre aveu, au Latran c'était bien encore l'*antiquum officium* qu'on observait[1]. C'est notre première preuve.

Une autre est fournie par les *ordines romani* du xiie siècle, lesquels, en décrivant le cérémonial pontifical, décrivent en diverses occasions l'office tant des

---

1. Abaelard., *Epistul.*, X.

vêpres que des nocturnes et des laudes solennelles, au même titre que la messe elle-même. Or, leur description s'applique à un *ordo* de l'office qui est substantiellement l'*ordo* du viiie siècle. Nous en avons pour témoins deux *ordines romani*, bien connus, du xiie siècle[1]. L'un, celui du chanoine Benoît, chanoine de la basilique de Saint-Pierre : il a pour titre *Liber polypticus*, et il a été écrit un peu avant 1143 : c'est l'*ordo romanus* XI de Mabillon. L'autre, l'*ordo romanus* XII de Mabillon, a pour auteur Cencius, celui-là même qui, chancelier de l'Église romaine, rédigea en 1192 le *Liber censuum*. Au total, nous avons là le coutumier des cérémonies pontificales du temps de Célestin II († 1144) et d'Innocent III (1198-1216). Or ce cérémonial s'adapte à l'ancien office, tel que nous l'avons décrit, et non à l'office moderne tel que nous aurons à le décrire.

Insistons sur cette matière. La digression, si c'est une digression, ne laisse pas d'appartenir à notre sujet. Et voyons quel était, au xiie siècle, le cérémonial des offices auxquels le pape et la curie prenaient part.

*
* *

Le pape et la curie — la curie représentant maintenant le clergé régionnaire d'autrefois — n'assistaient en corps à l'office public quotidien d'aucune basilique.

Ils ne prenaient part qu'à l'office solennel de certaines fêtes, en certaines basiliques. A ces fêtes, on conservait le vieux nom de stations. Et l'on distinguait deux sortes de stations, les stations diurnes qui ne comportaient que la messe stationale, et les stations

---

1. Mabillon, *Musaeum italicum*, t. II, p. 118 et suiv.

nocturnes ou grandes stations, qui comportaient les premières vêpres la veille au soir, l'office nocturne au milieu de la nuit, la messe solennelle au matin. Ces stations nocturnes étaient en fort petit nombre, et elles étaient propres aux plus grandes fêtes : le troisième dimanche de l'Avent (*Gaudete*), Noël, l'Epiphanie, l'Ascension, la Pentecôte, la nativité de saint Jean-Baptiste, la fête des saints apôtres Pierre et Paul, l'Assomption, la fête de saint André. Mais dans ces vigiles se déployait toute la pompe du cérémonial pontifical.

Le pape part de son palais du Latran, le *patriarchium*. Il est vêtu d'une chasuble blanche, coiffé de la tiare à une couronne (*regnum*), monté sur un cheval à housse écarlate. En tête du cortège marche un sous-diacre portant la croix pontificale. Puis douze porte-drapeaux. A la suite, les évêques étrangers présents à Rome. Puis les abbés des monastères romains, et les cardinaux, soit prêtres, soit évêques. A la suite, les *scriniarii* et les *advocati*, les sous-diacres régionnaires et les sous-diacres basilicaux, la *Scola cantorum*. Enfin, deux à deux, aux côtés du pape, les cardinaux diacres. Le préfet de Rome, vêtu d'un manteau précieux, chaussé de deux brodequins l'un doré l'autre rouge, et avec lui les juges en chape, ferment la marche. L'archidiacre, une férule à la main, ordonne la procession. Les *maiorentes*, en manteau de soie, une canne à la main, font la police [1].

On s'achemine dans cet ordre vers la basilique où l'on va célébrer la station. Sur le seuil de ladite basilique les chanoines — ils tiennent la place des moines basilicaux du IXe siècle — attendent l'arrivée du pape.

---

1. Cencius, 7. Benedict., 21.

Celui-ci arrive avec son cortège ; il descend de cheval et dépose la tiare. Les chanoines lui présentent l'eau bénite et l'encens. Le pontife met de l'encens dans l'encensoir et jette de l'eau bénite sur la foule. Puis on entre processionnellement dans la basilique, d'où, après une courte prière, on passe au *secretarium* ou sacristie. Là, tous les ordres ayant revêtu leurs ornements, le pape donne la paix aux deux évêques qui doivent l'assister pendant l'office, puis aux cardinaux, au préfet de Rome, aux autres « princes laïcs ». Le doyen des sous-diacres régionnaires fait l'appel des divers lecteurs et chantres qui vont prendre part à l'exécution de l'office. Le pape se lève alors, et, entre les deux évêques qui l'assistent, processionnellement, mitre en tête, il rentre dans la basilique. Des *cubicularii* tiennent une *mappula* ou dais étendu et élevé au dessus de sa tête, et l'accompagnent ainsi jusqu'à l'autel. Le pontife s'asseoit au siège central du *presbyterium,* et l'office commence, l'office de vêpres [1].

Lorsque les vêpres seront terminées, le pape ne reviendra pas au *patriarchium* du Latran, — je le suppose venu à Saint-Pierre. — Il y a, dans les dépendances de la basilique de Saint-Pierre, des appartements pour le pape : ils ont été construits par Grégoire IV (827-844), précisément pour que le seigneur apostolique puisse s'y retirer et s'y reposer dans les intervalles des offices : « *Fecit etiam pro quietem pontificis, ubi post orationes matutinales vel missarum officia eius valeant membra soporari, hospicium parvum sed honeste constructum, et picturis decoravit eximiis* [2]. » Les autres

---

1. Benedict., 46, 47.
2. *L. P.*, t. II, p. 81.

personnages de la cour sont logés « *in domo aguliae*[1] ». Le patron de l'auberge (*dominus hospitii*) est tenu de leur fournir des « lits avec de bons draps », et de garder leurs chevaux dans ses écuries[2].

Au milieu de la nuit, au son de la cloche, tout le monde se relève, et le pape se rend avec la curie au *secretarium*, qui, à Saint-Pierre, est une vaste chapelle à l'angle sud-ouest de l'atrium. Là, chacun se revêt de ses ornements, et la procession se met en ordre. On présente au pape un encensoir. Quatre porte-flambeaux se mettent devant lui. Le cortège s'ébranle, en silence, à la lueur des cierges. On traverse le portique de la basilique processionnellement. On entre. On passe devant l'autel de saint Grégoire que le pape encense, premier reposoir, dans le bas-côté de gauche. Puis, devant l'autel des saints Simon et Jude, au bas de la grande nef : là est conservé le Saint-Sacrement, que le pape encense, deuxième reposoir. Puis devant l'autel de sainte Véronique, dans le bas-côté de droite : là sont le suaire et la lance de la passion, que le pape encense, troisième reposoir. Puis, remontant la grande nef, la procession arrive à l'arc triomphal, et s'arrête devant l'autel de saint Pasteur, que le pape encense, quatrième reposoir. D'autel en autel, le pape et son cortège sont arrivés à la confession de saint Pierre. On descend les marches qui y conduisent ; le pape encense l'autel dressé sur le tombeau du prince des apôtres ; puis il s'asseoit, quatre cierges posés devant lui.

Alors, devant la confession de saint Pierre, commence

---

1. « *In domo aguliae* », dans la maison de l'obélisque ou de l'aiguille. Voy. Ducange, *Glossarium*, au mot *Agulia*.
2. Benedict., 7.

la première vigile, — cette première vigile que nous avons notée au VIIIe siècle comme un reste de la distinction originelle de l'office des saints et de l'office férial, et dont le souvenir seul a passé dans la liturgie franque avec le nom d'offices doubles. — Aucun invitatoire à cette première vigile. Le grand chantre ou paraphoniste commence avec la *Scola cantorum* immédiatement par l'antienne du premier psaume du premier nocturne. Il y a trois nocturnes, chacun de trois psaumes et de trois leçons. Les chanoines basilicaux disent les leçons. L'archidiacre prononce la clausule : *Tu autem Domine...* La *Scola cantorum* chante les répons. Après la troisième leçon du troisième nocturne, le *Te Deum*[1]. A peine le *Te Deum* est-il fini, un sous-diacre régionnaire apporte un sacramentaire, un des deux évêques assistants le tient ouvert devant le pape, et le pape prononce l'oraison du jour. L'archidiacre dit *Benedicamus Domino*, et le seigneur apostolique bénit l'assistance. La première vigile est terminée[2].

La procession reprend sa marche. Le pontife quitte la confession et monte au grand autel de la basilique et l'encense. Puis il vient s'asseoir devant l'autel, *ad pectorale*[3] : les cardinaux diacres sont à ses côtés, les cardinaux-évêques et prêtres s'asseoient avec les chanoines aux sièges du chœur ou *presbyterium*. Quatre cierges sont posés devant le pontife. C'est lui qui entonne le *Domine labia mea aperies*. La *Scola cantorum*

---

1. Le *Te Deum* réservé du temps d'Amalaire aux seules fêtes de papes martyrs, figurait déjà aux XIe siècle à Rome à toutes les fêtes sanctorales, ainsi qu'à tous les offices du temps, à l'exception de l'Avent, et de la Septuagésime à Pâques. *Microlog.*, 46.
2. Benedict., 8.
3. Sur ce mot, voy. Mabillon, *Musaeum italicum.*, t. I, p. 137.

exécute aussitôt l'invitatoire, puis les trois psaumes du premier nocturne et leurs antiennes. Les chanoines de la basilique lisent les leçons et chantent les répons de ce premier nocturne. Au second et au troisième nocturne, les leçons sont dites, la quatrième par les *scriniarii*, la cinquième par le premier des cardinaux-évêques, la sixième par le premier des cardinaux-prêtres, la septième par le premier des cardinaux diacres, la huitième par le premier des sous-diacres, la neuvième par le pape en personne. Deux cierges sont posés sur le pupitre. Chaque lecteur, à son tour, prononce aussi le *Jube domne benedicere*, et le pape bénit. Le pape, à son tour, prononce aussi le *Jube domne benedicere*, mais personne ne le bénit, « si ce n'est le Saint-Esprit » ; et les assistants, après une courte pause, répondent *Amen*. A l'issue du neuvième répons, le *Te Deum* est exécuté par la *Scola*. Immédiatement à la suite, les laudes, psaumes et antiennes chantés par la *Scola*. Puis le verset. Puis le *Benedictus* et ses antiennes. Quand il est achevé, l'évêque assistant ouvre le sacramentaire devant le pape, qui y lit l'oraison, et l'office se termine comme ci-dessus. Après quoi, dit Cencius, « *Dominus papa intrat lectum*, » le saint père va se reposer ainsi que toute la curie, pour revenir au matin célébrer la messe solennelle [1].

Tel est le cérémonial d'une *statio nocturnalis* comme celle qui se célèbre à la fête de saint Pierre. Ces longues et solennelles vigiles nocturnes, ne vont pas sans illuminations. Pierre Mallius, qui était comme Benoît, chanoine de Saint-Pierre, nous apprend que les jours de stations, il y a deux cent cinquante lampes allumées

---

1. Benedict., 14.

dans la basilique. Que, de plus, à certaines fêtes, comme celle de saint Pierre et pendant l'octave, on allume les filets « *retia* », y compris le grand filet, « *rete magnum* », qui illumine le portique et la façade[1] : entendez par là de grands lustres ou corbeilles de cierges. Assurément l'office, avec ce cérémonial brillant et compliqué, avec la hiérarchie si décorative de ses personnages, est devenu plutôt un spectacle, mais quel spectacle! Le peuple y vient en foule. Il se presse sur le parcours de la procession, il se répand sur les degrés et dans les nefs de la basilique. Aux grandes vigiles nocturnes, ce devait être un fourmillement de romains, de romaines, d'ultramontains. A certaines fêtes, le sénéchal du palais apostolique jetait des poignées de deniers sur les rangs compacts de la foule, pour la disperser et mieux ouvrir ainsi un passage au cortège pontifical. Le peuple ne se retirait qu'à la fin, et une fois reçue la bénédiction du pontife : « *Dominus pontifex benedicit populum fatigatum...* » Et toute cette somptuosité et toute cette presse étaient sa joie : « *...ut omnis populus cum benedictione laetus recedat*[2]. »

***

Mais, et nous reprenons ici la suite de la discussion, qui ne voit que ce cérémonial du xiie siècle s'applique à un office qui est le même que celui du viiie siècle, le même pour le nombre des psaumes, des leçons, des répons, le même pour les rubriques de l'incipit et de la conclusion de l'office, le même surtout pour l'absence

---

1. Mabillon, *Musaeum italic.*, t. II, p. 161. Cf. de Rossi, *Inscriptiones christianae*, t. II, pp. 193 et suiv.
2. Cencius, 37. Benedict., 74, 76.

des éléments que nous verrons être caractéristiques de l'office moderne ultramontain ? On dirait ce cérémonial contemporain de Charlemagne. Et nous sommes en droit de conclure à l'identité de l'office basilical du temps d'Amalaire et de l'office basilical du temps du chanoine Benoît et de Cencius.

Mais à cette identité on fait une grave objection.

Les liturgistes, et leur opinion a été embrassée par le pape Pie V, les liturgistes sont d'accord pour attribuer au pape Grégoire VII une réforme de l'office romain. Dom Guéranger rend ainsi compte de cette réforme pontificale : « Les grandes affaires qui assiégeaient un pape, au xie siècle, les détails infinis d'administration dans lesquels il lui fallait entrer ne permettaient plus de concilier avec les devoirs d'une si vaste sollicitude l'assistance exacte aux longs offices en usage dans les siècles précédents. » Voilà pourquoi Grégoire VII « abrègea l'ordre des prières et simplifia la liturgie pour l'usage de la cour romaine [1] ».

Ces considérations ne nous arrêteront pas. Est-ce donc seulement à dater du xie siècle que les papes ont été assiégés de grandes affaires, et qu'ils ont eu à entrer dans les détails infinis de l'administration ? Dom Guéranger ne voudrait pas nous le laisser penser. Il est très certain par ailleurs que, du temps des immédiats prédécesseurs de Grégoire VII, le pape et la curie, dévots à l'obligation de réciter l'office divin sans négliger les devoirs de leur sollicitude, s'acquittaient privément de leur office. Saint Léon IX (1048-1054) est loué, dans sa *Vie*, de ce que tous les jours il satisfaisait à l'obligation de la récitation intégrale du psautier,

---

1. Guéranger, *Institutions liturgiques*, t. I, p. 281.

comme on aimait à dire, entendant par psautier l'office diurne et nocturne ; de ce qu'il le récitait aux heures compétentes, y compris les heures de nuit ; de ce qu'il le récitait dans son oratoire en compagnie d'un seul clerc, et de ce qu'il ne l'omit jamais [1]. Où l'on voit comment un pape du XIe siècle, assiégé autant qu'aucun autre de grandes affaires, conciliait sans effort les devoirs d'une si vaste sollicitude, je ne dis pas avec l'assistance quotidienne aux longs offices des basiliques, ce qui n'avait jamais été l'usage, pas même dans les siècles précédents, mais avec la récitation exacte de l'office divin en son particulier [2].

En second lieu, il serait bien invraisemblable que ce fût précisément saint Grégoire VII qui eût porté la main sur le vieil *ordo* romain de l'office. Ce serait, en effet, au moment où ce pape s'employait à introduire en Espagne, quoi donc ? l'ancien office romain ; au moment où il félicitait le roi d'Aragon et le roi de Castille de leur zèle à établir l'office suivant l'ordre romain, *romani ordinis officium*, l'office romain selon l'ancienne coutume *ex antiquo more* [3] ; ce serait à ce moment que Grégoire VII

---

1. *P. L.*, t. CXLIII, p. 501 et 502.
2. L'*Ordo romanus* X de Mabillon (*Musaeum italic.*, t. II, p. 97 et suiv.), document de la fin du xe siècle, décrit les cérémonies auxquelles prend part le pape les trois derniers jours de la semaine sainte. J'y relève les rubriques suivantes : « Antequam dominus papa exeat de camera, dicit tertiam... Intrat ecclesiam sancti Thomae et dicit cum capellanis suis nonam... Dominus papa cum clero intrat secretarium, et abstracta planeta cum pallio, sedeat in sede sua, et lotis pedibus ministri calcient eum quotidiana calciamenta ; veniens ad faldistorium dicit nonam ; et post paululum reindutus planeta et pallio, praeeunte cum cruce et evangelio ad altare procedant... »
3. Jaffé, n. 4840 et 4841.

aurait abrégé et simplifié la liturgie pour l'usage de la cour romaine ?

Mais dépassons ces considérations préliminaires : la question est de saisir sur le fait cette réforme de Grégoire VII : dom Guéranger y vient et cite comme témoin le *Micrologus*, lequel, assure-t-il, « donne à entendre que c'est sur l'office sanctionné par Grégoire VII qu'il a établi ses observations [1]. »

Le *Micrologus* est un très précieux commentaire liturgique de l'*ordo* romain tant de la messe que de l'office. On l'a longtemps attribué à Ives de Chartres ; mais il paraît prouvé qu'il est l'œuvre, non d'un français, mais d'un allemand, l'œuvre de Bernold de Constance († 1100), moine de l'abbaye de Sant-Blasien [2]. Or, sur quel texte Bernold a-t-il établi ses observations ? Je le vois citer les antiphonaires manuscrits (*omnes authentici antiphonarii..., antiqui antiphonarii*). Je le vois décider *juxta romanam consuetudinem..., juxta traditionem sanctae romanae ecclesiae..., romano more...* Il nomme le sacramentaire grégorien et l'antiphonaire grégorien. Il emploie une fois l'expression d'*officium gregorianum*. Mais toute cette littérature grégorienne s'entend de saint Grégoire le Grand (*Sanctus Gregorius papa..., Beatus Gregorius papa... Sanctus Gregorius papa primus*). Chaque fois qu'il est question de Grégoire VII, Bernold le marque expressément pour le bien distinguer de Grégoire Ier (*Gregorius papa septimus... Gregorius huius nominis papa septimus... Reverendae memoriae Gregorius papa...*); et il ne lui donne jamais la qualification de saint. Or Bernold, traitant de l'*ordo*

---

1. Guéranger, *loc. cit.*
2. *Revue bénédictine*, 1891, p. 385 et suiv.

de l'office canonique, attribue la disposition de l'office dont il traite, non point à Grégoire, mais à saint Grégoire, à saint Grégoire Ier. Ainsi il écrit : « *Sciendum est quod sanctus Gregorius ita ecclesiastica officia ordinavit...* [1] » Et il n'attribue à son contemporain Grégoire VII que deux décrets, dont on va voir s'ils affectent l'ensemble de l'office canonique romain.

> Premier décret :] Gregorius, huius nominis papa septimus apostolicae sedi praesidens, constituit ut sanctorum omnium romanorum pontificum et martyrum festivitates solemniter ubique cum pleno officio celebrentur... [2].
>
> Deuxième décret :] Gregorius papa in apostolica sede constitutus... promulgavit : « A die, inquit, Resurrectionis usque in sabbatum in albis et a die Pentecostes usque in sabbatum eiusdem hebdomadae, tres psalmos ad nocturnas, tresque lectiones antiquo more cantamus et legimus. Omnibus aliis diebus per totum annum, si festivitas est, novem psalmos et novem lectiones et responsoria dicimus ; aliis autem diebus duodecim psalmos et tres lectiones recitamus ; in diebus dominicis octodecim psalmos, excepto die Paschae et die Pentecostes, et novem lectiones dicimus. Hoc etiam usquequaque juxta romanum ordinem ita fieri statuimus, ut supra notavimus. In octava Paschae historiam *Dignus es Domine* et Apocalypsin juxta ordinem incipimus [3]. »

Par le premier décret, Grégoire VII étend à toute la chrétienté l'obligation de célébrer la fête des papes martyrs ou confesseurs : ce décret ne touche donc pas à l'office proprement romain.

1. Microlog., 61 et 50.
2. *Id.*, 43.
3. *Id.*, 54.

Par le deuxième décret, Grégoire VII est dit avoir décidé que le jour de Pâques et les six féries de l'octave de Pâques, de même que le jour et les six féries de l'octave de la Pentecôte, l'office nocturne n'aura que trois psaumes, trois leçons et trois répons; tandis que, le reste de l'année, l'office nocturne des fêtes compte neuf psaumes, neuf leçons et neuf répons, celui des féries douze psaumes, trois leçons et trois répons, celui des dimanches dix-huit psaumes, neuf leçons et neuf répons. Mais quoi? Cet *ordo* de l'office nocturne n'est-il pas précisément celui que nous avons vu en vigueur à Rome au temps d'Amalaire, au commencement du IXe siècle? Et Grégoire VII ne nous dit-il pas lui-même qu'en édictant ces rubriques, il n'innove en aucune façon? « *Antiquo more [sic] cantamus et legimus,* » écrit-il : c'est l'antique usage romain et nous n'y changeons rien. Il insiste même : Nous ordonnons que l'on ne fasse pas autrement, et que l'on se tienne à l'*ordo romanus*, qui n'a point cessé d'être la règle de nos usages, et qui est pour nous l'*antiquus mos*, ainsi que nous aimons à le répéter. Sont-ce là les expressions d'un pape qui réforme et qui innove? Ne sont-ce pas plutôt les expressions d'un pape qui condamne toute tentative de modifier l'ancien usage?

Et en effet, le texte cité par Bernold est un texte tronqué, que nous avons complet dans Gratien[1]. Et nous y voyons que, du temps du pape Grégoire VII, des clercs ont été tentés par la brièveté de l'office nocturne de la semaine de Pâques et de la semaine de la Pentecôte : trois psaumes et trois leçons! Et ils ont

---

1. Friedberg, t. I, p. 1416.

introduit l'usage de raccourcir sur ce patron l'office de
tous les jours, ajoutons et l'office des saints [1].

> ... Et novem lectiones dicimus [celebramus *Grat.*].
> Illi autem, qui in diebus cottidianis tres tantummodo
> psalmos et tres lectiones celebrare volunt, non ex
> regula sanctorum patrum, sed ex fastidio comproban-
> tur hoc facere.

En d'autres termes, Grégoire VII n'est pas touché
des raisons que peuvent avoir des clercs d'abréger
la longueur de l'office et d'en simplifier la disposition.
Il voit là un signe de relâchement, et il n'entend point y
condescendre, pas plus en tolérant la coutume qui vou-

---

1. Cette tentative d'abréviation de l'ancien office romain à Rome
même ne portait pas que sur l'office férial. L'office des fêtes de
saints était raccourci lui aussi sur le patron de la semaine de
Pâques. Saint Pierre Damien († 1072), qui témoigne de la
liturgie immédiatement antérieure au pontificat de Grégoire VII
(1073-1085), raconte dans un de ses opuscules la vision d'un
clerc de la basilique de Saint-Pierre, qui, une nuit, vit le prince
des apôtres officier dans sa basilique. « B. Petrus apostolus
ad ecclesiam suam venit, cui protinus omnium successorum
suorum, pontificum videlicet romanorum, chorus infulatus ac
festivus occurrit : ipse quoque beatus Petrus, cum eatenus videre-
tur indutus hebraicis vestibus (sicut in picturis ubique conspicitur),
tunc et phrygium suscepit in capite et sicut caeteri sacerdotalibus
infulis est indutus in corpore. Tunc responsorium illud quod
dicitur *Tu es pastor ovium* melodiis atque mellifluis coeperunt
intonare clamoribus, sicque illum usque ad sacerdotalis chori
consistorium deduxerunt. Quo perveniens ipse apostolorum princeps nocturnum est exorsus officium dicens *Domine labia mea
aperies*; deinde tres psalmos totidemque lectiones ac responsoria
quae in apostolorum natalitiis recensentur canonico more persol-
vit. Omnibus itaque per ordinem rite decursis, matutinis quoque
laudibus consequenter expletis, eiusdem ecclesiae tintinnabulum
sonuit, et continuo presbyter qui haec videbat evigilans somnium
terminavit. » *Opuscul.*, XXXIV, p. II, n. 4.

drait s'introduire ou s'imposer, qu'en prenant l'initiative d'une réforme régulière qui s'en inspire. Et il conclut :

> Nos autem et ordinem romanum investigantes et antiquum morem nostrae ecclesiae, imitantes patres, statuimus fieri sicut superius praenotavimus.

Le texte de Gratien est donc plus énergique encore que le texte de Bernold. Grégoire VII, en fait d'office, s'en rapporte à l'*ordo romanus*; il s'en rapporte à l'antique usage de l'Église romaine ; il veut rester fidèle aux anciens Pères. C'est toute sa façon d'innover.

D'autre preuve d'une réforme de l'office canonique par le pape Grégoire VII, on n'en fournit pas : et il serait difficile de voir dans l'argument unique qui a été présenté autre chose que la négation même de cette prétendue réforme. Dom Guéranger ne le reconnaissait-il point déjà lui-même lorsque, parlant du *Micrologus*, il écrivait : « Cet opuscule, quoiqu'il y soit parlé en plusieurs endroits de l'office suivant la réforme de saint Grégoire VII, offre un grand nombre de traits qui tiennent à une forme de liturgie antérieure[2]? »

Disons donc que ni Bernold de Constance dans le *Micrologus*, ni Grégoire VII lui-même dans ses décrets, ne nous parlent d'aucune réforme de l'office traditionnel faite à Rome au cours du XIe siècle. Ils témoignent bien davantage combien, à Rome même, on tenait à l'*ordo romanus* ancien de l'office, c'est-à-dire à l'*ordo romanus* que nous avons vu établi dès la fin du VIIIe siècle, et que nous avons vu persister au cours déjà

---

2. Guéranger, *Institutions liturg.*, t. I, p. 285.

II

L'expression de « *modernum officium* », nous l'avons vue employée par Grégoire IX au XIIIe siècle. Nous rencontrons un siècle plus tôt une expression équivalente dans la lettre déjà citée d'Abailard, où nous voyons distinguer par lui l'*antiquum officium*, — c'est le nom qu'il donne très justement à l'office pratiqué de son temps au Latran, — et une « coutume tant des clercs que des moines, coutume ancienne déjà et encore permanente-*consuetudo tam clericorum quam monachorum longe ante habita et nunc quoque permanens* ». Pour quiconque est familiarisé avec la terminologie du droit canonique, ces expressions d'Abailard reviennent à dire qu'il y a un canon ancien de l'office, lequel n'est plus observé qu'à Rome, et qu'il y a une coutume qui s'est introduite postérieurement à la promulgation de ce canon, et qui est ancienne, et qui est générale, et qui est en pleine vigueur. Ne croyez pas, d'ailleurs, que cette coutume ait rien de l'unité de l'*antiquum officium* : Abailard nous apprend sans plus tarder que la diversité la plus grande existe dans les usages des clercs, sans parler de ceux des moines : « *In divinis officiis... diversas et innumeras Ecclesiae consuetudines inter ipsos etiam clericos* [1]. » Voici donc, au XIIe siècle, nettement défini l'office moderne par rapport à l'ancien office romain.

---

1. Abaelard., *Epistol.*, X.

Dégageons les caractéristiques les plus générales de cet office moderne non romain.

Nous possédons un petit traité liturgique du XIIe siècle, qui est à cet office moderne ce que les traités d'Amalaire et de Bernold sont au pur office romain ancien. Ce petit traité est le *Rationale* de Jean Beleth. Jean Beleth était-il normand, poitevin, parisien ou amiénois? On ne le saurait dire. Les dates mêmes de sa vie sont indécises, et l'on ne sait de lui que deux choses sûres : qu'il écrivit son livre à Paris, « *apud nostram Lutetiam,* » comme il dit; et qu'il était, lui-même le dit aussi, contemporain de la bienheureuse Elisabeth de Schönau, laquelle mourut en 1165 [1]. Le *Rationale* a dû être écrit entre 1161 et 1165. C'est un livre plein de science et aussi de grâce littéraire. Jean Beleth est le Joinville de la liturgie. Il décrit et commente l'office pratiqué à Paris vers le milieu du XIIe siècle. Ce lui est une occasion de nous apprendre que les clercs de son temps étaient loin d'y être aussi exactement fidèles que le devoir l'eût voulu. Sans doute ils n'allaient pas jusqu'à imiter ces prélats et ces clercs du IXe siècle dont parle la *Benedictio Dei*, qui s'attardaient la nuit à boire jusqu'au chant du coq et exécutaient l'office nocturne Dieu sait comme, avant de se coucher, et le matin s'acquittaient de l'office diurne en même temps que de leur toilette. Ils ne commettaient pas davantage la faute

---

1. *Hist. litt. de la France*, t. XIV, p. 218-222. Le texte même du *Rationale*, tel qu'il est imprimé depuis le XVIe siècle, est sujet à caution. Il convient de rapprocher du *Rationale* de Jean Beleth le très important *Liber canonici ordinis et ecclesiasticorum officiorum per totum annum*, anonyme du XIIe siècle, découvert et publié d'après un ms. de Passau par E. Amort, *Vetus disciplina canonicorum*, Venise, 1747, pp. 932-1048, un texte que j'ai eu trop tard à ma disposition pour l'utiliser.

contre laquelle saint Pierre Damien met en garde les clercs du XIe siècle, tentés de réciter le matin en une fois tout l'office, pour aller ensuite plus librement à leurs affaires séculières[1]. Mais la tiédeur des contemporains de Jean Beleth n'en était pas moins attristante à son cœur d'homme d'Église. « Hélas ! écrit-il, la raison d'être du culte divin est à ce point perdue de vue, que les écoliers se lèvent aujourd'hui de meilleure heure que les ministres de l'Église, et que les passereaux chantent plus tôt que les prêtres, tant la charité s'est refroidie dans le cœur des hommes ! » Et ailleurs : « Combien en est-il parmi nous qui se lèvent allègrement avec le soleil pour l'office ? A ce point, ici, nous ressemblons aux prétendants de Pénélope, *nati in medios dormire dies!* Et que parlé-je de l'office nocturne? Combien en est-il qui s'acquittent consciencieusement de l'office diurne? Non vraiment, s'il est permis de dire ce qui est, peu, bien peu[2]! »

L'office moderne, et c'est la première caractéristique qu'on lui reconnaîtra, avait dû s'accommoder à cette paresse des clercs, en s'abrégeant. Il y avait beau temps que les antiennes ne se disaient plus qu'en tête et à la fin des psaumes, et n'étaient plus reprises à chaque verset; et que les répons n'avaient plus qu'un verset chacun et qu'une doxologie pour trois. C'était là une réforme qui datait de l'entrée en France de l'office romain. Les doubles offices des fêtes des saints, conservés au XIIe siècle encore par l'Église romaine, n'étaient point entrés dans l'usage général des Églises franques[3].

---

1. Petr. Damian., *Opuscul.*, XXXIV, 5.
2. Joan. Beleth., *Rationale*, 20.
3. Amalar., *De ord. antiph.*, 60.

C'est peu dire, car on avait essayé de réformes plus considérables. Au XIe siècle, nous l'avons vu déjà, on avait voulu ramener l'office nocturne du temps et des saints à ne compter plus que trois psaumes et trois leçons, comme c'était de règle pour la semaine de Pâques et pour la semaine de la Pentecôte. Cette pratique était trop manifestement contraire à toute tradition pour prévaloir : nous avons vu en quels termes Grégoire VII la condamne. Mais si l'on ne touchait point au psautier, on pouvait toucher au lectionnaire. L'office nocturne, commençant au chant du coq pour finir au soleil levant, avait une durée qui variait suivant la saison ; or, le nombre des psaumes restant fixe, ce devaient être les leçons dont la longueur devait varier. La liturgie accordait là une latitude, dont on usa : l'abréviation de l'office porta principalement sur le lectionnaire. Que l'on compare les homiliaires du IXe siècle, par exemple l'homiliaire de Paul Diacre, aux homiliaires du XIe et du XIIe siècle, et l'on verra la différence de longueur des leçons indiquées à deux siècles de distance pour une même fête. Dom S. Baeumer, dont on apprécie ici particulièrement les contributions à l'histoire du Bréviaire pour l'ampleur des recherches qu'elles représentent, dom Baeumer a fait sur ce point particulier d'intéressantes observations [1]. Il a étudié une riche série de manuscrits des IXe, Xe, XIe, XIIe siècles, manuscrits provenant d'Allemagne, de Suisse, de Belgique, de France, lectionnaires, homiliaires, passionnaires ; et il a relevé partout les renvois, œuvre de mains tardives et pour la plupart du XIIe siècle, qui ont pour but de déplacer l'explicit de la leçon et la rendre plus courte.

---

1. Baeumer, *Katholik*, 1890, t. II, p. 406-408.

Ce fut un des points de la réforme de Cluny, au xie siècle, d'essayer de rétablir les longues leçons tombées désormais en désuétude : de faire, par exemple, de l'épître aux Romains la matière de six leçons, ou de lire toute la Genèse au chœur en une semaine. Il fallait que la leçon fût assez longue pour permettre au frère, qui, une lanterne à la main, allait s'assurer si personne ne dormait dans l'église, lui permettre de faire tout le tour du chœur et des bas côtés. Mais cette coutume de Cluny était tenue pour singulière et exagérée : « *Audio lectiones vestras in hieme et in privatis noctibus multum esse prolixas*[1]... » La coutume contraire était générale, et Jean Beleth lui donne l'autorité d'une règle quand il dit qu'il faut abréger même les passions des martyrs[2]. L'office moderne s'était restreint dans son lectionnaire. Il s'était au contraire développé dans son calendrier.

Il était naturel que l'ancien office romain, introduit en France avec son propre du temps et son propre des saints, s'ouvrît à des fêtes locales nouvelles. Amalaire l'avait entendu ainsi, et tous les liturgistes, soit séculiers, soit réguliers, avec lui[3]. On eut donc des fêtes de saints locaux, comme saint Maurice, saint Remi, saint Boniface, saint Médard... Mais on eut aussi des fêtes de saints d'un intérêt plus général. Ainsi la fête de l'immaculée conception de Marie, une fête d'origine anglaise, dont la plus ancienne attestation est du second quart du xie siècle, et se rattache à l'abbaye bénédictine de Cantorbéry[4]. Ainsi la fête de la Trinité, établie pour la première fois à Liège, sous l'évêque Etienne (903-

---

1. Udalric., *Consuetudines*, I, 1.
2. Joann. Beleth., *Rationale*, 62.
3. Amalar., *De ord. antiph.*, 28.
4. Baeumer, *Katholik*, 1890, t. II, p. 527.

920), et, chose curieuse, réprouvée longtemps par le Saint-Siège : on prête au pape Alexandre II (1061-1073) ce propos significatif : interrogé sur le point de savoir si l'on devait fêter la sainte Trinité, il aurait répondu qu'il n'en voyait pas plus la raison que de fêter l'Unité[1]. Ainsi la fête de la Transfiguration de Notre-Seigneur, attestée pour la première fois en Espagne au IXᵉ siècle, adoptée et propagée par Cluny, le texte de l'office étant l'œuvre, dit-on[2], d'un abbé de Cluny; Pierre le Vénérable († 1157).

Il y a une troisième caractéristique, la plus importante. Jean Beleth, si fidèle qu'il veuille être à l'usage romain, est obligé de concéder à l'usage ultramontain l'introduction des hymnes dans l'office canonique. Il le fait de mauvaise grâce. « A vêpres, dit-il, les cinq psaumes une fois chantés, on dit une leçon brève sans *Jube* et sans *Tu autem*; c'est le capitule. A la suite du capitule se place un répons. » — A Rome, du temps d'Amalaire et plus tard, le capitule de vêpres n'avait pas de répons. — « Et au lieu du répons, on dit aussi une hymne. Après quoi, le verset, l'antienne et le *Magnificat*. Mais la plupart du temps le *Magnificat*, qui est l'hymne de la bienheureuse vierge Marie, tient lieu d'hymne, et l'on n'en chante pas d'autre : *Magnificat loco hymni ponitur, ut praeterea nullus alius canatur*[3] ». Ainsi, Jean Beleth, vers 1165, témoigne que les hymnes ont forcé l'entrée de l'office canonique des séculiers, encore qu'il se flatte que cet emprunt fait à la liturgie monastique n'ait pas l'autorité d'une règle imprescriptible.

---

1. *Microlog.*, 60. Joann. Beleth., *Rationale*, 62.
2. Baeumer, *Katholik*, 1889, t. I, p. 636.
3. Joan. Beleth., *Rationale*, 52.

Jean Beleth est réactionnaire. Mais Abailard, qui appartient au parti opposé, nous donne clairement à entendre dans sa lettre à saint Bernard, vers 1140, que les hymnes ont dans l'office ultramontain séculier une place autrement large que celle que Jean Beleth leur voudrait laisser, et que tout l'hymnaire monastique a passé dans l'office des clercs : « *Ecclesia pro diversitate feriarum vel festivitatum diversis utitur hymnis*[1]. » Et, par Église, il faut entendre ici les églises des clercs séculiers, « *omnibus ecclesiis*, » dit-il expressément, et non les seules églises conventuelles, comme l'insinue Jean Beleth, quand il dit : «... *sequitur hymnus, si sit monachalis ecclesia*[2]. »

Comment s'était formé l'hymnaire de l'Église, et sous quelles influences était-il entré dans l'office moderne ? C'est la question qui se pose à nous.

*
* *

On a expliqué au premier chapitre de cette histoire ce qu'étaient les *psalmi idiotici*, en quelle faveur ils avaient été dans certaines Églises au IIIe siècle, puis comment ils avaient été proscrits de l'usage liturgique dès le début du IVe siècle. On l'a dit aussi, les hymnes métriques de Synésius et de saint Grégoire de Nazianze, étaient des exercices de lettrés, qui ne furent jamais introduits dans la psalmodie liturgique. Les hymnes métriques que l'on rapporte avoir été composées par Apollinaire de Laodicée, étaient des cantiques que chantaient les Apollinaristes « aux heures

---

1. Abaelard., *Epistul.*, X.
2. Joan. Beleth., *Rationale*, 73.

de travail et de loisir, les jours de fêtes et les autres, en toutes circonstances, en un mot », c'est-à-dire des cantiques pour la vie privée [1]. Et, au surplus, les Apollinaristes ne firent pas la fortune des hymnes ou idylles métriques de leur maître : secte et cantiques disparurent ensemble. Chez les Latins, la poésie lyrique chrétienne devait avoir une tout autre fortune.

Comme Apollinaire, saint Ambroise avait composé des hymnes métriques (*carmina*) pour l'instruction de ses fidèles. On était en 386. Voyant Milan infesté d'Ariens, que la présence et l'appui de la cour de Valentinien rendait plus insolents et plus redoutables, Ambroise mit la doctrine de la consubstantialité en cantiques pour le peuple. Tout le peuple les apprit et tout le peuple les chanta : entraînante et toute puissante prédication. « *Quid enim potentius*, pouvait répondre saint Ambroise aux ennemis qui l'accusaient d'avoir séduit le peuple par ses vers, *quid potentius quam confessio Trinitatis quae quotidie totius populi ore celebratur* [2] ! » Tout le peuple, entendez bien. Mais remarquez bien aussi qu'il n'est nullement question encore en cela de chant liturgique, ni que ce *carmen* antiarien (car il ne s'agit encore que d'un seul *carmen*) ait figuré au programme des vigiles milanaises, en concurrence avec la psalmodie antiphonée.

> *Veni, redemptor gentium !*
> *ostende partum virginis :*
> *miretur omne saeculum,*
> *talis decet partus Deum !*

---

1. Sozom., *H. E.*, VI, 25.
2. Ambros., *Sermo contra Auxentium*, 34.

*Non ex virili semine,
 sed mystico spiramine,
 verbum Dei factum est caro,
 fructusque ventris floruit...*

*Procedit e thalamo suo,
 pudoris aula regia,
 geminae gigas substantiae,
 alacris ut currat viam...*

*Aequalis aeterno Patri,
 carnis tropaeo accingere,
 infirma nostri corporis
 virtute firmans perpeti...*

Ce cantique de l'orthodoxie nicéenne victorieuse, ou près de l'être, eut un rapide et merveilleux succès. Le pape Célestin (422-432) rappelait que « Ambroise, de bonne mémoire, avait, un jour de Noël, fait chanter à tout son peuple d'une seule voix, le *Veni redemptor gentium...* »; Fauste de Riez († 492) assure que, de son temps, « au jour de Noël, l'Église catholique, dans toute l'étendue de la Gaule et de l'Italie, » le chantait encore[1]. C'était le premier en date des noëls de l'Église d'Occident.

Ce noël n'était pas le seul cantique populaire composé par saint Ambroise. Saint Augustin connait de lui et cite un autre cantique, celui-ci en forme de prière du matin : l'hymne *Aeterne rerum conditor*. Le même Augustin en mentionne un troisième, une sorte de prière du soir, comme le précédent était une prière du

---

1. Mansi, t. IV, p. 379, et *P. L.*, t. LVIII, p. 854.

matin; dans ses *Confessions*, écrites en 397, il raconte qu'à la mort de sa mère Monique, il n'avait trouvé quelque apaisement à sa douleur qu'à se redire les beaux vers d'Ambroise :

> *Deus creator omnium*
> *polique rector, vestiens*
> *diem decoro lumine,*
> *noctem soporis gratia :*
>
> *Artus salutis ut quies*
> *reddat laboris usui,*
> *mentesque fessas allevet,*
> *luctusque solvat anxios*[1] !

Un dernier cantique de saint Ambroise, celui-là encore mentionné par saint Augustin, était tout entier au souvenir de la mort rédemptrice de Jésus-Christ : *Jam surgit hora tertia*. Et nous voyons que, dans ces trois cantiques, — je mets à part le *Veni redemptor gentium*, — saint Ambroise avait voulu donner au peuple, au peuple ignorant, comme un abrégé à son usage propre de l'eucologie des clercs et des ascètes : le peuple prierait au chant du coq, il prierait à l'heure de tierce où le Sauveur avait été crucifié, il prierait au lucernaire, et il prierait dans une langue nouvelle et toute différente de celle de la liturgie.

Pour la première fois, en effet, l'eucologie chrétienne latine s'exprimait en vers. Sans doute, Hilaire de Poitiers († 368), avant Ambroise, avait écrit des hymnes : « *Hymnorum carmine floruit primus,* » dit

---

1. Augustin., *Confession.*, IX, 12.

avec raison Isidore de Séville [1]. Mais, s'il est permis d'en juger par les trois qui nous restent [2], leur forme savante, tourmentée et obscure n'était point pour les rendre populaires : et elles ne le devinrent point. Celles de saint Ambroise leur étaient incomparables. Elles avaient la concision ornée qui caractérise le goût du temps et l'élégance toute romaine du génie d'Ambroise. Leur mètre (dimètre iambique [3]) par sa simplicité se rapprochait de la prose qui avait chez les chrétiens le monopole traditionnel de l'expression des pensées religieuses. Enfin la coupe des strophes s'adaptait à une mélodie qui pouvait être facile et grave. Saint Ambroise avait trouvé une forme nouvelle.

A cette forme métrique son nom resta attaché. Les hymnes en dimètres iambiques prirent et gardèrent le nom d'*ambrosiani*. Le pape Gélase (492-496), composant des hymnes, ne croyait pouvoir les composer que selon la formule métrique de saint Ambroise : « *Fecit et hymnos in similitudinem Ambrosii* [4]. » Elles ne nous ont point été conservées ; mais on ferait un recueil des hymnes d'auteurs inconnus du ve et du vi^e siècle, que la tradition a attribuées à saint Ambroise, et qui ne sont ambrosiennes que par leur forme métrique. Telle cette belle hymne matinale, *Splendor paternae gloriae*, encore que, au contraire des hymnes authentiques de saint Ambroise, il y ait un trop sensible cliquetis de mots à

---

1. Isidor., *De off. eccl.*, I, 6.
2. Retrouvées et publiées par M. Gamurrini avec la *Peregrinatio s. Silviae* (Rome, 1887).
3. En voici la formule, d'après Bède : « Metrum iambicum tetrametrum recipit iambum locis omnibus, spondeum tantum locis imparibus. »
4. *L. P.*, t. I, p. 255.

effet. Telle mieux encore l'hymne triomphale des martyrs, *Aeterna Christi munera*, que l'on voudrait, pour deux ou trois de ses strophes, qu'elle fût de saint Ambroise :

> *Aeterna Christi munera*
> *et martyrum victorias,*
> *laudes ferentes debitas,*
> *laetis canamus mentibus*, etc.

Bien d'autres hymnes seraient à rapprocher de ces deux *ambrosiani*. Ensemble, au commencement du vi[e] siècle, elles formaient vraisemblablement une collection, une sorte de canon, sous le nom de saint Ambroise. Et cette collection d'hymnes métriques, très répandue en Italie, en Gaule, en Espagne, sollicitait une place dans l'*ordo psallendi*.

Saint Benoît († 543) la lui fit dans sa règle de l'office monastique. Au nocturne, entre l'invitatoire et les psaumes ; à laudes, entre le répons du capitule et le verset ; à prime, à tierce, à sexte, à none, entre le *Deus in adiutorium* et les psaumes ; à vêpres, entre le répons du capitule et le verset; à complies enfin, entre la fin du dernier psaume et le capitule, saint Benoît prescrit de chanter une hymne, et cette hymne il l'appelle invariablement du nom d'*ambrosianus*. Il ne spécifie pas davantage. Mais saint Aurélien [1], évêque d'Arles (546-551), qui rédigeait quelques années à peine plus tard une adaptation de la règle bénédictine pour les monastères de pénitents et de vierges de sa ville épiscopale, décrit à son tour l'*ordo psallendi* qu'il leur impose ; et

---

1. Voy. J. Kayser, *Beiträge zur Geschichte und Erklärung der ältesten Kirchenhymnen*, t. I, p. 462 et suiv.

dans cet *ordo* il fait, lui aussi, figurer des hymnes, dont il a soin de donner les premiers mots en guise de titre. Nous y retrouvons le *Deus creator omnium* et le *Jam surgit hora tertia* de saint Ambroise. A la suite les ambrosiens anonymes que voici :

> *Fulgentis auctor aetheris.*
> *Jam sexta sensim volvitur.*
> *Ter hora trina volvitur.*
> *Deus qui certis legibus.*
> *Splendor paternae gloriae.*
> *Aeterne lucis conditor.*
> *O rex aeterne domine.*
> *Hic est dies verus Dei.*
> *Magna et mirabilia.*

Ne croyez pas que pareille collection d'hymnes n'ait été reçue que dans les monastères gallo-romains. Dès 567, c'est-à-dire quinze ans après la mort de saint Aurélien, un concile tenu à Tours parle des « hymnes ambrosiennes reçues dans le canon », — c'est-à-dire, on peut conjecturer, mises à la suite des psaumes, — et qui se chantent à Tours. Il ajoute qu'il n'y a pas lieu de s'en tenir aux seules hymnes ambrosiennes ; car, du moment qu'il en existe d'auteurs autres que saint Ambroise, et que ces hymnes sont assez belles pour mériter d'être chantées, il convient de les recevoir (*volumus libenter amplecti eos*), à la seule condition que les noms de leurs auteurs soient inscrits en tête de chacune d'elles [1]. Les clercs de

---

1. Mansi, t. IX, p. 803 : « Licet hymnos ambrosianos habeamus in canone, tamen quoniam reliquorum sunt aliqui qui digni sunt forma cantari, volumus libenter amplecti eos praeterea quorum auctorum nomina fuerint in limine praenotata... »

la province de Tours chantaient donc des hymnes à l'office canonique, aussi bien que les moines d'Arles.

En un demi-siècle, l'innovation de saint Benoît avait fait tout ce chemin. Toutefois, l'exemple donné par l'Église de Tours n'était pas sans rencontrer en mainte Église une résistance déclarée. C'était à cette innovation que faisait allusion le concile de Braga, en 563, quand il proscrivait de l'office canonique des clercs « les usages, soit privés, soit monastiques, que l'on tentait d'introduire dans l'usage traditionnel des Églises » ; et, plus précisément encore, quand il interdisait de rien chanter de poétique dans l'assemblée des fidèles : « *Nil poetice compositum in ecclesia psallatur, sicut et sancti praecipiunt canones* [1]. » Cette résistance, faite ainsi au nom de la tradition liturgique, tenait encore ferme au siècle suivant. On en peut juger par l'énergie avec laquelle le concile de Tolède de 638 la condamne. Nous possédons, y est-il dit, quelques hymnes composées à la louange de Dieu, des apôtres et des martyrs : telles sont les hymnes des bienheureux docteurs Hilaire et Ambroise. Et ces hymnes sont réprouvées par quelques personnes, sous prétexte que l'on doit recevoir dans la liturgie le texte seul de l'Ecriture sainte. Mais, leur objecte avec grande raison le concile, que diront-elles du *Gloria Patri*? Et du *Gloria in excelsis*? Et des leçons de l'office? Et des collectes? Donc, il ne faut pas plus condamner les hymnes que les oraisons, et, en cela, la Gaule et l'Espagne doivent avoir le même usage : « *Sicut igitur orationes ita et hymnos in laudem Dei compositos nullus vestrum ulterius improbet, sed pari modo Gallia Hispaniaque celebret; excommunicatione*

---

1. Mansi, t. IX, p. 778.

plectendi qui hymnos reicere fuerint ausi [1]. » C'est dire qu'au VIIe siècle, les hymnes avaient cause gagnée en Gaule et en Espagne : elles ne disparurent de l'ancien office gallican qu'avec cet office lui-même, au temps de Charlemagne, sous l'influence de la liturgie romaine.

L'Église romaine, en effet, s'en était fermement tenue à la discipline du concile de Braga, à l'ancienne discipline : « *Nil poetice compositum in ecclesia psallatur, sicut et sancti praecipiunt canones* [2]. » Et, sur ce point, l'Église romaine fut inflexible jusqu'à la fin du XIIe siècle : le chanoine Benoît et Cencius, non plus qu'Amalaire ni le Micrologus, ne mentionnent d'hymnes dans l'office romain. L'antiphonaire de Saint-Pierre, au XIIe siècle, indique le *Te lucis ante terminum* comme étant chanté à complies. De même, il indique le *Nunc sancte nobis spiritus* comme appartenant à tierce. Mais, au moins pour ce dernier, la rubrique est décisive : « *In choro hunc hymnum non dicimus, sed in aliis oratoriis decantamus* [3]. » L'antiphonaire de Saint-Pierre n'a pas d'autre mention d'hymnes.

Cependant l'hymnaire bénédictin s'était développé et constitué [4]. Au XIe siècle, il comportait une hymne invariable à chacune des petites heures : le *Jam lucis orto sidere* à prime ; le *Nunc sancte nobis spiritus*, à tierce ; le *Rector potens verax Deus*, à sexte ; le *Rerum*

---

1. Mansi, t. X, p. 623.
2. De même l'Église de Lyon : « Reverenda concilia patrum decernunt nequaquam plebeios psalmos in ecclesia decantandos et nihil poetice compositum in divinis laudibus usurpandum, » rappelle à ses clercs l'archevêque de Lyon Agobard, au IXe siècle (*P. L.*, t. CIV, p. 327).
3. Tommasi, t. IV, p. 168.
4. Je me réfère au bréviaire Cassinésien ms. de la Mazarine, nt il sera question plus loin.

Deus tenax vigor, à none ; et soit le *Te lucis ante terminum,* soit le *Christus qui lux es et dies,* à complies. Autant d'ambrosiens anonymes non postérieurs au vi[e] siècle. Pareils ambrosiens formaient l'hymnaire des féries :

LUNDI.	*Somno refectis artubus*	(Noct.).
—	*Splendor paternae gloriae*	(Laud.).
—	*Immense coeli conditor*	(Vesp.).
MARDI.	*Consors paterni luminis*	(Noct.).
—	....	(Laud.).
—	*Telluris ingens conditor*	(Vesp.).
MERCREDI.	*Rerum creator optime*	(Noct.).
—	....	(Laud.).
—	*Coeli Deus sanctissime*	(Vesp.).
JEUDI.	*Nox atra rerum contegit*	(Noct.).
—	*Lux ecce surgit aurea*	(Laud.).
—	*Magnae Deus potentiae*	(Vesp.).
VENDREDI.	*Tu Trinitatis unitas*	(Noct.).
—	*Aeterna coeli gloria*	(Laud.).
—	*Plasmator hominis Deus*	(Vesp.).
SAMEDI.	*Summae Deus clementiae*	(Noct.).
—	*Aurora jam spargit polum*	(Laud.).
—	*O lux beata trinitas*	(Vesp.).
DIMANCHE.	*Primo dierum omnium*	(Noct.).
—	*Aeterne rerum conditor*	(Laud.).
—	*Lucis creator optime*	(Vesp.).

Les hymnes du propre du temps étaient empruntées à la même collection d'*ambrosiani* :

AVENT.	*Conditor alme siderum*	(Vesp.).
—	*Verbum supernum prodiens*	(Noct.).
—	*Vox clara ecce intonat*	(Laud.).

Noel.	*Veni redemptor gentium*	(Vesp.).
—	*Christe redemptor omnium*	(Noct.).
—	....	(Laud.).
Epiphanie.	*Jesus refulsit omnium*	(Vesp.).
—	....	(Noct.).
—	*Illuminans altissimus*	(Laud.).
Carême.	*Audi benigne conditor*	(Vesp.).
—	*Ex more docti mystico*	(Noct.)
—	*Jam Christe sol justitiae*	(Laud.).
Paques.	*Ad caenam agni providi*	(Vesp.).
—	*Hic est dies verus Dei*	(Noct.).
—	*Aurora lucis rutilat*	(Laud.).
Ascension.	....	(Vesp.).
—	*Optatus votis omnium*	(Noct.).
—	*Jam Christus ascendit polum*	(Laud.).

On n'insistera pas sur l'hymnaire du propre des saints, qui dans tout hymnaire est la partie la moins fixée, encore que l'on doive observer que l'hymnaire bénédictin était formé pour la plus grande part d'hymnes dans la formule de saint Ambroise : *Stephano primo martyri, Amore Christi nobilis,* — *Agnes beatae virginis,* — *Apostolorum passio,* — *Apostolorum supparens,* — *Martine confessor Dei,* — *Post Petrum primum principem,* — *Ad Christi laudem virginis*, etc.

Les divers ambrosiens que l'on vient de citer forment comme le noyau primitif de l'hymnaire bénédictin. On y a reconnu les hymnes authentiques de saint Ambroise. A la suite, un groupe d'hymnes écrites selon la formule prosodique de saint Ambroise, exactement fidèles aux règles de la quantité, du mètre et de l'hiatus. Et enfin on y voit apparaître, et en nombre, des hymnes rythmiques, c'est-à-dire des hymnes qui n'ont de commun avec le dimètre iambique que le nombre total des syllabes, et où la quantité ni l'hiatus ne sont plus observés, « *ut sunt carmina vulgarium poetarum,* » comme dit Bède[1]. Telle l'hymne *Vox clara ecce intonat*, ou l'hymne *Optatus votis omnium, martyri*, etc. Et, à citer les plus anciennes, l'hymne *Deus qui certis legibus* et l'hymne *Magna et mirabilia*, mentionnées par saint Aurélien dès la première moitié du vi[e] siècle. Toutefois, en se montrant fidèles aux modèles de l'hymnologie, soit métrique, soit rythmique, la plus ancienne, celle-là même que saint Benoît avait entendu recevoir dans l'*ordo psallendi* de ses moines, les Bénédictins très lettrés du viiie et du ixe siècle crurent pouvoir faire une place dans leur hymnaire à des compositions quelques-unes plus récentes, toutes d'un caractère littéraire plus sensible. L'hymnaire était devenu avec eux une sorte d'anthologie.

A Prudence († 413?), les Bénédictins avaient pris trois hymnes. Remarquez que ce bel esprit espagnol avait composé tout un recueil d'hymnes, sorte de psautier laïque, le *Cathémérinon*, où il avait déployé les ressources d'une métrique savante, les ingéniosités d'un symbolisme subtil et d'une rhétorique de métier. Mais l'Église avait d'abord peu goûté ces virtuosités en trimètres dactyliques hypercatalectiques, en hendécasyllabes phaléciens, et le reste. La strophe saphique elle-même n'avait pas trouvé grâce à ses yeux sévères. On n'avait pris à Prudence que des strophes écrites en dimètres iambiques, c'est-à-dire selon la formule ambrosienne : le *Ales diei nuntius*, pour les laudes du mardi ; le *Nox et tenebrae et nubila*, pour les laudes du mercredi ; et enfin, d'une hymne languissante et froide sur l'Epiphanie, les quelques strophes qui forment le

---

1. Bed., *De art. metric.*, 24.

Salvete flores martyrum, ce court chef-d'œuvre de grâce et de tendresse.

A Sédulius († 494?), l'harmonieux et pâle versificateur du *Carmen paschale*, on avait emprunté quelques strophes de son hymne alphabétique sur la vie et les miracles de Notre Seigneur, pour former l'hymne des laudes de Noël, *A solis ortus cardine*, d'une part, et l'hymne des matines de l'Epiphanie, *Hostis Herodes impie*, d'autre part, deux hymnes selon la formule ambrosienne.

A Fortunat († 603?), le seul vrai poète de l'Église d'Occident, cet émigré d'Italie, évêque de Poitiers, dont la facilité rappelle Ovide et la gravité saint Ambroise, à Fortunat appartiennent les deux hymnes du dimanche de la Passion. Il avait composé l'une en l'honneur d'une insigne relique de la vraie croix donnée par l'empereur Justin à sainte Radegonde ; et il l'avait écrite en iambiques ambrosiens :

> *Vexilla regis prodeunt,*
> *fulget crucis mysterium,*
> *quo carne carnis conditor*
> *suspensus est patibulo...*

L'autre, qui se rapportait à la même inspiration, était écrite dans le mètres des chants que chantaient, dit-on, les soldats romains dans les triomphes, le tétramètre trochaïque catalectique :

> *Pange, lingua, gloriosi praelium certaminis,*
> *et super crucis tropaeo dic triumphum nobilem,*
> *qualiter redemptor orbis immolatus vicerit* [1].

---

1. L'hymne *Quem terra pondus aethera* est attribuée à Fortunat. Mais cette attribution manque d'autorité. Il faut en dire autant du

Enfin, l'hymnaire bénédictin s'était ouvert aux poètes de la renaissance carolingienne, familiers avec les mètres de la poésie lyrique païenne, et ne craignant plus de les introduire dans la gravité de la liturgie. Ainsi Paul Diacre († 797), qui n'avait pas écrit que selon la formule ambrosienne l'hymne de la fête de saint Benoît, *Fratres alacri pectore*, mais qui était l'auteur de l'hymne de la fête de la nativité de saint Jean-Baptiste, où l'austère précurseur est chanté en sautillantes strophes saphiques :

> *Ut queant laxis resonare fibris*
> *mira gestorum famuli tuorum*
> *solve polluti labii reatum,*
> *sancte Johannes !*

et l'hymne (l'authenticité en est controversée) des vêpres de l'Assomption de la Vierge, celle-ci en strophes alcaïques pompeuses et essouflées :

> *Quis possit amplo famine praepotens*
> *digne fateri praemia virginis,*
> *per quam veternae sub laqueo necis*
> *orbi retento reddita vita est.*

Ainsi Raban Maur († 856), ou tout au moins son école, à qui revenait l'hymne des vêpres de l'Ascension, en strophes asclépiades :

> *Festum nunc celebre magnaque gaudia*
> *compellunt animos carmina promere,*

Qua christus hora sitiit et de l'*Agnoscat omne saeculum*. Autant, et avec plus de décision, de l'*Ave maris stella*. Voy. Leo, *Venanti Fortunati opera poet.* (Berlin, 1881), p. 384-386.

Histoire du Bréviaire romain.

> *cum Christus solium scandit ad arduum*
> *coelorum pius arbiter* [1].

A cette même renaissance carolingienne, et non à l'âge austère où l'hymnologie ambrosienne était seule reçue, on attribuera les hymnes anonymes suivantes : — en strophes saphiques, le *Nocte surgentes vigilemus omnes* et le *Ecce jam noctis tenuatur umbra*, que l'on met sans raison sous le nom de saint Grégoire le Grand ; le *Quod chorus vatum venerandus olim*, de la fête de la Purification ; le *Christe sanctorum decus angelorum*, de la fête de saint Michel ; le *Martyris Christi colimus triumphum*, de la fête de saint Laurent ; le *Christe sanctorum decus atque virtus*, de la fête de saint Benoît ; le *Iste confessor domini sacratus*, du commun des confesseurs, et le *Virginis proles opifexque matris*, du commun des vierges ; — en strophes asclépiades, le *Gaude visceribus mater in intimis*, de la fête de la Nativité de la sainte Vierge, et le *Sanctorum meritis inclyta gaudia*, du commun des martyrs.

Mettons à part de ces œuvres limées de lettrés deux admirables choses, dans leur rudesse de facture : l'hymne de la Dédicace, écrite sur le modèle du *Pange lingua* de Fortunat :

> *Urbs beata Jerusalem, dicta pacis visio,*
> *quae construitur in coelis vivis ex lapidibus,*
> *et angelis coornata ut sponsata comite !*

et l'hymne en trimètres iambiques, souvent mais sans autorité attribuée à Elpis, femme de Boëce, l'hymne de

---

1. Duemmler, *Poetae latini aevi carolini* (Berlin, 1880), t. I, p. 48, 83, 84, et t. II, p. 249.

la solennité des saints apôtres Pierre et Paul, où l'on sent passer comme le souffle de la dévotion écuménique pour la Rome du prince des apôtres :

> *Aurea luce et decore roseo,*
>   *lux lucis, omne perfudisti saeculum,*
>   *decorans coelos inclito martirio*
>   *hac sacra die, quae dat reis veniam...*
>   *O Roma felix, quae tuorum principum* [1].....

En résumé, l'hymnaire des Bénédictins s'était formé des hymnes, soit métriques, soit rythmiques, que l'on appelait ambrosiennes : ç'avait été le noyau primitif de l'hymnaire, et ce noyau avait été constitué au VIe siècle. La renaissance littéraire carolingienne l'avait orné de pièces choisies de Prudence, de Sédulius, de Fortunat, et enrichi de compositions de moines poètes comme Paul Diacre et Raban Maur. Cette anthologie avait été l'œuvre des moines, elle était aussi la chose des moines.

A la fin du VIIIe siècle et au commencement du IXe, sous l'influence victorieuse de l'Église romaine, si invinciblement opposée à admettre l'hymnaire dans sa liturgie, on put croire que l'hymnaire allait être proscrit de l'usage ecclésiastique. Les Églises franques y renoncèrent en adoptant la liturgie romaine. Nombre de monastères franks, dans leur zèle à s'inspirer de cette même liturgie romaine, y avaient renoncé également [2]. Il y eut un moment, à la fin du VIIIe siècle, où les hymnes purent être considérées comme généralement

---

1. Voy. L. Traube, *O Roma nobilis, philol. Untersuchungen* (Münich, 1891), pp. 3-13.
2. Columban., *Regula coenobialis*, n. 7. Lup. Ferrarien., *Epistul.*, CIII. Paul Diac., *Epistul.*, I.

abandonnées des clercs et même des moines, à l'exception de quelques abbayes, comme le Mont-Cassin et Fulda, où l'on en chantait et où l'on en composait encore, témoins Paul Diacre et Raban Maur. Mais ce ne fut qu'un moment. Cette influence unifiante de Rome sur les choses liturgiques ultramontaines cessa bientôt. Déjà, dans la première moitié du IXe siècle, un moine de Fulda, mort abbé de Reichenau, Walafrid Strabon († 849), témoigne que beaucoup d'Églises ultramontaines avaient repris l'hymnaire : « *Quamvis in quibusdam ecclesiis hymni metrici non cantentur...,* » écrit-il[1]. A la suite, c'est-à-dire à dater du pontificat du pape Jean VIII (872-882), commence pour le Saint-Siège une période douloureuse d'effacement, de servitude et d'impuissance. La chrétienté latine est en travail d'un ordre nouveau de choses ; l'empire carolingien a disparu ; la féodalité, et avec elle l'émiettement de toute centralisation, engendrent l'anarchie des usages ; la rivalité des Églises aggrave cette anarchie, et la consacre. Mais en même temps que s'éclipse l'étoile de Rome et que les Églises italiennes, germaniques et franques se féodalisent, pour leur pire décadence, apparaît la puissance nouvelle qui doit restaurer tant de ruines, et cette puissance, puissance bénédictine, n'est autre que Cluny (910). L'influence de Cluny sur la réforme de l'Église au Xe et au XIe siècle a été capitale et décisive. Cette influence s'est étendue jusqu'à la liturgie inclusivement : nous aurons à en donner nombre de preuves, mais c'en est une preuve aussi que la remise en usage de l'hymnaire, et d'un hymnaire qui n'est point quelconque, mais exactement l'hymnaire bénédictin.

---

1. Walafr. Strab., *De reb. ecclesiast.*, 25.

⁎⁎⁎

La modification du calendrier, l'abréviation du lectionnaire, l'adoption de l'hymnaire monastique sont les trois caractéristiques saillantes de l'office moderne non romain. Il reste à signaler quelques détails propres aussi à cet office moderne, et dont il fera la fortune : j'entends le symbole *Quicunque vult*, les suffrages que nous appelons *Commemorationes*, l'office quotidien de la sainte Vierge, l'office quotidien des défunts.

La question de l'origine du *Quicunque vult* est une de celles qui ont été le plus débattues depuis deux siècles, sans qu'on soit arrivé à la tirer au clair. D'une part, il est indiscutable que ce symbole n'est point de saint Athanase ; et il est certain qu'il est d'origine latine, et, plus explicitement, d'origine gallicane. Mais, d'autre part, on est fort en peine de s'accorder sur l'époque où il a été rédigé. Quelques critiques contemporains y ont vu une œuvre du temps de Charlemagne ou de Charles le Chauve ; d'autres, une œuvre du vi^e siècle ; quelques-uns remontent jusqu'au ve. M. Harnack distingue deux parties dans le *Quicunque vult* : la première consacrée à la doctrine de la Trinité, la seconde exclusivement à l'Incarnation. Il pense que la première partie, laquelle est, selon lui, tributaire de la théologie de saint Augustin et de saint Vincent de Lérins, a dû être une profession de foi en usage chez les clercs et les moines de la Gaule méridionale en contact avec les Wisigoths ariens d'Espagne : ce qui nous reporte au ve siècle et à la première moitié du vi^e siècle. Les clercs l'apprenaient par cœur, comme ils apprenaient par cœur le psautier. Un concile d'Autun, de 670 environ, est la plus ancienne attestation que nous ayons du *Quicunque vult*. Il y est dit : « *Si quis presbyter, diaconus, subdiaconus vel clericus symbolum, quod inspirante sancto Spiritu apostoli tradiderunt, et fidem sancti Athanasii praesulis irreprehensibiliter non recensuerit, ab episcopo condemnetur* [1]. » Quant à la partie purement christologique du *Quicunque vult*, M. Harnack en tient l' origine pour complètement obscure. Mais elle ne saurait être qu' « antérieure au IXe siècle [2] », j'ajoute et probablement au VIIe.

Ce vieux symbole gallican, que les clercs d'Autun au VIIe siècle savaient par cœur comme l'oraison dominicale, et que l'on trouve dans les psautiers gallicans les plus anciens transcrit à la suite des psaumes et des cantiques, le *Quicunque vult* n'était pas reçu à Rome dans la liturgie. Ni Amalaire, ni le *Micrologus* ne le mentionnent. A prime, l'office romain fait réciter un symbole, mais c'est le symbole des apôtres, « *credulitas nostra quam sancti apostoli constituerunt,* » dit Amalaire [3].

Les Églises franques, au contraire, après avoir abandonné leur symbole sous l'influence des rubriques romaines, ne tardent pas à le reprendre. Hincmar, en 852, prescrit à ses clercs de Reims de le savoir par cœur et d'être en mesure de l'expliquer comme un catéchisme [4] : il ne donne point à entendre cependant que ce « *sermo Athanasii de fide cuius initium est Quicunque vult* », comme il l'appelle, ait quelque place dans l'office. Hayton, évêque de Bâle († 836), impose au contraire à ses clercs l'obligation, non seulement de

---

1. Mansi, t. XI, p. 125.
2. Ad. Harnack, *Dogmengeschichte* (Fribourg, 1888), t. II, p. 298 et suiv.
3. Amal., *De off. eccl.*, IV, 2.
4. Hincmar., *Capitular.*, 2

le savoir par cœur, mais de le réciter chaque dimanche à prime : « *Fides sancti Athanasii... omni die dominico ad horam primam recitetur* [1]. » Au XIe siècle, il n'y a pas d'Église ultramontaine où le *Quicunque vult* ne soit récité à prime, au moins le dimanche ; et même, dans la plupart des Églises, ce n'est pas le dimanche seulement, c'est chaque jour à prime que se récite le *Quicunque vult*. Jean d'Avranches, archevêque de Rouen († 1079), et surtout Ulrich de Cluny († 1087), ne laissent aucun doute sur cet usage. Ce dernier écrit : « *Textus fidei a s. Athanasio conscriptus (cuius nonnullae Ecclesiae nec meminerunt nisi in sola dominica) nullo die obmittatur...*, » témoignant ainsi que l'usage de Cluny est désormais, sur ce point encore, l'usage de la pluralité des Églises ultramontaines [2].

Deuxièmement, les mémoires communes ou suffrages.

Amalaire ne prescrit nulle part de faire, à vêpres ni à laudes, mémoire de la sainte Vierge ni d'aucun saint. Il n'en est pas question davantage dans le cérémonial pontifical du chanoine romain Benoît, au commencement du XIIe siècle. — Par contre, l'antiphonaire de Saint-Pierre prescrit de faire mémoire de la croix aux vêpres et aux laudes du temps pascal, et le chanoine Benoît de même : « *In omnibus laudibus et vespertinis horis fit commemoratio passionis Christi et resurrectionis, antiphona Crucem sanctam et Noli flere cum versibus et orationibus suis* [3]. » Jean d'Avranches témoigne que cette commémoraison de la croix était aussi de rubrique au delà les monts, pour tout le temps pascal [4]. A Rome

1. *P. L.*, t. CXV, p. 11.
2. Udalric., *Consuetud.*, I, 2. Cf. Jo. Abrin., *De off. eccl.*, p. 5.
3. Benedict., 55. Cf. Tommasi, t. IV, p. 100.
4. Jo. Abrin., *op. cit.*, p. 29.

au temps pascal il n'est question que de la croix : Jean
d'Avranches à Rouen, y ajoute la mémoire de la Vierge
et de tous les saints. — A Rome, cette mémoire de la
Vierge et de tous les saints, mémoire à laquelle s'ajoutait celle des apôtres Pierre et Paul, était faite à l'issue
de vêpres et de laudes tous les jours de l'année, sauf
du dimanche de la Passion à la Pentecôte, d'une part,
et le temps de Noël, d'autre part; ainsi l'entend l'antiphonaire de Saint-Pierre [1]. Ces mémoires communes de
la Vierge et des saints à l'issue de laudes et de vêpres
étaient un usage général des Églises ultramontaines,
tant monastiques que séculières. Ulrich de Cluny les
prescrit sous le nom de *suffragia sanctorum* [2]. Jean
d'Avranches en compte jusqu'à douze : la vierge Marie
et tous les saints, les anges, saint Jean-Baptiste, saint
Pierre, saint Jean l'évangéliste, les apôtres, saint
Etienne, les martyrs, saint Martin, les confesseurs, les
vierges. Mais il spécifie qu'aucun de ces suffrages ne
doit être fait le carême durant. — Exception faite pour
la mémoire de la croix, qui paraît tirer son origine des
rubriques des vêpres pascales, il semble bien que
l'usage des mémoires communes soit un usage ultramontain et monastique importé à Rome au cours du
XIe siècle seulement, et dont la première attestation
romaine est le *Micrologus*.

Troisièmement, l'office quotidien de la sainte Vierge.

Ici encore l'influence monastique triomphe de l'usage
séculier. La plus ancienne attestation que l'on ait de
l'office quotidien de la sainte Vierge est du XIe siècle
et revient à l'abbaye italienne de Fonte Avellano, en

---

[1]. Tommasi, t. IV, p. 22, 27, 30, 52, 100.
[2]. Udalric., *Consuetud.*, I, 2.

d'autres termes à la congrégation des Camaldules issue de Cluny. On attribue généralement, à la suite du cardinal Baronius[1], l'institution de cet office quotidien à saint Pierre Damien, lequel, avant d'être fait cardinal et évêque d'Ostie, appartenait à Fonte Avellano : mais cette attribution n'est pas clairement établie. Ce qui est sûr, c'est que saint Pierre Damien est le premier à parler de cet office. Il raconte que la règle de le réciter avait été établie dans un monastère de sa congrégation, le monastère de Saint-Barnabé de Gamugno : « *Statutum erat atque jam per triennium fere servatum ut cum horis canonicis quotidie B. Mariae semper virginis officia dicerentur.* » Puis, à l'instigation d'un mauvais religieux, les moines y renoncèrent, sous le prétexte que c'était là s'imposer une surérogation nouvelle et onéreuse (*novae adinventionis pondus*). Mais aussi, à peine y eurent-ils renoncé, tentations, orages, brigands, les pires calamités fondirent sur le couvent[2]. Cela se passait vers 1056. Ailleurs, dans son opuscule sur les heures canoniques, saint Pierre Damien recommande la récitation de l'office quotidien surérogatoire de la sainte Vierge comme un exercice très propre à assurer la persévérance finale des clercs, et à consoler leur dernier moment. Ce lui est une occasion de raconter l'histoire d'un pauvre clerc, qui avait longuement, grièvement péché en sa vie, et qui, à son heure dernière, ne sachant sur quelle bonne œuvre compter, ne pouvait que rappeler à la vierge Marie, « porte du ciel et fenêtre du paradis, » la fidélité par lui mise à réciter tous les jours son office : « Sept fois le jour, j'ai dit tes

---

1. Baronius, *Annales*, t. XVII, p. 119.
2. Petr. Damian, *Epistul.*, VIII, 32.

louanges, et, si indigne pécheur que je fusse, je n'ai point fraudé dans le service des heures canoniques de tes louanges. » C'est ce que saint Pierre Damien appelle « *quotidiana canonicis horis officia in Mariae laudibus frequentare* [1] ». Et il assure que la miséricorde de Dieu fut acquise à ce clerc pécheur par l'intercession de la Vierge qu'il avait si dévotement servie. Ailleurs enfin, ceci dans la vie de saint Pierre Damien par le moine Jean, son disciple, un chapitre entier est consacré à nous apprendre avec quel zèle le saint cardinal avait travaillé au salut des âmes par la dévotion à la croix et par la dévotion à la bienheureuse vierge Marie, et comment il s'était appliqué particulièrement à répandre parmi les clercs séculiers si relâchés de son temps l'usage de réciter tous les jours l'office de la sainte Vierge que recitaient les moines de la congrégation de Fonte Avellano [2].

Dom Mittarelli a publié, en 1756, le texte de « l'office de la bienheureuse vierge Marie selon la coutume des moines du monastère de Sainte-Croix de Fonte Avellano », d'après un manuscrit du XIIe siècle environ. Cet office comprend les vêpres, le nocturne avec son invitatoire, les laudes, prime, tierce, sexte, none, complies. Le nocturne n'est que de trois leçons, chacune de quelques lignes à peine. On reconnaît à ces traits l'office tel qu'il se pratiquait en Italie du temps de saint Pierre Damien. Mais, à Rome même, pareil office demeura longtemps encore inconnu : l'antiphonaire de Saint-Pierre n'en a pas trace, et la première attestation

---

1. Id., *Opuscul.*, X, 10.
2. *P. L.*, t. CXLIV, p. 132. « Omnium horarum officia in honore almae Dei genitricis in pluribus ecclesiis [instituit]. »
3. *P. L.*, t. CLI, p. 970-974.

qu'on en ait ne remonte pas plus haut que le pontificat d'Innocent III[1].

Nous arrivons, quatrièmement enfin, à l'office des morts.

L'usage d'accompagner au chant des psaumes le convoi d'un mort est un usage liturgique attesté dès le IIIe siècle. De même l'usage d'offrir le saint sacrifice de la messe pour le soulagement de l'âme du mort, « *sacrificium pro dormitione* », suivant la belle expression de saint Cyprien. Cette messe des morts n'était point célébrée seulement le jour de la déposition ou enterrement, mais à l'anniversaire, à chaque anniversaire de la déposition : et Tertullien, qui nous parle le premier de ces messes funèbres commémoratives, les appelle « *oblationes annuas* ». Le sacramentaire gélasien, au VIIe siècle, nous parle de messes pour le troisième jour après la déposition, de messes de huitaine, de messes de trentaine, sans compter la messe de la déposition et les messes anniversaires[2]. Mais ni les obsèques proprement dites, ni ces messes n'avaient rien de commun avec ce qui sera l'office des morts. — Il était cependant bien naturel qu'entre le moment où le fidèle avait rendu le dernier soupir et le moment où il était enterré, il y eût une prière dite ; et bien naturel aussi que cette prière fût une psalmodie. Evodius écrit à saint Augustin en termes qui supposent cet usage reçu en Afrique : « Trois jours durant, dit-il, nous avons loué Dieu par nos hymnes sur le sépulcre du mort, — il s'agissait d'un jeune lecteur ; — et le troisième jour venu, nous avons offert les saints mystères de la

---

1. Radulph., *De canon. observant.*, 20.
2. De Rossi, *Roma sotterranea.*, t. III, p. 495 et suiv.

rédemption ». Et pourquoi ces psalmodies funèbres ne se répèteraient-elles pas ensuite sur la tombe du défunt, au même titre que les messes anniversaires ? « *Sanctique tui manes nobis petentibus adsint ut semper libenterque psalmos tibi dicamus*, que ton âme sainte nous entende, quand nous viendrons chanter des psaumes » sur ta tombe, dit une inscription ombrienne de l'an 273[1]. Toutefois, ce sentiment attendit longtemps avant de trouver son expression liturgique canonique. Le pénitentiel de Théodore de Cantorbéry († 690) et celui d'Egbert d'York († 766), qui ensemble nous ont conservé la meilleure part du pénitentiel romain du VIIe siècle, témoignent ensemble qu'à cette époque il n'y avait point à Rome de vigile des morts. « Selon l'Église romaine, y lisons-nous, la coutume est de porter le mort à l'église, de lui oindre de chrême la poitrine, et de célébrer la messe pour lui, puis de le porter en terre avec des chants (*cum cantatione portare ad sepulturam*), et, quand il est descendu dans sa tombe, de prononcer une oraison. Le jour même, puis le troisième, le neuvième, le trentième après on dit une messe, et au bout de l'an, si l'on veut[2] ». C'est tout, et il n'est pas question de quelque vigile que ce soit. Ceci au VIIe siècle.

Pour trouver l'office des morts constitué, il faut descendre jusqu'au VIIIe siècle et au temps d'Amalaire. Alors seulement, à côté de l'*ordo sepulturae*, nous trouvons un véritable office canonique des morts, *officium pro mortuis*[3]. L'antiphonaire de Saint-Pierre et les *ordines romani*[4] nous en donnent les rubriques et le

---

1. Id., *ibid.*, p. 499.
2. Theodor., *Poenitential.*, 5. Egbert., *Poenitential.*, I, 36.
3. Amalar., *De ord. antiph.*, 65 et 79.
4. Mabillon, *Musaeum italicum.*, t. II, p. 115 et suiv. (*ordo* X).

texte. Le corps du défunt avait été apporté, le soir, à la basilique, celle de Saint-Pierre. On avait traversé, au son des cloches, l'atrium de la basilique, et l'on s'était arrêté au seuil de celle des cinq portes qui s'appelait la porte du Jugement (*porta judicii*), parce que c'était celle des morts. Là on avait chanté le psaume *Miserere* avec les deux antiennes :

> Qui cognoscis omnium occulta, a delicto meo munda me. Tempus mihi concede ut repoenitens clamem : Peccavi tibi.
> Induc eum, Domine, in montem haereditatis tuae, et in sanctuarium quod praeparaverunt manus tuae, Domine [1].

La porte s'était ouverte, le corps était entré dans le « sanctuaire », et l'office commençait. — C'était une vigile, qui comportait, comme toute vigile, des vêpres, trois nocturnes et les laudes. Nous retrouvons ici l'office des clercs romains dégagé de toute influence monastique. Les vêpres avaient leurs cinq psaumes antiphonés, un verset et le *Magnificat* antiphoné, suivi du *Kyrie eleison* et de l'oraison dominicale. Point d'hymne, point de leçon brève : c'est bien véritablement l'office romain dans son état le plus pur. Les trois nocturnes commençaient sans invitatoire : il n'y avait pas de place pour le *Venite exultemus* dans une vigile funèbre. Chaque nocturne comptait trois psaumes antiphonés, trois leçons tirées du livre de Job (neuf leçons en tout), chacune suivie d'un répons tiré aussi du livre de Job. Le neuvième répons était le répons *Ne recorderis peccata mea* : notre admirable répons *Libera* n'appartient

---

1. Tommasi, t. IV, p. 163.

pas à l'office romain du temps de Charlemagne. Les nocturnes avaient leurs laudes : cinq psaumes antiphonés, un verset, le *Benedictus* antiphoné, le *Kyrie eleison* et l'oraison dominicale. — La vigile du mort était terminée. Au matin, la messe serait dite devant le corps, et la messe suivie de la *diaconia* ou absoute, et de l'enterrement.

Ce pathétique office de la vigile des morts, créé à Rome au commencement du viiie siècle au plus tard, avait été reçu en même temps que l'ensemble de l'office canonique romain par les Églises franques avant la fin de ce même siècle. Aucune modification essentielle n'y fut introduite : il resta au delà des monts ce que la liturgie romaine l'avait fait, et notamment sans hymnes. Mais au lieu d'être, comme il était à Rome, le complément des obsèques, le prélude du « *sacrificium pro dormitione* » ou de la messe d'enterrement, il fut considéré comme le complément nécessaire de toute messe soit de déposition, soit d'anniversaire. La vigile des morts en vint ainsi à être célébrée quotidiennement, tant dans les monastères que dans les chapitres et églises paroissiales. « *Agenda mortuorum per totum annum celebratur,* » écrit Jean d'Avranches [1]. A Cluny, les vêpres des morts suivent les vêpres du jour et les laudes les laudes. Quant aux nocturnes, on les récite chaque soir après le repas, au chœur : « *Post coenam cum psalmo 50 in ecclesiam reditur...; agitur officium vel quod a nostratibus vigilia vulgo appellatur...; ipsum quoque officium nunquam agitur modo nisi cum novem lectionibus et responsoriis et collectis quae ipsum officium sequuntur* [2]. » C'est, on le voit, l'office nocturne intégral

---

1. Jo. Abrin., *De off. eccl.*, p. 71.
2. Udalric., *Consuetud.*, I, 3.

avec ses neuf psaumes, ses neuf leçons et ses neuf répons. — Saint Pierre Damien nous fournit la preuve que cet office quotidien des morts était, au xie siècle, pratiqué en Italie comme en France, et que même certains clercs, trouvant trop lourd le devoir de réciter et l'office canonique du jour et l'office des morts, s'en tenaient à ce seul dernier plus court et plus facile. Il rapporte ce fait d'un « certain frère » qui avait accoutumé de n'user ni de l'office du temps, ni de l'office des saints, mais seulement de l'office des défunts. Ce frère mourut, et, aussitôt qu'il parut devant le tribunal de Dieu, les démons lui reprochèrent avec force que « négligeant la règle de l'institution ecclésiastique, il avait refusé de rendre à Dieu les devoirs de la liturgie ordinaire. » Mais la vierge Marie, et, avec la « bienheureuse reine du monde, tous les chœurs des saints » intervinrent pour sauver l'âme de cet ami des morts [1]. C'est du moins ce que racontait à saint Pierre Damien un doux voyant, son ami l'évêque de Cumes, sans que ni l'un ni l'autre entendissent par là encourager la pratique de l'office quotidien des morts au détriment de l'office canonique, « *ecclesiasticae institutionis regulam.* »

Autre légende du même temps. On racontait qu'un pèlerin d'Aquitaine, en revenant de Jérusalem, avait un jour perdu sa route et s'était trouvé aborder à une île déserte et désolée où un solitaire habitait. Le saint homme avait donné l'hospitalité au pèlerin égaré, et lui avait demandé, puisqu'il était d'Aquitaine, s'il connaissait un monastère qui s'appelait Cluny, et Odilon qui en était l'abbé. — Oui, avait répondu le pèlerin.—Ecoute donc, avait repris l'autre : nous sommes

---

1. Petr. Damian., *Opuscul.*, XXXIV, p. 2^a, n. 5.

ici tout proche des lieux où les âmes des pécheurs expient la peine temporaire de leurs fautes; et l'on peut, d'où nous sommes, les entendre gémir de ce que les fidèles et en particulier les moines de Cluny sont si avares de prières à les soulager et à les délivrer. Au nom de Dieu, bon pèlerin, si tu revois un jour ton pays, va trouver l'abbé de Cluny, et lui enjoins de ma part de redoubler, lui et sa congrégation, d'oraisons, de vigiles, d'aumônes, pour racheter les âmes en peine et pour multiplier la joie du ciel et le deuil du diable... Au récit de ce pèlerin saint Odilon († 1049) établit que, dans tous les monastères de sa congrégation, le lendemain de la fête de tous les saints serait consacré à la commémoraison de tous les fidèles défunts[1]. Encore une création liturgique de Cluny, propagée par Cluny dans tout l'Occident et finalement à Rome : nouvelle et dernière preuve de l'influence prépondérante de Cluny sur la formation de l' « office moderne ».

Il nous reste à voir comment cet « office moderne », qui n'était ainsi qu'une transformation ultramontaine de l'office romain du temps de Charlemagne, s'introduisit à Rome même.

III

Nous touchons à l'évolution liturgique qui se produit à Rome au XIIIe siècle et qui va donner naissance au Bréviaire de la cour romaine. En d'autres termes, nous avons à raconter comment s'est formé le bréviaire de cet office moderne que nous venons de décrire, et comment ce bréviaire a été adopté par les papes, par la Curie, finalement par les églises même de Rome.

---

1. Jotsald., *Vita Odilonis*, II, 13. Udalric., *Consuetud.*, I, 42.

La récitation quotidienne de l'office canonique, soit à Rome, soit ailleurs, exigeait que les clercs qui y étaient astreints en possédassent le texte, et ce texte constituait une immense écriture [1]. Jean Beleth énumère les différents manuscrits que l'office canonique comporte : l'antiphonaire, c'est-à-dire le volume qui renferme le texte tant des antiennes que des répons ; la bibliothèque, c'est-à-dire l'Ancien et le Nouveau Testament pour les leçons du nocturne ; le passionnaire, qui renferme les légendes des saints martyrs ; le légendaire, celle des saints non màrtyrs ; l'homiliaire, ou recueil des homélies sur les évangiles du temps ; enfin le *sermologus*, qui donne les sermons et traités des saints Pères [2]. Chacun de ces livres sera peut-être en plusieurs tomes, Jean Beleth en fait l'observation. Et nous n'avons pas compté le psautier, ni le sacramentaire, ni le martyrologe. Je veux qu'un chapitre, qu'un monastère, qu'une collégiale, n'aient point de peine à acquérir et à conserver un si volumineux et si coûteux ensemble. Mais les humbles prieurés, mais les paroisses rurales, mais les clercs pauvres ? N'y avait-il pas nécessité, du jour où l'office canonique devenait un devoir commun à tous les clercs, de rendre la récitation de cet office plus pratique à chacun individuellement ? N'était-on pas amené à réduire en un livre portatif et unique, en un seul manuel, toute la collection de livres divers, dispendieux et inamovibles que l'office canonique exigeait ? De là les bréviaires.

---

1. Joann. Beleth, *Rationale*, 60. Cf. Sicard. Cremon., *Mitrale*, V, prolog.

2. Voy. l'inscription de Sainte-Marie-in-Cosmedin, de l'an 902, ap. Tommasi, t. IV, p. 358, énumérant quelques-uns des livres de chœur de cette basilique.

Le mot et la chose apparaissent pour la première fois au déclin du VIIIe siècle. Alcuin (804) était l'auteur d'un abrégé de l'office divin, abrégé qu'il avait dédié à l'empereur Charlemagne et dont nous possédons un exemplaire écrit spécialement pour Charles le Chauve : une sorte de bréviaire de la cour carolingienne [1]. Mais cet abrégé d'office n'a à peu près rien de commun avec le texte de l'office des clercs, et il n'est surtout pas fait à leur usage. Dans sa préface, Alcuin lui-même prend soin de marquer que clercs et moines ont leurs heures canoniques à eux propres, et qu'on lui a demandé simplement de rédiger un office moins long pour les laïcs qui sont dans la vie active : « *Rogastis ut scriberemus vobis breviarium commatico sermone, qualiter homo laïcus qui adhuc in activa vita consistit per dinumeratas horas has Deo supplicari debeat.* » Alcuin assigne à chaque jour de la semaine un nombre de psaumes ; ces psaumes sont groupés selon leur affinité à une pensée mystique, différente pour chaque jour, le lundi la reconnaissance, le mardi la contrition, le vendredi la passion de Notre-Seigneur, et ainsi de suite. Chaque jour a une litanie de saints qui lui est propre, et qui est rédigée de manière à épuiser en six jours les principaux noms du martyrologe. Chaque psaume est suivi d'une oraison. Pas de leçons scripturaires, encore moins de leçons patristiques ou hagiologiques. A la suite de la psalmodie, quelques belles prières ou élévations, tirées de saint Augustin, de saint Ambroise, de saint Cyprien, de saint Grégoire le Grand, de Bède..., ou, au même

---

1. Voyez M. Meyer, *Ueber das Gebetbuch Karl des Kahlen in der k. Schatzkammer in München*, dans les *Sitzungsberichte der philos. philol. u. hist. Classe der Ak. der Wiss.* de Münich, ann. 1883, p. 424-436. — Cf. *P. L.*, t. CI, pp. 1383-1416.

titre, quelques hymnes métriques, comme le *Christe coelestis medicina Patris*, le *Pange lingua gloriosi* ou le *A solis ortus cardine*. On le voit, le bréviaire d'Alcuin n'est pas un abrégé de l'office canonique romain du VIIIe siècle, puisqu'il ne garde de cet office ni l'ordre ni même l'idée; c'est un eucologe pieux, érudit, varié, à l'usage des laïcs, et comme une fantaisie liturgique de prince. Mais cet essai d'Alcuin, essai demeuré isolé [1], consacre l'emploi d'un mot qui lui survivra : le mot de bréviaire [2].

On ne s'attend assurément pas à ce que les premiers bréviaires, c'est-à-dire les premières sommes de l'office canonique, viennent de Cluny : l'esprit de Cluny n'allait pas à réduire ainsi l'office canonique à sa plus simple expression. Mais on sera peut-être surpris d'apprendre qu'ils nous viennent du Mont-Cassin. De fait, le plus ancien manuscrit nous donnant en un volume la somme de l'office canonique est un manuscrit cassinésien. Il appartient aujourd'hui à la bibliothèque Mazarine de Paris [3]. Ce beau livre, d'une calligraphie lombarde remarquablement pure, orné de belles initiales dans le goût roman et de peintures à pleine page de style byzantin, contient un catalogue des papes, un catalogue des empereurs de Constantinople, un catalogue des abbés du Mont-Cassin, enfin une chronique du Mont-Cassin ; toutes pièces chronologiques s'accordant à fixer à l'an 1099 (d'août à décembre) la date où ce manuscrit

---

1. Voyez pourtant le *Breviarium psalterii* de Prudence, évêque de Troyes (861), dans Migne, *P. L.*, t. CXV, p. 1449 et suiv.

2. Sur ce mot, voy. *Microlog.*, 28, et Gerbert, *Vet. liturg.*, t. II, p. 177. Cf. Baeumer, *Katholik*, 1890, t. II, p. 511.

3. *Cod. Mazarin.*, 364. Cf. A. Molinier, *Catal. des mss. de la bibl. Mazarine*, t. I, p. 132-3.

a été écrit. De plus, le calendrier témoigne qu'il a été copié pour l'usage propre de l'abbaye. C'est bien un livre d'office du Mont-Cassin que nous avons entre les mains, et ce livre d'office est un bréviaire. Négligeons, en effet, une série de pièces adventices qui s'intercalent sans ordre dans le manuscrit (un rituel de la communion, un *ordo* pour faire les moines, une série de prières du « seigneur Pierre, évêque d'Ostie », saint Pierre Damien...), et qui n'ont point trait à l'office canonique. Il nous reste : 1° le texte du psautier, suivi du texte des cantiques, puis du *Gloria in excelsis*, du *Te Deum*, du *Pater*, du *Credo*, du *Quicunque vult*, des litanies des saints ; — 2° l'hymnaire (hymnes du commun du temps, du propre du temps, du propre et du commun des saints) ; — 3° le sacramentaire ou texte des collectes ; — 4° le texte des bénédictions pour les leçons et des capitules ou leçons brèves pour toutes les heures ; — 5° le texte (antiennes, psaumes, leçons, répons) de l'office de la dédicace ; — 6° antiennes pour l'office des morts ; — 7° enfin le texte des leçons et des répons du commun des saints (apôtres, martyrs, confesseurs, vierges). Il ne manque à ce bréviaire cassinésien pour être complet que le texte de l'office du propre du temps et du propre des saints. Or, ce complément de l'office que le bréviaire de la Mazarine ne nous donne pas, on le rencontre dans un manuscrit contemporain du bréviaire de la Mazarine, c'est-à-dire de la fin du xie siècle : là nous avons les leçons scripturaires, les leçons patristiques et les leçons hagiologiques du temporal et du sanctoral, chacune suivie de son répons. Et ce second bréviaire ou essai de bréviaire est, lui aussi, cassinésien[1].

1. *Cod. Casinen.*, 110. Cf. *Bibliotheca Casinensis*, t. III, pp. 1-22.

Du Mont-Cassin, les premiers bréviaires semblent s'être propagés d'abord dans la religion bénédictine. Ici nous nous engageons sur un terrain à peine exploré. Nous aurions besoin d'un inventaire de tous les bréviaires manuscrits que possèdent les diverses bibliothèques d'Europe, ou tout au moins des bréviaires antérieurs au XIIIe siècle : cet inventaire n'existe pas. A s'en rapporter aux seules observations de dom Baeumer, particulièrement versé dans cette littérature manuscrite [1], il semble bien qu'il n'y ait point de bréviaires du XIIe siècle qui ne soient d'origine bénédictine. Ainsi les deux bréviaires de Douai, de la fin du XIIe siècle, viennent de l'abbaye bénédictine de Marchiennes [2]. Ceux de la bibliothèque de Troyes proviennent de Clairvaux [3].

Il restait à cet usage bénédictin de réduire l'office en une somme, il lui restait de devenir un usage des chanoines et des clercs séculiers. Mais ici plus encore l'obscurité est grande. Abailard, en 1140, dans cette lettre à saint Bernard que nous avons citée en commençant, Abailard semble ignorer cette transformation bibliographique si grave. Jean Beleth, trente ans plus tard, en pleine université de Paris, l'ignore plus certainement encore. Autant Sicard, évêque de Crémone de 1185 à 1215. A Rome même, en dehors des chapitres basilicaux, lesquels n'ont rien dans leur livres de chœur qui ressemble aux bréviairess cassinésiens, il n'y a pas trace d'introduction de bréviaires avant le pontificat d'Innocent III (1198-1216). Mais aussi, soit dans les

---

1. *Katholik*, 1891, t. I, p. 54 ; cf. 1890, t. II, p. 406.
2. *Catalogue gén. des mss. des bibl. des départements*, t. VI, n° 133-134.
3. *Id.*, t. II, n°s 1159, 1467, 1608, 1836, 2044, 2061.

textes, soit dans les manuscrits, les bréviaires d'origine romaine dès leur première apparition portent le titre qui doit leur demeurer du xiiie au xvie siècle, et qui est l'indice de leur origine; ils s'appellent *Breviaria de camera* ou *Breviaria secundum usum romanae curiae*, bréviaires selon l'usage, non point des basiliques romaines, mais bien des papes et de la Curie.

Ici encore, nous nous heurtons à la même difficulté que plus haut : les nombreux bréviaires de la cour romaine qui existent manuscrits dans nos bibliothèques, manuscrits du xiiie siècle (il n'y en a pas de plus anciens), du xive et du xve, n'ont pas été étudiés, comparés, classés. Tant que ce travail n'aura pas été fait, il faudra par méthode renoncer à tirer parti des renseignements que l'étude de ces manuscrits ne peut donner avec quelque sûreté que si elle est comparative et complète. Bornons-nous donc, au moins provisoirement, aux renseignements que les auteurs du temps nous fournissent, et essayons de retrouver dans ces quelques textes les points capitaux de l'histoire de ce bréviaire de la cour romaine.

Il apparaît, dis-je, pour la première fois au xiiie siècle, et il est associé au nom du pape Innocent III. La plus ancienne attestation qu'on en ait relevée dans les registres pontificaux est, en effet, du temps d'Innocent III, plus précisément du 25 mai 1205. Baudoin, fait empereur de Constantinople le 9 mai 1204, a écrit au pape pour lui demander d'envoyer « des missels, des bréviaires et les autres livres qui renferment l'office ecclésiastique selon l'institution de la sainte Église romaine : *postulavit missalia, breviaria caeterosque libros, in quibus officium ecclesiasticum secundum instituta sanctae romanae ecclesiae continetur* ». Et le pape se met en quête auprès des évêques de France, car il paraît lui-même en grande pénurie, pour que l'on veuille bien envoyer à l'empereur les livres qu'il demande, « *ut orientalis Ecclesia in divinis laudibus ab occidentali non dissonet* [1] ». L'indication fournie par le registre d'Innocent III est peu explicite. Raoul de Tongres [2] va nous éclairer davantage. Il écrit : « Autrefois, quand les pontifes romains résidaient au Latran, on observait dans leur chapelle l'office romain ; mais on l'observait moins complètement que dans les églises collégiales de la ville de Rome. Les clercs de la chapelle du pape, soit d'eux-mêmes, soit sur l'ordre du pontife, abrégeaient toujours l'office romain, et souvent le modifiaient suivant les convenances du seigneur pape et des cardinaux. Et j'ai vu à Rome un ordinaire de cet office compilé au temps d'Innocent III. » Raoul a beaucoup consulté à Rome ; il a compulsé les livres d'office des clercs et des églises (*Romae plura ex diversis ecclesiis et libris scriptitavi*) ; il a noté l'existence d'un ordinaire de l'office abrégé pour les clercs de la Curie, et que ce bréviaire a été compilé sous Innocent III : « *Clerici capellares... officium romanum semper breviabant et saepe alterabant, prout domino papae et cardinalibus congruebat observandum, et huius officii ordinarium vidi Romae a tempore Innocentii III recollectum* [4]. » A deux autres reprises, Raoul de Tongres fait allusion à ce même ordinaire de l'office constitué

---

1. Potthast, n° 2512.
2. Raoul de Rivo, prévôt de Tongres au diocèse de Liège, mort en 1403. Son traité *De canonum observantia*, divisé en 23 propositions, est reproduit dans la *Maxima bibliotheca veterum Patrum*, t. XXVI, pp. 289-320 (Lyon, 1677).
4. Radulph., *prop*. 22. Voy. ce que dit dom Baeumer du bréviaire de Sainte-Claire conservé comme une relique au couvent de Saint-Damien à Assise, *Katholik*, 1891, t. I, p. 60.

par Innocent III[1]. Et il n'est pas improbable que l'on retrouve un jour quelque manuscrit de cette première édition du bréviaire de la Curie.

C'est cette première édition du bréviaire de la cour romaine que les Mineurs adoptèrent. On ne pouvait en effet, songer à imposer aux Frères Mineurs un office du type de celui des chapitres ou des abbayes : les Mineurs étaient des mendiants et plus encore des pèlerins toujours en route. A eux s'appliquait éminemment cette règle d'épichie énoncée par un concile de Trèves de 1227, que les clercs en voyage peuvent se contenter du bréviaire de l'office : « ...*Breviaria, in quibus possint horas suas legere quando sunt in itinere*[2]. » Les Mineurs adoptèrent donc l'usage de ne réciter que le bréviaire, et le texte du bréviaire, ils le demandèrent à la cour de Rome : « Les clercs de l'ordre, dit simplement la troisième règle de saint François, celle de 1223, observeront l'office divin conformément à l'*ordo* de la sainte Église romaine, mais ils pourront en avoir des bréviaires[3]. » Raoul de Tongres dit plus explicitement : « ...L'office abrégé des clercs de la chapelle du pape fut suivi par les Frères Mineurs. D'où vient que les bréviaires des Mineurs et leurs livres d'office sont intitulés par eux *selon la coutume de la cour romaine*; quant aux

---

1. Ainsi il fait remonter à Innocent III l'introduction dans l'office romain de l'office quotidien de la Vierge et des défunts (*prop.* 20 et 21). Il rapporte ailleurs (*prop.* 22) : « Innocentius III mandavit suis cappellaribus ut solum in quadragesima dicerentur preces maiores..., et psalmi poenitentiales, graduales... »
2. Roskovány, t. V, p. 58. Cf. les actes du chapitre général des Frères Prêcheurs, Milan 1270, où les bréviaires sont qualifiés « breviaria portatilia » Martène, *Thesaurus novus anecdotorum*, t. IV, p. 1757.
3. Wadding., *Annales Minorum*, t. II, p. 65.

coutumes des basiliques de la ville de Rome, ils ne se soucièrent point de les recevoir et de les observer :
...Et illud officium breviatum secuti sunt fratres minores, inde est quod breviaria eorum et libros officii intitulant secundum consuetudinem romanae curiae [1] ». Mais ce bréviaire de la cour romaine ne fut pas adopté tel qu'il était du temps d'Innocent III : les Mineurs le corrigèrent à leur usage. La cour romaine usait de la version du psautier dite romaine : les Mineurs prirent la version dite gallicane. Première modification. D'autres modifications furent introduites, dont le détail nous échappe, puisque nous n'avons pas le texte de la première édition du bréviaire de la Curie ; mais ensemble ces modifications constituèrent une véritable seconde édition du bréviaire de la Curie, édition approuvée par le pape Grégoire IX, en 1241, et qui était l'œuvre du général des Mineurs, Aymon :

> Breviarium a fratre Aymone sanctae recordationis, predecessore meo, pio correctum studio, et per sedem apostolicam confirmatum, et approbatum postea per capitulum generale [2]...

Ainsi s'exprime Jean de Parme, en 1249, dans une lettre circulaire où il enjoint à tous les Mineurs de se servir du bréviaire d'Aymon et de Grégoire IX, et de n'y rien changer, soit dans la note, soit dans la lettre, soit dans les hymnes, soit dans les antiennes, soit dans les répons, soit dans les leçons :

---

1. Radulph., *prop.* 22. « Excepto psalterio, » dit Grégoire IX. Potthast, n° 1128.
2. Wadding., *Annales Minorum*, t. III, p. 209.

> ...praeter id solum,... nihil omnino in cantu vel littera, in hymnis seu responsoriis vel antiphonis aut lectionibus, vel aliis quibuslibet beatae Virginis antiphonis... quae post completorium diversis cantantur temporibus, in choro cantari vel legi, nisi forte alicubi compellant librorum nostrorum defectus [1].

Voilà donc une seconde édition du bréviaire de la cour romaine, une édition à l'usage des Mineurs, une édition dont les Mineurs vont faire en quelques années l'universelle popularité, et que bientôt la cour romaine adoptera pour son usage. A un moment donné, en effet, les clercs de la Curie n'eurent plus d'autre bréviaire que celui des Mineurs. Ce changement prit place entre le pontificat de Grégoire IX (1227-1241) et celui de Nicolas III (1277-1280). Mais on n'en relève pas trace dans les registres pontificaux. Raoul de Tongres nous apprend seulement que Nicolas III « fit supprimer dans les églises de Rome tous les antiphonaires et autres livres de l'ancien office, et ordonna que désormais les églises de Rome se servissent des livres et bréviaires des Frères Mineurs, dont il confirma lui aussi la règle. » Et c'est pourquoi, ajoute Raoul, « aujourd'hui à Rome tous les livres sont nouveaux et franciscains. » Ainsi par Nicolas III l'ancien office romain, celui du temps de Charlemagne et d'Hadrien, était supprimé dans les basiliques romaines qui lui étaient restées fidèles jusque-là, et Nicolas III substituait à cet ancien office, non point l'office moderne non romain, mais le bréviaire, ou la somme de cet office moderne, tel que les Mineurs l'observaient depuis Grégoire IX.

1. Id., *ibid.*

> Nicolaus papa III, natione romanus de genere Ursinorum, qui coepit anno 1277 et palatium apud s. Petrum construxit, fecit in ecclesiis urbis amoveri .,.libros officii antiquos..., et mandavit ut de caetero ecclesiae urbis uterentur ...breviariis Fratrum Minorum, quorum regulam etiam confirmavit. Unde hodie in Roma omnes libri sunt novi et franciscani [1].

Il paraît indubitable que la Curie avait dû précéder les basiliques dans cette réforme liturgique, et que le bréviaire des Mineurs, dès avant le pontificat de Nicolas III, avait dû devenir le bréviaire de la chambre apostolique. Mais, encore une fois, de cette transition il n'y a pas trace.

Le bréviaire de la Curie, ou bréviaire d'Innocent III, était devenu le bréviaire des Mineurs ou bréviaire de Grégoire IX. Le bréviaire de Grégoire IX avait été popularisé dans toute la chrétienté par les Mineurs. Avec Nicolas III le bréviaire des Mineurs devenait, non plus seulement le bréviaire de la Curie, mais bien le bréviaire de l'Église romaine, et il n'y aurait désormais plus d'autre office romain que selon cette forme nouvelle, franciscaine et curialiste. En 1337, le Saint-Siège étant fixé à Avignon, Eugène III, par une décision qui rappelle la décision que Raoul de Tongres attribue à Nicolas III, supprimait les vieux livres tant des clercs que des églises d'Avignon, pour leur imposer le bréviaire de la Curie [2].

> Ordinamus et statuimus quod amodo universi et singuli clerici ac personae ecclesiasticae praedictae

---

1. Radulph., *prop.* 22.
2. Marténe, *Thesaur. nov. anecd.*, t. IV, p. 558.

civitatis et dioecesis a consuetis officiis liberi et immunes existant, et pristinis veterum codicum rudimentis omissis, ...officium divinum diurnum pariter et nocturnum dicere valeant juxta ordinem morem seu statutum quo ecclesia utitur et curia romana supradicta...

Statuimus ut in universis et singulis ecclesiis eiusdem civitatis et dioecesis, quarum libri ex antiquitatis incommodo renovationis vel reparationis remedio indigent, illi ad quos pertinet emant seu fieri faciant libros convenientes et aptos, qui dictae ecclesiae et curiae romanae usui congruant opportuno.

Veut-on savoir quels étaient ces livres conformes à l'usage de l'Église et de la cour romaine ? On n'a qu'à feuilleter le catalogue de la librairie des papes d'Avignon pour en rencontrer toute une collection : *Breviarium pro camera...*, *Breviarium de camera...*, *Breviarium notatum...*, et bien d'autres pareils, alors que l'on ne voit plus mentionner de psautiers, de légendaires, d'antiphonaires et autres vieux livres [1]. La révolution liturgique, qui avait subtitué le bréviaire de la cour romaine aux « *pristinis veterum codicum rudimentis* », était un fait accompli.

Mais qu'avait gagné la liturgie romaine à cette révolution ? C'est ce qu'il nous reste à voir.

*
* *

On pourrait croire que la nécessité de réduire en un volume, en un « *breviarium portatile* », les divers textes

---

1. M. Faucon, *La librairie des papes d'Avignon* (Paris, 1886), nos 1211, 1592, 1593, 1648, 1737, 1743, 1809, 1830, 1832, 1858, 2014, de la bibliothèque d'Urbain V (1362-1370). Cf. l'inventaire de Grégoire XI (1375), nos 1437-1443, ap. Ehrle, *Historia bibliothecae romanorum pontificum* (Rome, 1890), t. I, p. 547.

qui servent à l'office, a donné naissance à une codification serrée, logique, pratique, et que la récitation de l'office a été rendue plus aisée aux clercs. Mais il suffit de jeter les yeux sur un bréviaire manuscrit [1], ou encore sur les bréviaires incunables, pour constater que cette codification s'est faite très défectueusement. En tête apparaît le calendrier, puis le temporal, puis le psautier, puis l'hymnaire, puis le sanctoral. Les rubriques sont multipliées, et les renvois plus encore. Il faudra attendre 1550 pour voir paraître un Bréviaire romain qui se propose d'être « *ita ordinatum ut omnia suis in locis sint posita* » !

S'agit-il du commun du temps ? On constate l'apparition de rubriques inconnues, tant de l'office ancien pur romain que de l'office moderne non romain. En commençant et en finissant chaque heure de l'office, le clerc récite maintenant à voix basse le *Pater* et l'*Ave* ; à la fin de chaque heure, le verset *Benedicamus Domino-Deo gratias*. Au nocturne, après le verset qui termine la psalmodie, un *Pater* à voix basse. A prime, le dimanche, entre le second octonaire du psaume 118 et le *Quicunque vult*, on récite les cinq psaumes 21, 22, 23, 24, 25. Toutes ces rubriques sont données comme communes par Durand de Mende, dans son célèbre *Rationale* publié en 1284 [2]. — Tout office de neuf leçons a droit maintenant à des secondes vêpres. Je ne saurais dire à quelle date a commencé l'usage de donner des secondes vêpres à

---

[1]. Voy. le *Parisinus* 756 : Ordo breviarii secundum consuetudinem romane curie, écrit en 1406 par Nicolas, fils de feu maître Etienne de Pérouse, prieur de l'église Saint-Pierre de Monticelli de Florence.

[2]. Gull. Durand., *Rationale*, V, 2, 4 et 10.

une fête[1] : il paraît propre à l'office moderne non romain, et il a passé ainsi chez les Mineurs. Raoul de Tongres le formule ainsi : « *In festivitatibus ad secundas vesperas Fratrum Minorum usus ponit psalmos dominicales, ultimo secundum festivitatem mutato*[2]. » — Chaque jour, à l'issue des complies, on doit chanter une antienne, variable selon le temps, à la sainte Vierge. Jean de Parme, dans sa lettre déjà citée de 1249, énumère les quatre antiennes adoptées par les Mineurs : le *Regina coeli*, l'*Alma redemptoris*, l'*Ave regina* et le *Salve regina*[3].

S'agit-il du propre du temps ? On constate que la fête de la Trinité, adoptée par Cluny et par la généralité des Églises séculières, mais jusqu'à la fin du XIIIe siècle non reconnue par les souverains pontifes, est admise par Jean XXII (1316-1335) dans l'office de la Curie et de l'Église romaine. La fête du *Corpus Christi*, instituée dans le diocèse de Liège en 1246, reconnue et étendue à toute l'Eglise par le pape Urbain IV en 1264 environ, négligée sur la fin du XIIIe siècle, mais remise en honneur par Clément V au concile de Vienne (1311) et par Jean XXII, figure au bréviaire de la cour romaine, avec

---

1. Voy. cependant *Microlog.*, 35 et 44.
2. Radulph., *propos.* 10. Il ajoute : « Galli vero in maioribus festivitatibus per psalmos *Laudate* solennizant, sed Alemanni ubi possunt se tenent ad feriales. »
3. Wadding., *Annales Minorum*, t. III, p. 208. Le *Regina coeli* est une antienne des vêpres pascales donnée déjà au XIIe siècle par l'antiphonaire de Saint-Pierre (Tommasi, t. IV, p. 100). Le *Salve regina*, popularisé au XIIe siècle par saint Bernard, est l'œuvre d'un moine de Reichenau, Hermann Contract (1054). L'*Alma* a été à tort attribué à l'auteur du *Salve regina*. L'*Ave regina* est étroitement apparenté au *Salve regina*, mais on en ignore l'origine exacte. Voyez W. Brambach, *Die verloren geglaubte historia de sancta Afra und das Salve Regina des Hermannus Contractus* (Karlsruhe, 1892), p. 13-14.

son office rédigé, à la demande, assure-t-on, d'Urbain IV, par saint Thomas d'Aquin [1].

S'agit-il du calendrier ? On constate l'apparition de nombre de fêtes fixes nouvelles. La fête de la Visitation, adoptée par Urbain VI, en 1389, et dotée d'une octave. La fête de la Conception, adoptée par le concile de Bâle, en 1438. La fête de la Présentation, adoptée par Paul II en 1464. La fête des Sept Douleurs de la Vierge, adoptée par Martin V en 1423. Les apôtres, les évangélistes, les quatre docteurs de l'Eglise latine (ss. Ambroise, Jérôme, Augustin, Grégoire le Grand), ont vu leurs fêtes élevées au rang de fêtes doubles par Boniface VIII, en 1298. La fête de la Transfiguration, a été adoptée par Calixte III, en 1457. — La ville de Rome a fourni quelques fêtes de son fond. La fête de Sainte-Marie-aux-Neiges, le 5 août. Les fêtes de quelques papes, fêtes inconnues avant le XIIIe siècle : saint Hygin, saint Anicet, saint Soter, saint Félix, saint Silvère, saint Pie, saint Zéphirin, saint Pontien, saint Miltiade. — L'ordre des Mineurs a donné la Nativité de saint François, 4 octobre ; la fête de ses stigmates, 17 septembre, élevée par Benoît XI (1303-1304) au rang de double ; de sa translation, 25 mai ; la fête de sainte Claire, de saint Louis, évêque de Toulouse, de sainte Elisabeth de Thuringe ; la fête, avec octave, de saint Antoine de Padoue ; de saint Bernardin de Sienne, de saint Léonard. — L'ordre des Prêcheurs a donné saint Dominique, saint Thomas d'Aquin, saint Pierre, martyr. — Quelques saints de date récente s'y sont ajoutés, comme saint Nicolas de Tolentino, saint Jean Gualbert, saint Louis, roi de France, saint Bernard, sainte

---

1. Baillet, *Histoire des fêtes mobiles*, t. II, p. 314.

Brigitte. — Enfin la dévotion catholique a rappelé des saints jusque-là oubliés : saint Joseph, sainte Marthe, saint Ignace d'Antioche, saint Pierre d'Alexandrie, saint Hilarion, saint Gall, saint Placide, saint Paul, ermite, saints Vital et Agricol, saint Patrice, sainte Marie l'Egyptienne, sainte Dorothée, sainte Apollonie, sainte Julienne, sainte Marguerite, et enfin les Onze mille vierges [1].

L'antiphonaire et le responsoral du temps sont identiques ou peu s'en faut à ce qu'ils étaient au VIIIe siècle. Il en est de même de l'antiphonaire et du responsoral du propre des saints. Raoul de Tongres est le premier à reconnaître que « toutes les nations ont assez uniformément leurs histoires temporales », c'est-à-dire les antiennes et répons du propre du temps, « conformes à celles de l'ancien office romain »; et que, pour les saints, si « les Églises de France, d'Angleterre et d'Allemagne ont trop largement composé » des antiennes et des répons propres, les « Églises italiennes, au contraire, restées fidèles à l'ancien antiphonaire et à l'ancien responsoral romain », ont admis peu de nouvelles « histoires sanctorales [2] ». De même, ajoute-t-il, pour le commun des saints, c'est-à-dire pour le commun des apôtres, des martyrs, des confesseurs et des vierges. De même, ajouterons-nous, pour l'office des morts.

Le lectionnaire présente de plus sensibles nouveautés. Au temporal, la lecture de l'Ecriture Sainte, distribuée encore suivant l'ordre traditionnel (*ordo canonis de cantandi*), se maintient au premier nocturne des offices de neuf leçons, et au nocturne des offices de trois leçons :

---

1. Radulph., *prop*. 22.
2. *Id.*, 12.

mais ces leçons scripturaires sont chacune à peine de quelques lignes et ne présentent guère plus de suite que d'étendue. Les sermons et les homélies patristiques du second et du troisième nocturne des fêtes de neuf leçons ne sont pas plus longues : et si l'on est dans l'ensemble resté fidèle à la tradition littéraire des homiliaires du temps de Charlemagne, on ne s'est pas interdit d'y introduire des auteurs nouveaux, ainsi particulièrement Origène et le vénérable Bède. Les légendes sanctorales ne sont plus que des résumés, sur le modèle des notices du martyrologe d'Adon. La concision y gagne plus que la vérité.

Raoul de Tongres, bien justement, ne voit pas un progrès dans cette transformation du lectionnaire : il regrette les « *sermones et homilias integras, passionesque sanctorum...* », dont se servaient autrefois les églises de Rome. Il regrette la liberté de choisir le texte des leçons, « ...*et huiusmodi in copiosa multitudine,* » que l'ancien usage laissait à chaque chœur. Raoul de Tongres voudrait que l'Ecriture sainte constituât la lecture principale aux nocturnes de l'office canonique ; que pour les livres des Pères on en revînt au canon du pape Gélase, et que le vénérable Bède lui-même fût, en vertu de ce canon, exclu du lectionnaire. Il consent à y voir les légendes de saint André, de saint Laurent, de saint Clément, de saint Sébastien, des saints Jean et Paul, de sainte Cécile, de sainte Agathe, de sainte Agnès..., parce qu'elles appartiennent, comme leurs répons, à l'ancien usage romain ; mais les évangiles et actes apocryphes des apôtres, condamnés par le pape Gélase, mais les actes de saint Georges, de sainte Marguerite, de sainte Barbe, de sainte Catherine, « œuvres apocryphes, méprisables et remplies de récits incroyables, » et tant de passions d'autres saints que des prêtres recueillent çà et là avec une dévotion sans discernement, ne sauraient être lues à l'office sans danger[1].

A l'office canonique proprement dit s'ajoutent les offices surérogatoires : l'office des morts et l'office de la sainte Vierge. L'office de la Vierge (vêpres, un nocturne, laudes, petites heures) se dit quotidiennement, à l'exception des trois derniers jours de la semaine sainte, de la semaine de Pâques, de « quelques solennités majeures », et enfin des jours où l'office canonique est de la vierge Marie. Mais, sur ce point de l'obligation quotidienne à l'office de la Vierge, « les Mineurs se sont excessivement relâchés, » dit Raoul de Tongres[2]. L'office des morts (vêpres, un nocturne, laudes) est obligatoire tous les jours où l'office canonique est de trois leçons. L'office férial est toujours accompagné de la récitation des psaumes pénitentiels et des psaumes graduels[3]. Mais ici les Mineurs ont introduit une modification importante. Non seulement, en effet, comme on vient de nous le dire, ils se sont relâchés de la récitation quotidienne de l'office de la Vierge, mais encore ils ont donné à tous leurs saints, et aux octaves, des offices de neuf leçons. Il s'en suit nombre de translations de fêtes et une grande confusion. Il s'en suit surtout que très rarement ils ont à dire le nocturne férial, et partant les psaumes pénitentiels et graduels[4] ; qu'ils négligent perpétuellement la lecture de l'Ecriture sainte, et qu'enfin « ils font aux morts un continuel préjudice », en omettant leur office quotidien[5].

1. Radulph., *prop.* 12.
2. *Id.*, 20.
3. *Id.*, 15.
4. *Id.*, 22.
5. *Id.*, 21.

En résumé, combien nous voilà loin de l'harmonieuse et large simplicité de l'office romain du VIIIe siècle ! L'antiphonaire et le responsoral, *l'ordo psallendi* et l'*ordo legendi* d'autrefois sont conservés, et l'hymnaire s'y ajoute : mais le lectionnaire s'est étriqué et s'est corrompu. Et si nous devons une juste reconnaissance à qui nous a donné les antiennes de la Vierge, que dire au contraire des offices surérogatoires ?

Il serait bien difficile de ne pas voir dans ces additions de prières adventices si nombreuses, si onéreuses, un tort grave fait à l'office canonique en soi. Les grandes et simples lignes de l'édifice sont conservées, mais un nombre excessif de petites chapelles parasites encombrent maintenant les avenues et les bas côtés. Les fêtes sanctorales se sont multipliées jusqu'à faire de l'office temporal un office condamné à la désuétude.

Les conciles du XVe siècle déplorent à l'envi la tiédeur avec laquelle le clergé s'acquitte de l'office canonique, même au chœur[1]. Ils ne se rendent pas, semble-t-il, suffisamment compte que cette tiédeur, ces négligences scandaleuses tiennent en partie à la décadence de l'office lui-même, à ces « *religiosae prolationes* » qui l'ont dénaturé, à ces « *preces perlongae per omnes horas* » auxquelles la piété d'un saint ne suffirait pas. L'office divin, écrit Martin de Senging au concile de Bâle (1435), est « récité avec confusion, en hâte, sans piété, avec une intention perverse » qui est la préoccupation « d'en voir la fin » ; les clercs en viennent à préférer à l'office canonique « les superfluités et les surérogations » qui l'accompagnent[2]. La réforme consisterait à réformer le

---

1. Roskovány, t. V. p. 108 et suiv.
2. Martin de Senging, *Tuitiones*, ap. Pez, *Bibliotheca ascetica* (Ratisb., 1725), t. VIII, p. 545.

clergé sans doute, mais aussi à réformer l'office, à le déblayer, à le restaurer : Martin de Senging ni le concile de Bâle ne pensent à cette seconde partie de leur tâche. Raoul de Tongres seul avait vu juste quand il dénonçait à ses chanoines de Windesheim la décadence de l'office canonique dans son texte et dans ses rubriques. Il accusait les Mineurs d'avoir été les ouvriers et leur bréviaire l'instrument de cette décadence. Ils ont, disait-il, intitulé leur bréviaire : Bréviaire selon la coutume de la cour romaine, sans se préoccuper de la coutume de l'Eglise romaine. Et il ajoutait : « L'Eglise romaine était autrefois célèbre et glorieuse, des eaux vives jaillissaient sous ses pieds, et comme à une source on y puisait les règles ecclésiastiques. » Il en appelait de la liturgie des Mineurs à celle d'Amalaire et du *Micrologus*[1]. Le prévôt de Tongres avait raison, mais personne ne l'écoutait.

*
* *

On arrive avec cette décadence liturgique à la fin du moyen âge. L'imprimerie recueille le Bréviaire romain des mains de la cour romaine : *In nomine sanctissime et individue trinitatis patris et filii et spiritus sancti amen. Incipit ordo breviarii secundum consuetudinem romane curie... Explicit breviarium secundum morem romane curie.* Ou encore : *Breviarium ad usum romane curie ob Dei gloriam et honorem animarumque salutem ac totius ecclesiae militantis utilitatem*, lisons-nous au titre des Bréviaires romains incunables[2]. Nous sommes aux

---

1. Radulph., *prop.* 22.
2. On trouvera dans L. Hain, *Repertorium bibliographicum* (Stuttgart, 1826), un inventaire descriptif des Bréviaires romains imprimés antérieurement à 1500 : Turin 1474, Venise 1474,

environs de l'an 1500 et ce Bréviaire de la cour romaine a maintenant trois siècles d'existence. Le vœu de Raoul de Tongres se réalisera-t-il, et reviendra-t-on à la liturgie du huitième siècle ? Ou bien à des temps nouveaux donnera-t-on une eucologie nouvelle ? Ou bien enfin ce livre du XIIIe siècle est-il fait pour demeurer ?

Lyon 1476, Naples 1477, Rome 1477, Venise 1477, Venise 1478, Venise *iterum* 1478, Venise 1479, Rome 1479, Venise *iterum* 1479, Nonantola 1480, Venise 1481, Venise *iterum* 1481, *sine loco* 1482, Venise 1482, Venise *iterum* 1482, Venise *tertio* 1482, Nuremberg 1486, Venise 1486, Venise 1489, Venise 1490, Venise *iterum* 1490, Venise 1491, *sine loco* 1492, Pavie 1494, Venise 1494, Venise *iterum* 1494, Venise 1496, Brescia 1497, Venise 1497, Venise *iterum* 1497, Venise *tertio* 1497, Turin 1499, Venise 1499 (Hain, n° 3887-3927).

CHAPITRE V

LE BRÉVIAIRE DU CONCILE DE TRENTE[1]

I

L'humanisme, ce culte littéraire du paganisme littéraire, a reçu de Nicolas V droit de cité romaine, et il a régné avec Pie II, ce pape virgilien. S'il inspire au sévère Paul II crainte et défiance, à Sixte IV, à Innocent VIII, à Alexandre VI quelque indifférence, à Jules II rien qu'une bienveillante indulgence, il retrouve du moins avec Léon X (1513-1521) toute la faveur pontificale. Erasme, qui a visité Rome en 1509, en garde toute sa vie un souvenir qui enchante son âme érudite et raffinée : « *Quam mellitas eruditorum hominum confabulationes, quot mundi lumina*! » écrit-il en y pensant, et il aime à rappeler de quelle estime il a vu entourer les « bonnes études » dans ce « paisible domicile des muses, patrie commune des gens de lettres ». Léon X,

---

1. Comme types du Bréviaire romain du xvi° siècle antérieur à celui de saint Pie V, on consultera le *Breviarium romanum novissime exactissima cura. V. P. fratris Gratie Feltre. [Mineur observantin] emendatum, et diligentissime impressum non sine numeris ad omnia et in ipsomet breviario et in singulis biblie libris facillime invenienda, atque, iucundissimis imaginibus excultum...* 1513 (?); — le *Breviarium secundum consuetudinem Romanae Curiae cum aliis quam plurimis de novo superadditis*, Venise, 1503; — le *Breviarium Romanum de Camera, optime castigatum et ita ordinatum ut omnia suis in locis sint posita*, Venise, 1550.

qui a pour secrétaires Bembo et Sadolet, « veut que ce qu'il a à entendre ou à lire soit exprimé en latin vraiment pur, plein de vie et d'élégance. » Bembo n'a point d'autre idéal que d'écrire dans la formule de ce qu'un cardinal, Adrien de Corneto, appelle « le siècle immortel et presque divin de Cicéron ». La langue latine se renouvelle et tout ensemble la poésie et la rhétorique. Sannazar, le « Virgile chrétien », aimé de Léon X et de Clément VII, fait chanter aux bergers de Bethlehem auprès de la crèche du Sauveur la quatrième églogue de Virgile. Un vendredi saint, en présence du pape, le prédicateur le plus renommé de la cour pontificale ne pense pouvoir mieux louer le sacrifice de la croix, qu'en racontant le dévouement de Décius et le sacrifice d'Iphigénie [1]. Aux yeux de ces raffinés, épris de cicéronianisme et de mythologie, quelle figure pourront faire nos vieux préchantres de Saint-Pierre, Catalenus, Maurianus, Virbonus ? Au juger d'un Inghirami, d'un Sadolet, d'un Bembo, de ce Bembo qui décidait son ami Longueil à ne lire que Cicéron pendant cinq années entières, quelle saveur peut avoir la latinité de nos antiennes, de nos répons, de nos leçons du Bréviaire, et toute cette littérature de scolastiques et de Mineurs ?

A cette perfection morbide du goût littéraire la cour romaine va être tentée d'accommoder son bréviaire. L'initiative de ce dessein revient à Léon X, l'exécution à un évêque napolitain, compatriote de Sannazar, Zacharie Ferreri, évêque de Guardia Alfiera, l'impression à un libraire romain, l'approbation à Clément VII.

---

1. P. de Nolhac, *Erasme en Italie*, 1888, p. 76. J. Burckhardt, *La civilisation en Italie au temps de la Renaissance*, éd. franc., t. I, p. 277, 311-317.

On débute par un essai d'hymnaire. Ce n'est qu'un essai, mais qui prépare la publication d'un « bréviaire ecclésiastique rendu beaucoup plus bref et plus commode et purgé de toute erreur » (*breviarium ecclesiasticum longe brevius et facilius redditum et ab omni errore purgatum*). Car tel semble bien être le programme donné par Léon X à Ferreri.

Veut-on savoir, en effet, dans quel esprit on abrègera, on simplifiera, on expurgera la liturgie traditionnelle ? Il suffit de jeter les yeux sur l'hymnaire de Ferreri, première pierre de l'édifice projeté. Il a été approuvé le 30 novembre 1523, publié le 1er février 1525. Au titre on lit : *Hymni novi ecclesiastici juxta veram metri et latinitatis normam... Sanctum ac necessarium opus*. En tête, l'approbation de Clément VII, en belles phrases cicéroniennes, — « *Etsi a teneris annis nobis semper cordi vehementer fuerit bonarum disciplinarum, sacrae praecipue doctrinae exercitia et in eis se cum optimo virtutum odore versantes omni studio fovere...* », — concédant de son autorité apostolique la faculté de lire et d'employer ces hymnes nouvelles *etiam in divinis*. A la suite, la préface de Ferreri, où celui-ci prévient le reproche, que pourront lui faire quelques esprits, d'avoir, contrairement au sentiment de saint Augustin et de saint Grégoire, osé soumettre les paroles de l'oracle sacré (*verba sacri oraculi*) aux règles de Donat, et l'interprétation des saintes lettres à l'autorité de Quintilien : mais quoi ? si la vraie latinité et la norme [classique] peuvent être introduites dans le culte divin, n'est-il point contraire à toute raison de lui préférer la barbarie d'un style sans goût (*barbariem et insulsam orationem amplectamur*) ? Pour lui, il aime à s'en rapporter à l'estime de Léon X, à qui il a soumis chacune de ses hymnes à mesure qu'il les composait, et qui les a lues, et qui les a goûtées (*singulos quidem hymnos prout a me quotidie prodibant perlegit ac probavit*). Nous voilà donc dûment avertis que cet essai liturgique est bien réellement la chose de Léon X, de Clément VII et de leur cour ; et l'on ne se fait pas faute de nous insinuer que l'exécution a passé l'attente qu'on en avait : l'œuvre n'est pas seulement sainte et nécessaire, elle est divine (*divinum opus*), et Ferreri y a gagné, non point l'immortalité, mais bien l'éternité de la gloire (*aeternitatem procul dubio consecuturum*).

On a été sévère pour les hymnes de Ferreri, et bien injustement. J'ai là sous les yeux son joli volume, imprimé en caractères italiques et romains d'une rare élégance typographique. Et, assurément, je suis loin d'aimer cette poésie laborieuse de réminiscences littéraires et de virtuosités métriques : lorsque Ferreri chante les saints Innocents en vers saphiques,

Hos velut flores veniens pruina
coxit et gratum superis odorem
reddere effecit, meritoque summis
condidit astris !

ou la vierge Marie en ïambes,

Ave superna janua,
ave beata semita,
salus periclitantibus
et ursa navigantibus. !

ou saint Pierre en choriambes,

Tu, Petre, et reseras coelica limina
et claudis sapiens arbiter omnium ;

> *dum terris animas solvis et alligas*
> *firmatur super aethera.*

on goûte avec plus de saveur les rudes originaux chrétiens dont ces vers sont des imitations correctes, brillantes et fades. Mais Urbain VIII n'a-t-il point repris un siècle plus tard cette même recherche de la correction métrique, et n'a-t-il point défiguré semblablement pour les embellir les vieilles hymnes que nous lisons corrigées par ses soins au bréviaire d'aujourd'hui ? Et si vraiment il y a dans la poésie de Ferreri trop de Phœbus, d'Olympe, de Styx, de Quirites, de pénates, d'astres éthérés, et des vers de carême comme ceux-ci :

> *Bacchus abscedat, Venus ingemiscat,*
> *nec jocis ultra locus est, nec escis,*
> *nec maritali thalamo, nec ulli*
> *ebrietati !*

et des strophes à saint François d'Assise comme celle-ci :

> *Ibat in silvas tacitosque saltus*
> *solus, ut coelum satius liceret*
> *visere, et mundas agitare dulci*
> *pectore curas !*

il faut au moins lui reconnaître la qualité de ses défauts, cette impeccable pureté de langue et cette élégance de facture que goûtaient justement ses contemporains, et cette ingéniosité assez réfléchie pour être capable de nous toucher encore. Telle l'hymne au pape saint Grégoire :

> *Roma quae tantum decus edidisti,*
> *quid triumphales meditaris arcus?*
> *cogita magnum peperisse mundo*
> *Gregorium te !*

ou l'hymne ingénieuse et mouvementée du commun des apôtres :

> *Gaudete mundi principes,*
> *quorum fide et constantia*
> *et supplici innocentia*
> *sunt victa regum culmina !*

Ces deux hymnes-là valent la meilleure part des hymnes anciennes et modernes.

Mais ce qui était grave dans l'essai de Ferreri, c'était l'état d'esprit dont il procédait tout à l'ignorance et au dégoût de la tradition liturgique, et de voir des gens d'Eglise si captifs de leur cicéronianisme, que Ferreri pouvait écrire dans la préface de son hymnaire cette phrase, que l'on n'a point relevée, et qui est son implacable condamnation : « *Qui bona latinitate praediti sunt sacerdotes, dum barbaris vocibus Deum laudare coguntur, in risum provocati sacra saepenumero contemnunt !* » Quels humanistes, et quels prêtres !

Qu'aurait donc pu être le bréviaire des humanistes ? Le coup terrible qui s'appesantit sur la Ville éternelle en 1527, cet épouvantable sac de Rome par l'armée hispano-allemande de Charles-Quint, décourage de se le demander et de faire le procès de la frivolité de ces beaux esprits. Cette société brillante et légère fut dispersée sans retour. Des pensées plus graves et plus prévoyantes s'imposaient désormais, que le retentissement formidable de la voix de Luther ne pouvait que rendre plus nécessaires. Sadolet, retiré maintenant en France, écrivait ces mélancoliques et chrétiennes paroles : « Si nos malheurs ont désarmé la colère et la rigueur du ciel, si ces châtiments terribles nous font rentrer dans la voie des bonnes mœurs et des sages lois, notre situation sera peut-être moins cruelle... Cherchons en Dieu le véritable éclat de la dignité sacerdotale [1]. » C'est à l'estime et à la défense de ces sages lois qu'il importait de revenir. Et pourtant on allait leur faire de nouveau infidélité.

*
* *

Ferreri mort, Clément VII ne renonça point à donner à l'Eglise ce « bréviaire ecclésiastique bref, commode et purgé de toute erreur », qu'il avait espéré obtenir de l'évêque de Guardia [2]. Il jeta les yeux, pour l'exécution de sa pensée, sur un homme grave et pieux, que son origine, il était espagnol, et que sa profession, il était franciscain, semblaient avoir préservé de la contagion de l'humanisme. François Quignonez, de la famille des comtes de Luna, était entré jeune dans l'ordre de saint François : en 1522, le chapitre l'en avait fait général. Aussitôt il avait été envoyé par Charles-Quint à Rome pour négocier avec Clément VII de délicates affaires, assure-t-on, dont il s'était tiré au mieux du pape et de l'empereur. En 1529, il recevait le chapeau de cardinal et le titre de Sainte-Croix-en-Jéru-

---

1. Cité par J. Burkhardt, *op. cit.*, t. I, p. 156.
2. F. Arevalo, *De hymnodia hispanica* (Rome, 1785), p. 385 et suiv. : Historia uberior de fatis breviarii Quignoniani. (Reproduite par Roskovány, t. XI, p. 3-47.)

salem. C'était un esprit d'une culture austère, un précurseur de la réforme intérieure de l'Eglise dans son chef et dans ses membres. Il comprit que Clément VII lui demandait de « disposer les heures canoniques en les ramenant autant qu'il était possible à leur forme antique, de faire disparaître de l'office divin les détails difficiles et les longueurs : on serait fidèle à l'institution des anciens Pères, et les clercs n'auraient plus lieu de se révolter contre le devoir de la prière canonique ». Ainsi s'exprime-t-il dans la préface de son bréviaire. La pensée de la cour romaine était donc sensiblement modifiée : il ne s'agissait plus de prier selon les règles de la « vraie latinité », mais selon les règles des « anciens Pères », ni de flatter le cicéronianisme des clercs, mais de leur imposer un office auquel ils ne pourraient rien objecter. L'humanisme avait cédé le pas à la réforme.

Nouveauté singulière toutefois autant que périlleuse, de parler ainsi de réforme par le retour à l'antiquité, sans préciser de quelle antiquité on parle. Les révolutionnaires d'Allemagne s'exprimaient-ils autrement ? Cet écho, que nous surprenons à Rome de leurs réclamations, est un indice, entre bien d'autres, qu'à un moment donné cette cour romaine, si attaquée par ces violents et ces idéologues, était peut-être le milieu catholique le plus attentif à leurs doléances, le plus prêt à les entendre, et à répondre à leurs reproches par toute sa loyauté[1]. Mais il est loisible aussi de voir dans l'essai liturgique tenté par le cardinal Quignonez une sorte d'avance individuelle faite à l'esprit allemand. Là

---

1. Voyez ce que dit du cardinal Sadolet Richard Simon, *Lettres choisies* (Amsterdam 1730), t. I, p. 167 et suiv.

est l'intérêt de cet essai, là aussi son vice caché et funeste.

Le cardinal Quignonez se mit à l'œuvre en 1529. Il est prouvé qu'il eut plusieurs collaborateurs : un chanoine de Salamanque, canoniste et helléniste, Diego Neyla; un autre érudit espagnol, Gaspar de Castro; et peut-être un troisième, celui-ci plus connu, Genesius de Sepulveda[1]. A la mort de Clément VII (25 septembre 1534), la constitution du nouveau bréviaire n'était pas arrêtée : elle ne le fut qu'en 1535, sous Paul III.

Encore le nouveau bréviaire parut-il d'abord sous forme de projet soumis au jugement public. Quignonez le déclare lui-même, et il faut l'en croire, il n'avait eu d'autre intention que « d'ouvrir une délibération publique à l'effet de recueillir le jugement de plusieurs ». Cette première épreuve du bréviaire de Quignonez est devenue aujourd'hui extrêmement rare, encore que, de février 1535 à juillet 1536, il n'en ait pas paru moins de six éditions, tant à Rome qu'à Paris, Venise et Anvers; mais récemment l'Université de Cambridge a eu la bonne pensée d'en donner une réimpression[2]. Les critiques que sollicitait Quignonez ne lui manquèrent pas : la Sorbonne se signala par une censure motivée, dès le 27 juillet 1535[3]. « C'est pourquoi, poursuit Quignonez, ayant pesé les avis que beaucoup nous ont

---

1. Roskovány, t. XI, p. 23-25.
2. J. W. Legg, *Breviarium romanum a Fr. card. Quignonio editum et recognitum, juxta editionem Venetiis A. D. 1535 impressam*, Cambridge, 1888. J'ai eu en outre à ma disposition un exemplaire parisien : *Breviarium Romanum nuper reformatum, in quo sacre scripture libri probateque sanctorum historie eleganter beneque disposite leguntur*, Paris, 1536, chez Jean Petit.
3. Roskovány, t. VIII, p. 32-41, le texte de la censure de Sorbonne d'après d'Argentré. Cf. Richard Simon, *op. cit.*, p. 239-247.

adressés, soit de vive voix, soit par écrit, nous avons ajouté, changé, revu, mais en retenant toujours la forme générale de notre bréviaire. » Et le bréviaire, dans son texte définitif, parut enfin. Je lis au titre de mon exemplaire : *Breviarium Romanum a Paulo tertio recens promulgatum, ex sacra potissimum scriptura et probatis sanctorum historiis constans. Ab authore denuo recognitum, et antiphonis, homeliis, precibus, sanctorum commemorationibus, et aliis id genus additamentis multifariam locupletatum, variisque modis immutatum, ut in prefatione luculentius explicatur* [1].

Le cardinal Quignonez expose dans la préface de son bréviaire les principes qui l'ont dirigé. Les clercs, dit-il, sont appelés, non seulement à prier, mais aussi à enseigner, et il convient qu'ils s'instruisent par la lecture quotidienne de l'Ecriture sainte et de l'histoire ecclésiastique. L'office divin avait été réglé par les anciens Pères de façon à pourvoir parfaitement à cette double nécessité. Mais qu'est-il arrivé par la négligence des hommes? Les livres de l'Ecriture sainte sont à peine lus à l'office, leur place y étant réduite à presque rien, et remplacés qu'ils sont par des lectures qu'on ne saurait leur comparer ni pour l'utilité, ni pour la gravité. Des psaumes, destinés à être chantés au complet chaque semaine, il n'en est de service que quelques-uns et qui se répètent toute l'année. Les histoires des saints sont sans autorité et d'un style inculte. L'ordre de l'office est si compliqué que l'on en arrive à mettre autant de temps à chercher son office qu'à le réciter.

Donc, pour remédier à ces inconvénients, on a supprimé de l'office nouveau les versets, les capitules et

---

1. Paris, 1538, chez Yolande Bonhomme.

les répons : le bréviaire ne comprend plus que 1° les psaumes, 2° les antiennes, 3° les leçons. On a maintenu les hymnes qui ont paru avoir le plus d'autorité et de gravité. Les psaumes ont été distribués de manière à ce que chaque semaine le psautier soit récité intégralement, mais chaque heure ne compte que trois psaumes, la longueur des uns étant compensée par la brièveté des autres, si bien que tous les offices ont une même étendue. Les leçons chaque jour sont au nombre de trois : la première de l'Ancien Testament, la seconde du Nouveau, la troisième soit la légende du saint, si l'on célèbre ce jour-là une fête de saint, soit une homélie sur l'évangile du jour, si le jour a une messe propre au missel, soit enfin une leçon des Actes ou des Epîtres des apôtres aux féries communes.

Tels sont les motifs, telles sont les dispositions du cardinal Quignonez.

Il y a quelque justesse dans ces motifs, y en a-t-il assez pour justifier un pareil bouleversement? Ne pouvait-on réformer les points en souffrance, et laisser subsister le reste? L'office traditionnel n'était-il donc point conçu selon un plan, et ce plan n'avait-il donc point d'harmonie, et tant de détails de ce vieil édifice n'avaient-ils donc point leur beauté, leur beauté formelle et leur beauté historique? Quignonez en fait table rase, et va reconstruire sur un plan nouveau.

Il avait supprimé d'abord les antiennes : dans son édition définitive, sur la réclamation générale, il est obligé d'en rétablir au moins quelques-unes. Mais, par contre, les répons sont supprimés sans merci : et du même coup toute cette belle littérature responsoriale, l'originalité de l'office romain! La distribution romaine des psaumes supprimée semblablement : les psaumes distribués dans un ordre pratique, expéditif, séduisant, mais inconnu de l'ancienne Eglise. Plus d'expositions ou de sermons des saints Pères, contrairement à l'usage millénaire de l'Eglise : à peine une homélie patristique à la troisième leçon des fêtes temporales, concession de la seconde édition. Plus de distinction de rite entre les fêtes, chaque jour même degré de solennité. L'office sanctoral réduit à ne marquer plus que par l'invitatoire, l'hymne, la troisième leçon et la collecte. Mais, en revanche, l'Ecriture sainte, avec les « livres les plus utiles et les plus graves » de l'Ancien Testament, avec tout le Nouveau, à l'exception de l'Apocalypse, dont on ne doit lire que les premiers chapitres. Et, de la sorte, l'office devenant principalement une lecture de la Bible, et subsidiairement une lecture d'histoire ecclésiastique. La Sorbonne disait peu quand elle disait de Quignonez : « L'auteur du bréviaire nouveau a préféré son sens propre aux décrets des anciens Pères et à l'usage éprouvé et commun de l'Eglise. »

Peut-on dire au moins que le cardinal Quignonez avait fait preuve de plus de sens, quand il supprimait des légendes du sanctoral tout ce qui peut provoquer « le mépris ou la raillerie », n'y voulant rien voir que de « poli, de grave, de fondé sur l'histoire ecclésiastique et sur les auteurs sûrs et graves ? » Les leçons hagiographiques de Quignonez sont d'une élégante sobriété et d'une bonne latinité : leur « poli » est irréprochable. Mais les sources auxquelles elles sont puisées sont loin d'être toutes également pures. Eusèbe est un auteur sûr et grave, sans doute, mais les vies des papes de Platina et les vies de saints de Mombrizo le sont-elles au même degré ? Quelle critique déliée et avisée il eût fallu pour en tirer bon parti? La sagacité de Quignonez n'allait pas à lui faire soupçonner que les actes apocryphes des apôtres et que les évangiles apocryphes sont fabuleux; et il ne croyait point que telle leçon du vieux bréviaire, comme la leçon de la fête de sainte Marie aux Neiges, fût de celles qui demandaient à être remplacées. Ces quelques exemples suffisent à montrer combien, pour la seule part où elle fut légitime, l'œuvre entreprise par Quignonez était prématurée.

A la décharge du cardinal Quignonez, on peut dire que son bréviaire était quelque chose de provisoire, qu'il était fait pour la récitation privée, non pour l'exécution au chœur; que le Saint-Siège accordait la faculté de le réciter seulement aux clercs qui en faisaient individuellement la demande; que l'Eglise entendait, par le moyen de cet office abrégé et simplifié, faire reprendre l'habitude à tant de clercs qui l'avaient perdue de dire les heures canoniques. Le bienheureux Canisius, dans cette vue, se fit en Allemagne le propagateur du bréviaire de Quignonez [1]. Mais il est vrai de dire aussi que ce qui était au début une faculté individuelle devint rapidement un usage très répandu, en Italie, en France, en Allemagne, en Espagne : l'auteur de la *Vie* de saint François Xavier appelle le bréviaire de Sainte-Croix le bréviaire des gens occupés [2]; des gens occupés, il passa aux mains des chanoines, qui ont pourtant la

1. Canisius à S. Ignace, 28 déc. 1560, citée par Schober, p. 15 : « Complures ecclesiastici homines nihil recitarunt de horis canonicis. Eos pensum hoc nobiscum persolvere curavimus ut recitandi morem addiscerent; et quia breviarii novi romani usus maxime placebat, impetravimus illis quod petebant a legato pontificio. Itaque pergunt quotidie in recitandis horis canonicis. »
2. Roskovány, t. XI, p. 13 : « breviarium in occupatorum hominum levamen editum. »

réputation d'être gens de loisir, et en Espagne il fut introduit au chœur de plusieurs cathédrales : de la récitation privée il passait ainsi à l'exécution solennelle. C'est dans ces circonstances qu'à Saragosse le peuple, ne reconnaissant plus l'office des ténèbres du jeudi saint, et croyant sans doute que le chapitre était devenu huguenot, éclata en émeute dans la cathédrale même, et manqua faire un autodafé des chanoines et de leur nouveau bréviaire[1]. Ce bon peuple défendait à sa manière les justes droits de la tradition liturgique.

C'était trop pour le bréviaire de Quignonez.

Dans un mémoire, daté de Trente, 1er août 1551, et dédié au légat du Saint-Siège au concile, le cardinal Marcel Crescenzio, un théologien espagnol, Jean d'Arz, soumettait aux pères du concile les raisons que l'Eglise devait avoir de répudier le bréviaire de Quignonez. Ce mémoire, longtemps demeuré manuscrit, a été publié de nos jours[2]. Le P. Arevalo, qui l'avait lu manuscrit, en loue la doctrine, mais trouve qu'il renferme plus de déclamation que de forte critique : on ne souscrira pas à cette opinion. A nos yeux, Jean d'Arz avait jugé avec un sens juste et pénétrant et les tendances et les résultats de l'œuvre du cardinal Quignonez. Il avait raison contre Quignonez lorsque, tout en reconnaissant que « plusieurs légendes des vieux bréviaires demandaient à être réformées », il déplorait qu'on en eût tant rejeté sur de trop minces prétextes ; qu'on en eût conservé d'autres qui n'étaient guère mieux établies ; qu'on eût ajouté trop de foi à la critique d'un

---

1. Roskovány, t. V, p. 656-657.
2. *De novo breviario tollendo consultatio... D. I. Joannes de Arze presbyter pallantinus professione theologus*, ap. Roskovány, t. V, p. 635-720.

historien comme Platina « *sciolus interdum et amator novitatis* ». Il avait raison lorsque, en exprimant chaleureusement le vœu de voir l'office férial plus fréquemment célébré pour l'amour du psautier et de l'Ecriture sainte, et l'office dominical de rigueur chaque dimanche pour rester fidèle à la raison d'être du vieux bréviaire (*et ita constabit ratio veteris breviarii*), il demandait que le calendrier des fêtes de saints fût intangible, et que les fêtes de saints eussent leur office, et que ces offices pussent être transférés comme par le passé. Il avait raison de prendre la défense des répons, des versets, des capitules, et de dire que, si ces détails sont propres à l'office chanté au chœur et ne s'expliquent que par là, on ne saurait cependant admettre deux offices, l'un pour le chœur, l'autre pour la récitation privée, sans introduire dans l'office canonique quel qu'il soit une inévitable et tumultueuse confusion. Il avait raison de dire que l'office était fait pour être chanté, étant une prière et non une matière d'étude, et que c'était mêler deux exercices distincts et confondre deux buts que de vouloir transformer la récitation de l'office en une lecture de la Bible ; sans compter que, à chercher la simple instruction des clercs, il était plus expédient de leur faire goûter quelques textes faciles des saintes Lettres, des textes visant à l'édification des mœurs, que d'exposer l'Ecriture nue à l'incompréhension ou à la légèreté de gens mal préparés ou mal intentionnés. Il avait raison plus encore quand il réclamait pour les droits de l'*ordo psallendi* traditionnel de l'Eglise et en particulier de l'Eglise romaine, pour la distribution traditionnelle des psaumes entre les diverses heures de l'office, pour la répartition traditionnelle des leçons de la sainte Ecriture entre les divers temps de l'année, pour le nombre traditionnel des nocturnes, pour tout cet ordre liturgique qui avait ses raisons mystiques, et qui était un reste évident (*haud obscura vestigia*) de la plus vénérable antiquité.

C'étaient là, que je sache, de judicieuses critiques ; et s'il en est d'autres moins fondées ou qui ne prouvent rien pour vouloir trop prouver, si même quelques considérations de Jean d'Arz, concédons-le au P. Arevalo, sont poussées à l'outrance déclamatoire, il y a telles pages de son mémoire qui sont animées d'une sincère et vivante éloquence. Eh quoi donc ! écrit-il, sera-ce quand nos peuples voient le clergé et les grands dignitaires de l'Eglise si appliqués à augmenter les revenus de leurs bénéfices, qu'il conviendra d'abréger l'office divin dont ces revenus sont la rétribution ? Mais, plus encore, sera-ce dans un siècle de fer, dans un siècle porté vers les nouveautés les plus suspectes, quand le chant ecclésiastique est tourné en dérision, les heures canoniques proscrites, les cérémonies ecclésiastiques méprisées, les lois canoniques traitées d'inventions humaines, et cela partout, en Allemagne, en Suisse, en Angleterre ; sera-ce quand parmi nous-mêmes, qui sommes orthodoxes, on voit régner le dégoût des choses ecclésiastiques, grandir le mépris des choses saintes, se propager la hardiesse à juger chacun pour soi des dogmes et des canons, sera-ce le moment de lâcher nos traditions liturgiques, de paraître tacitement donner raison à nos adversaires, alors que notre premier devoir serait de tenir ferme, et plus il y a chez eux de ruines qui se déclarent plus nous encourager à soutenir l'édifice : « *Et quo plura apud eos cadunt plura a nobis sunt substituenda ?* »

Notez bien qu'il y avait quelque hardiesse à Jean d'Arz

à s'exprimer si directement. Il se défend, dans les premières lignes de son mémoire, de vouloir rien condamner de ce qui est émané du Siège apostolique ou qui a été approuvé une fois de son autorité, et de faire le procès d'un si grand trône : « *Id profiteri libet nos... nec quidpiam damnare quod a Sede Apostolica sit profectum aut eius auctoritate aliquando comprobatum,... nec tantam Sedem, quod absit, in jus vocamus.* » Et pourtant avec quelle vigueur il critique le bréviaire « émané du Siège apostolique et approuvé une fois de son autorité ? Ce théologien espagnol, radical comme ils l'étaient tous en son pays, enveloppe son réquisitoire de formules qui, pour être adoucies et fuyantes, n'amortissent ni ne détournent les coups. Il conjure les Pères du concile de prendre garde à cet esprit de nouveauté qui discrédite l'antiquité, qui suggère des innovations partie fausses, partie suspectes,... cet esprit si applaudi en ce siècle, et qui non content de produire en Allemagne de nouveaux rites, de nouveaux chants, de nouvelles hymnes, de nouveaux sacrements, de nouveaux canons, de nouveaux bréviaires, entreprend de s'accréditer insidieusement chez les orthodoxes et de consommer parmi eux le mystère d'iniquité : *Caveant pastores*! C'était une manière de dénoncer les affinités non voulues mais trop réelles qui existaient entre l'œuvre du cardinal Quignonez et l'esprit de la Réforme [1].

---

[1]. On a relevé très justement l'influence qu'avait eue le bréviaire de Quignonez sur Cranmer et sur la constitution du *Book of common prayer* de l'Eglise anglicane. Voy. F. A. Gasquet et E. Bishop, *Eduard VI and the book of common prayer* (Londres, 1890), pp. 29 et suiv.

⁎
⁎ ⁎

Le bréviaire du cardinal Quignonez avait été publié à Rome en 1536 : vingt-deux ans plus tard, il y était proscrit. Par un rescrit du 8 août 1558, le pape Paul IV, sans en condamner l'usage provisoire, décidait qu'il n'y avait plus lieu d'en autoriser de réimpression[1]. Restait à pourvoir à la réforme du vieux bréviaire : après les essais de Clément VII et de Paul III, l'œuvre était encore à faire : Paul IV allait-il être plus heureux ?

Il entreprit cette réforme avec la fermeté de vues d'un homme qui y avait dès longtemps pensé. Son historien, Caracciolo, nous rapporte qu'il n'avait jamais voulu se résoudre à réciter le bréviaire de Quignonez, l'estimant « inconvenant et contraire à la forme antique[2]. » Il n'était pas moins sévère au vieux bréviaire romain. A une époque, en effet, où il ne s'appelait encore que Pierre Carafa, et où, simple évêque de Chiéti (*Teate*), il s'associait à saint Gaëtan de Thiène pour la formation d'une congrégation de clercs réguliers (la première en date de toutes et le prototype de celle de saint Ignace), la congrégation des Téatins, c'avait été un des points les plus neufs de la règle qu'il avait inspirée que d'entreprendre à l'usage des Téatins une réforme du vieux bréviaire romain. Dès 1533, dans une lettre adressée au dataire Giberto, Carafa exprimait le dégoût que lui causait la récitation de ce vieux bréviaire ; il se plaignait de l'inélégance du style, d'y lire tant de textes d'auteurs suspects, comme Origène, et

---

1. Roskovány, t. XI, p. 26.
2. *Ibid.*

tant de légendes indignes de foi [1]. En 1529 (21 janvier), le pape Clément VII écrivait par bref à Carafa, pour féliciter les Téatins d'avoir, « pour l'honneur du culte divin et de la religion, conçu le dessein de ramener l'office divin en usage dans la sainte Église romaine à une forme, leur semble-t-il, plus décente et mieux appropriée au progrès et à la dévotion des auditeurs et des célébrants [2]. » A cette époque même, la pensée de Carafa n'allait à rien moins qu'à faire adopter par la cour romaine la réforme téatine du Bréviaire. Non seulement, en effet, les Téatins demandaient au pape Clément VII la faculté de réciter le Bréviaire tel qu'ils l'auraient corrigé, mais l'essai pratique de ce bréviaire une fois fait par eux, de « le présenter au Saint-Siège pour qu'il l'examinât et qu'il décidât s'il ne conviendrait point de le mettre dans l'usage public des Églises ». Et Clément VII, dans ce même bref du 21 janvier 1529, leur donnait l'espérance que leur vœu pourrait être réalisé.

A ce même moment (1529), le cardinal Quignonez s'était de son côté mis à l'œuvre, il n'y a pas lieu de douter qu'il eût entrepris la réforme du Bréviaire sans l'approbation de Clément VII. Ce qui donne lieu, et non sans quelque apparence de raison, à Carraciolo d'accuser Clément VII d'inconstance et de versatilité : « Ce pontife, écrit-il avec amertume, n'avait personne pour lui faire choisir les choses qui étaient bonnes et les réformes utiles à l'Église de Dieu, et tout ce qu'il avait de desseins, ou il ne les mettait point à exécution, ou il les abandonnait au premier essai, ainsi que dit

1. Cette lettre est citée par Silos, *Historia clericorum regularium* (Rome, 1650), p. 95.
2 Le texte du bref dans Silos, *ibid*.

Florebello qui fut son secrétaire... [1]. » Il n'en était assurément pas de même de Paul IV, qui, montant sur le trône pontifical en 1555, y apporta les vues qu'il avait, depuis 1524, de la réforme catholique, et reprit à son compte ce qui n'avait été pour Clément VII qu'une velléité fugitive, l'approbation pour toute l'Église de ce bréviaire téatin, qui attendait depuis vingt-cinq ans son privilège.

Au préalable, Paul IV voulut le reviser une dernière fois... On sait peu de chose en somme du projet de Paul IV. Le père Silos lui-même n'en a pas connu d'autres détails que ceux donnés par le téatin Isachino, camérier de Paul IV, dans une lettre datée de 1561 et trouvée par Silos dans les archives du couvent romain de Saint-Silvestre [2]. Paul IV supprimait les homélies d'Origène et des auteurs qui n'étaient point d'une intègre religion ; il voulait des textes des saints Pères qui fussent irréprochables quant à la doctrine et quant au style ; aux nocturnes, des bénédictions qui fussent pleines de gravité, au lieu des bénédictions « ineptes et absurdes » qui servaient encore ; il éliminait les narrations de martyres qui manquaient d'autorité, pour n'en recevoir que de sûres et d'indiscutables ; il supprimait les hymnes malsonnantes (*absonos*) que l'on avait données à la fête de la Transfiguration et à celle de la Trinité ; il raccourcissait l'office dominical de prime qu'il estimait démesurément long... S'il est permis d'en juger sur ces seuls renseignements, on peut dire que Paul IV avait compris mieux que Clément VII et que Paul III les conditions de la réforme, dont il sentait comme eux qu'elle s'imposait

---

[1]. Roskovány, t. IX, p. 10.
[2]. Silos, p. 98.

à savoir que cette réforme devait être un retour, non à l'antiquité idéale comme l'entendait Quignonez, mais à la tradition représentée par la liturgie existante; qu'il n'y avait rien à changer à la disposition traditionnelle de l'office divin telle qu'on la trouvait dans le vieux bréviaire de la cour romaine; qu'il n'y avait qu'à expurger ce vieux bréviaire des erreurs historiques, des taches littéraires et des longueurs fastidieuses qui en rendaient l'usage décourageant. Pie V exprimera bien l'essentiel de la pensée de Paul IV, quand il dira : « *Totam rationem dicendi ac psallendi horas canonicas ad pristinum morem et institutum redigendum suscepit*[1]. » La tradition liturgique (*pristinus mos*), retrouvait enfin la plus haute des autorités pour la comprendre et pour la protéger. Une réaction heureuse se produisait en faveur du vieux bréviaire romain. Et le concile de Trente allait trouver la question posée dans ces termes excellents par Paul IV.

***

Il était inévitable au concile de Trente d'être saisi de la question du Bréviaire : c'était un des points où trop de synodes de ces vingt-cinq dernières années avaient appelé de leurs vœux une réforme. Tel, en 1522, le synode de Sens enjoignant aux ordinaires de visiter les bréviaires, et nommément les légendes de saints, pour y supprimer tout ce qu'ils y surprendront de « superflu » ou de peu séant à la dignité de l'Église. Tel le synode de Cologne de 1536[2]. A Augsbourg, en 1548, le « formulaire de la réforme ecclésiastique », adopté par

---

1. Bulle *Quod a nobis*.
2. Roskovány, t. V, p. 211 et 222.

Charles-Quint, s'exprimait à peu près ainsi : « La tradition du chant et de la prière, qui remonte aux saints Pères, et que saint Grégoire et les autres recteurs de l'Église nous ont transmise, ne saurait être en cause. Mais, par la faute du temps, il s'y est glissé des choses ineptes, apocryphes ou peu convenables au culte sincère : on ne le saurait nier. Aussi conviendrait-il que les évêques, chacun dans son diocèse, missent leurs soins à corriger les bréviaires, à ramener les rites à leur pure forme antique; que non seulement le mode fût changé qui s'observe maintenant dans les prières, mais que l'on n'y donnât à réciter rien que de saint, d'authentique et de digne de l'office divin. Aux évêques, il appartient de voir s'il y aurait lieu de publier quelque chose concernant les histoires des saints, dont les Églises d'Allemagne se serviraient aux leçons des nocturnes provisoirement et jusqu'à ce qu'un concile général eût prononcé sur la question; s'il y aurait lieu de supprimer les fastidieuses répétitions de prières et de psaumes qui se rencontrent un même jour, et les mémoires, et les suffrages des saints, et tout ce qui détourne les prêtres de l'office des féries du temps, pour leur faire préférer l'office des saints qui est plus court, mais moins fructueux; s'il y aurait lieu enfin de supprimer tels ou tels accessoires de l'office canonique, qui n'appartiennent pas à l'essentiel de cet office [1]. » Ce programme des évêques allemands est confus et illimité, et combien les vues de Paul IV étaient plus pratiques et plus nettes! Aussi n'y a-t-il pas lieu de s'étonner que le programme de Paul IV ait fixé sans hésitation les préférences du concile de Trente.

Le concile aborda la question du Bréviaire seulement

1. *Ibid.*, p. 224.

en 1562, c'est-à-dire l'année qui précéda la fin de ses travaux [1]. La demande d'une réforme de l'office canonique fut introduite simultanément par le cardinal de Lorraine au nom du roi et des évêques de France, et par l'empereur Ferdinand Ier. Ce dernier, reprenant et concrétisant le formulaire d'Augsbourg de 1548, demandait que les bréviaires fussent corrigés, qu'on n'y laissât rien subsister qui ne fût de l'Écriture sainte; et que, d'autre part, pour remédier à la tiédeur que les clercs apportaient à la récitation de l'office, on l'abrégeât notablement, car, disait-il, « mieux valait ne réciter que cinq psaumes avec sérénité et hilarité spirituelle, qu'exécuter le psautier entier d'un cœur attristé et mal à l'aise [2]. » Les Allemands ne semblaient pas tenir pour suffisante l'expérience qu'on avait faite avec le bréviaire de Quignonez de cette formule protestante et chimérique de réforme : ils reprenaient à leur compte l'idée même du cardinal de Sainte-Croix. Les Français s'attardaient dans des formules vagues : ils demandaient au concile la restauration des rites et la suppression des superstitions [3]. Les Espagnols, se montrant en cela plus au courant de l'état de la question que soit les Allemands, soit les Français, adressèrent leur requête au pape, lui exprimant combien ils déploraient le mal qu'avait fait le bréviaire du cardinal Quignonez, et demandant que l'on corrigeât le vieux bréviaire romain selon le projet de Paul IV, « *repurgatis paucis, quae judicio eiusdem pontificis per ignorantiam et teme-*

---

1. Voy. Schmid, *Studien über die Reform des römischen Breviers unter Pius V*, dans la *Theologische Quartalschrift* de Tubingen, 1884.
2. Roskovány, t. V, p. 226. Schmid, p. 621.
3. Grancolas, *Commentarius histor.*, p. 10.

ritatem multis saeculis irrepserant. » A cet effet, ils priaient le pape de charger Bernardin Scotti, cardinal archevêque de Trani, le P. Isachino et le prélat Sirleto, d'instruire le concile de l'état des travaux commencés par Paul IV[1].

Le sentiment des Espagnols prévalut auprès du concile. Leur requête avait été transmise à Trente par le secrétaire d'État de Pie IV, le saint cardinal Charles Borromée (novembre 1562), en termes qui laissaient clairement entrevoir que le sentiment des prélats espagnols était aussi celui de la cour pontificale. Huit mois plus tard, 24 juin 1563, les légats informaient le souverain pontife qu'une commission conciliaire, celle de l'Index, avait été déléguée à la correction du Bréviaire. Elle se composait de Leonardo Marini, évêque de Lanciano, de Muzio Calinio, archevêque de Zara, d'Egidio Foscarari, évêque de Modène, auxquels on avait adjoint l'évêque titulaire d'Asaph, Thomas Godwell, un téatin d'origine anglaise, ami du cardinal Pole et du cardinal Borromée[2]. Par la même lettre, les légats priaient le pape qu'il voulût bien faire parvenir à la commission du Bréviaire le dossier manuscrit de la correction de Paul IV, dossier que possédait le cardinal archevêque de Trani, lui aussi un téatin[3]. Le 22 juillet, toutes les pièces de la correction de Paul IV étaient entre les mains de la commission[4]. Mais maintenant il était trop tard pour que le concile pût décider par lui-même des propositions de Paul IV.

---

1. Schmid, p. 623-625. C'est probablement à cette enquête qu'appartient la lettre d'Isachino citée plus haut (p. 233).
2. Id., p. 626.
3. Id., p. 629, et Silos, p. 447.
4. Schmid, p. 625.

Le samedi 4 décembre 1563, le concile de Trente prit fin, sans que la commission du Bréviaire eût rien arrêté, sinon de remettre au Saint-Siège le soin de poursuivre et d'achever la réforme du Bréviaire. Lorsque, à la dernière séance, l'archevêque de Catane donna lecture des décrets qu'il restait à approuver et parmi lesquels se trouvait le décret concernant le Bréviaire, encore qu'un prélat fît observer que ces décrets n'avaient point été proposés à la discussion des congrégations et qu'on n'en avait point délibéré, l'assemblée se rangea à l'avis qui remettait la réforme du Bréviaire à la diligence du pape [1]. On imagine difficilement une assemblée conciliaire discutant les infinis détails de la constitution du texte de l'office divin, comme elle peut faire du texte d'un canon : mais, étant donné que la pensée du pape Pie IV était conforme à celle de Paul IV, s'en remettre à la diligence du pape, c'était approuver le programme de réforme proposé par ces deux papes, programme que la commission conciliaire avait fait sien, et que le concile, en continuant aux évêques membres de cette commission leur délégation, faisait sien à son tour. On peut donc dire que le concile de Trente avait adopté les vues de Paul IV, et que le vieux bréviaire romain, si maltraité des Allemands et des Français, si méconnu longtemps à Rome même au plus fort du succès du bréviaire de Quignonez, le vieux bréviaire romain sortait vainqueur et consacré de cette épreuve aussi solennelle que décisive. Et il se trouvait par surcroît que la nouvelle congrégation du Bréviaire devant être une congrégation romaine, le

---

1. Theiner, *Acta authentica concilii Tridentini* (Agram, 1874), t. II, p. 506. Cf. dans Grancolas, *op. cit.*, p. 11, les objections faites par l'évêque de Lérida, Ant. Augustin.

bréviaire réformé en devenant le bréviaire ordonné par le concile de Trente, n'allait point cesser d'être, pas même de titre, le Bréviaire romain.

II

A peine le concile terminé, le pape Pie IV manda à Rome les trois évêques délégués par le concile à la correction du Bréviaire : Marini, Calinio et Foscarari. On voudrait connaître les travaux de cette congrégation autrement que par ses conclusions ; et peut-être un jour les connaîtra-t-on, si tant est que les pièces de ce dossier existent quelque part ; mais à l'heure actuelle on ne les a pas encore retrouvées. On sait même assez confusément les noms des membres que le pape Pie IV adjoignit de son chef aux trois délégués du concile : le cardinal de Trani, Scotti, qui paraît avoir été le président de la congrégation, au moins un temps ; le modeste et très érudit et très actif Guillaume Sirleto, un des plus savants hommes de la cour romaine d'alors, depuis cardinal, « *il principal institutore et essecutore di questo bel ordine de' uffici,* » dira-t-on plus tard de lui ; le chanoine Curtius de Franchis, chanoine de Saint-Pierre ; un téatin réputé pour sa connaissance de l'histoire ecclésiastique, Vincent Masso ; un élégant latiniste, Jules Pogiano ; peut-être enfin Antoine Carafa, depuis cardinal [1]. Nous n'avons pour nous instruire des préoccupations et de la méthode de la congrégation du Bréviaire, que ce bréviaire lui-même tel qu'il est sorti de ses mains, et deux documents : la bulle du pape

---

1. Schmid, p. 628-631. P. Batiffol, *La Vaticane de Paul III à Paul V*, p. 25 et 65.

Pie V, qui sert de préface au Bréviaire, et une lettre italienne que l'on croit avoir été écrite par Leonardo Marini, un des membres de la congrégation, et que Mgr de Roskovány a publiée[1].

Pie V rappelle que, après le décevant essai tenté par le cardinal Quignonez, nombre d'ordinaires avaient cru de leur droit de réformer eux-mêmes le Bréviaire à leur usage, déplorable coutume (*prava consuetudo*) d'où était sorti le pire désordre ; pour y remédier, le pape Paul IV d'heureuse mémoire avait supprimé le privilège du bréviaire de Quignonez, et entrepris de ramener l'office à sa forme ancienne (*ad pristinum morem*) ; Paul IV étant mort sans mener cette entreprise à son terme, le concile de Trente avait exprimé le désir de voir réformer le Bréviaire selon la pensée de Paul IV (*ex ipsius Pauli papae ratione restituere cogitarunt*) ; à son tour, le concile avait délégué le soin de cette réforme à une congrégation qui achevait enfin sous le pontificat de Pie V l'œuvre dont l'initiative revenait à Paul IV. Et le pape ajoutait : « Ayant constaté que dans l'accomplissement de son œuvre la congrégation ne s'était pas écartée de la forme des antiques bréviaires des nobles églises de Rome et de notre bibliothèque vaticane ; que, en éliminant ce qui était étranger et incertain, elle n'avait rien omis de la somme essentielle du vieil office divin, nous avons approuvé son œuvre. » En d'autres termes, la congrégation romaine avait eu pour mission, selon la pensée de Paul IV, de restaurer la tradition liturgique, et de la restaurer en l'étudiant dans ses monuments manuscrits anciens, en en éliminant ce qui lui était étranger ou ce

---

1. Roskovány, t. V, p. 576-583. Schmid, p. 459.

qui était injustifié (*remotis iis quae aliena et incerta essent, de propria summa veteris officii divini nihil omittere*[1]). Ainsi du moins l'entendait saint Pie V.

Léonardo Marini entre dans le détail des applications dont Pie V vient d'exprimer l'idée maîtresse. La congrégation, dit-il, convaincue que « l'antique façon de prier était bonne, et qu'elle était devenue odieuse uniquement par le fait de certains offices qui s'y étaient surajoutés, entendait restaurer l'ordo antique et ramener à une juste mesure les adjonctions qui l'avaient aggravé ».

Partant de ce principe, on maintenait la distribution traditionnelle des offices en offices de neuf leçons et en offices de trois leçons. Mais, pour faire une part plus large au psautier, on imposait à l'office sanctoral simple les douze psaumes du nocturne férial, comme le voulait la rubrique ancienne. Et, pour faire la part plus large aussi à l'Écriture sainte, on décidait qu'une leçon sur trois, et trois leçons sur neuf seraient toujours de l'Écriture occurrente. On comprenait, et Marini l'exprime excellemment, que l'office férial étant l'office fondamental; il ne convenait point que cet office fût le plus rare de tous, surtout en carême où les canons de l'Église prescrivaient au contraire qu'il fût seul célébré; que la récitation du psautier, qu'il eût été convenable d'exécuter intégralement chaque semaine, fût morcelée de telle sorte que les psaumes du commun des saints revinssent perpétuellement au tour, à la satiété des clercs; que la lecture de l'Écriture sainte ne saurait être diminuée sans que l'ignorance des clercs en fût augmentée d'autant[2]. L'office dominical de dix-huit

---

1. Bulle *Quod a nobis*.
2. Roskovány, t. V, p. 578.

Histoire du Bréviaire romain.

psaumes ne serait plus évincé par les semidoubles ; et, pendant le carême et l'avent, ce même office dominical aurait le pas sur les doubles. Ainsi la congrégation entendait restaurer l'ordre ancien.

Les psaumes pénitentiels et graduels, obligatoires aux féries de carême, ne seraient plus récités, les premiers que les mercredis, les autres que les vendredis des féries de carême. L'office des morts, qu'il était obligatoire de réciter chaque fois que l'office du jour était simple ou férial, ne serait plus récité qu'une fois le mois et aux quatre-temps et vigiles, ainsi qu'aux simples de l'avent et du carême. L'office de la Vierge, obligatoire chaque fois que l'office du jour était semidouble, simple ou férial, ne serait plus récité que les samedis (*quovis sabbato haud impedito*), hors les quatre-temps, les vigiles et le carême. On ne toucherait pas aux nocturnes de l'office dominical, si longs fussent-ils, mais l'office dominical de prime serait allégé des six psaumes (Ps. 21-25) qui suivaient alors le *Beati immaculati*, et que l'on décida de distribuer entre les six féries de la semaine. Ainsi la congrégation entendait ramener à une juste mesure les surérogations qui aggravaient l'ordre ancien[1].

On voit à ces déclarations de Marini quel sentiment animait la congrégation. On ne saurait dire si elle restait en deçà ou si elle allait au delà du programme de Paul IV ; il est même plus probable qu'elle le dépassait. Mais on ne saurait trop observer combien les imprudences du cardinal Quignonez l'avaient rendue circonspecte, timorée même, préoccupée peut-être excessivement de ne rien abolir. « *Nihil quod in usu erat e medio*

---

1. Roskovány, t. V, p. 579-581.

sublatum, sed temperatum, » dit Léonardo Marini. Pie V sera plus décisif, lorsque de son autorité souveraine il rendra facultative l'obligation, que maintenait strictement la congrégation — et que marquent encore aujourd'hui les rubriques, — de réciter à certains jours l'office de la Vierge, l'office des morts, les psaumes pénitentiels et graduels [1]. C'étaient là, en effet, des éléments étrangers (*aliena*), que l'on ne devait pas hésiter à éliminer.

La congrégation montra les mêmes scrupules dans l'élimination des éléments reprochables (*incerta*) du vieux bréviaire. On a reproché au vieux bréviaire, écrit Marini, que de ses légendes de saints il en est qui sont apocryphes, ou scandalisantes, ou mal écrites. La congrégation est d'avis de retenir les faits les plus authentiques, en les mettant en un meilleur style, pour l'édification et le contentement des lecteurs. Elle pense aussi que bien des vies de saints qui sont au vieux bréviaire sont excellentes, empruntées qu'elles sont à des auteurs anciens ou aux actes sincères des martyrs, et que l'on doit leur donner la préférence, tout en les revisant au double point de vue de la vérité historique et de la correction littéraire. Ce soin a été confié d'abord à Foscarari, puis à Pogiano, qui ensemble ont à revoir toutes les légendes du sanctoral [2]. Ici encore les indications fournies par Marini v??? confirmer dans cette impression, que la congré??? entendait la réforme comme une correction, et cette correction comme devant être réduite au strict indispensable.

---

1. Bulle *Quod a nobis.*
2. ???, p. 582. Cf. *Julii Pogiani epistolae et orationes* (Rome, 1756), II, p. XL-LII.

Marini le dit, en terminant, d'un mot qui ne saurait laisser aucun doute : « *Perstitit inconcussa deputatorum convictio nil mutandum esse in ipsis Ecclesiae libris.* »

Le bréviaire romain, corrigé selon les vues que l'on vient d'exposer, parut en 1568, cinq ans à peine après la clôture du concile de Trente. Il semble même que la correction en était achevée dès 1566, à en juger par une lettre du cardinal Borromée à Sirleto [1]. A ce compte, l'exécution de la réforme aurait demandé à peine trois années. La bulle de publication de saint Pie V, *Quod a nobis*, est datée du 9 juillet 1568. Le nouveau Bréviaire était imprimé à Rome, et l'imprimeur, Paul Manuce, reçut le privilége le 11 novembre 1568. L'office, selon le nouveau bréviaire, put entrer en usage au début de l'année 1569. Le volume portait en titre : *Breviarium Romanum, ex decreto Sacrosancti Concilii Tridentini restitutum, Pii V Pont. Max. iussu editum. Romae. MDLXVIII. Cum privilegio Pii V Pontificis Maximi, in aedibus Populi Romani, apud Paulum Manutium.*

La bulle *Quod a nobis* portait abolition sans restriction possible du bréviaire de Quignonez [2]; abolition de

1. Borromée à Sirleto, 4 sept. 1566 (Schmid, p. 654). M. Renouard (*Annales de l'imprimerie des Alde*, Paris, 1834, p. 190) signale comme imprimé par Paul Manuce en 1564 un bréviaire romain ayant en titre : *Breviarium Romanum ex decreto sacrosancti Concilii Tridentini restitutum, Pii IV, Pont. Max. iussu editum.* In fol., Rome, 1564. Je n'ai pas eu d'exemplaire de ce bréviaire à ma disposition. Il serait très intéressant de le comparer avec le bréviaire de 1568, et de vérifier l'opinion de M. Renouard qui le dit être le même que celui de 1568.

2. Il existe une réédition du bréviaire de Quignonez, mais elle n'a jamais été mise dans la circulation. C'est celle que fit faire pour son usage personnel Colbert, en 1679, et dont on connait six exemplaires. Voy. L. Delisle, *Le bréviaire de Colbert*, dans la *Biblioth. de l'École des Chartes*, 1882, p. 146-149.

tout bréviaire plus ancien que le bréviaire nouveau, à l'exception de ceux qui se pourraient prévaloir d'une approbation pontificale ou d'une coutume antérieure à deux cents ans; enfin défense de changer en tout ou en partie le nouveau bréviaire, d'y ajouter ou d'y retrancher quoique ce fût.

Etant donné le scrupuleux esprit de conservation qui animait les liturgistes de saint Pie V, il ne faut point s'attendre à trouver dans le bréviaire de 1568 un bréviaire autre que le bréviaire traditionnel de la Curie, le bréviaire tel qu'il s'imprimait depuis 1474, mais ce même bréviaire amendé et rendu tout ensemble plus manuel et plus poli. Quignonez déclarait les anciennes rubriques obscures et inextricables : on fit figurer en tête du nouveau bréviaire cette exposition des rubriques générales de l'office que nous y lisons encore, excellente exposition en partie empruntée au *Directorium divini officii* publié par L. Ciconiolano en 1540, avec l'approbation de Paul III[1]. Quignonez déplorait l'invasion du temporal par le sanctoral: le calendrier des fêtes fixes fut allégé de plusieurs fêtes : saint Joachim, saint François de Paule, saint Bernardin, saint Antoine de Padoue, sainte Anne, saint Louis de Toulouse, sainte Elisabeth de Thuringe, la Présentation. Plusieurs fêtes se virent réduire à des mémoires : sainte Euphémie, sainte Thècle, sainte Ursule, saint Saturnin. Le total des semidoubles était maintenant de trente; le total des doubles de tout rang était de cinquante-sept, et celui des mémoires de trente-trois. Les offices du commun des saints ne prenaient donc plus que cent jours environ sur l'office temporal.

1. Schmid, p. 637.

Le texte du psautier et des leçons scripturaires était de la Vulgate. On a dit souvent que cette innovation datait de Pie V; en réalité, elle avait été inaugurée à une époque que l'on n'a pas encore précisée, mais sûrement antérieure au xvie siècle [1]. Mais la distribution de l'Ecriture sainte en leçons pour le premier nocturne était faite conformément au décret dit de Grégoire VII, et en réalité dans ses grandes lignes conformes à la distribution dont nous avons au viiie siècle constaté l'usage [2]. Chaque jour avait sa leçon scripturaire, et ces diverses leçons étaient choisies, à quelques exceptions près, parmi les pages les plus simples de la Bible.

L'antiphonaire et le responsoral demeuraient intacts, c'est-à-dire conformes, à quelques détails près, à l'antiphonaire et au responsoral du viiie siècle.

Le lectionnaire, au second nocturne des fêtes fixes, subit de notables changements. On donna des leçons nouvelles aux fêtes de saint Hilaire, saint Paul ermite, saint Jean Chrysostome, saint Ignace d'Antioche, saint Mathias, saint Joseph, saints Soter et Caius, saints Clet et Marcellin, saint Athanase, saint Grégoire de Nazianze, saint Basile, la Visitation, l'octave de saint Pierre, sainte Marie-Madeleine, saint Pierre-aux-Liens, l'Invention de saint Etienne, saint Dominique, sainte Marie-aux-Neiges, la Transfiguration, saint Laurent, toute l'octave de l'Assomption, saint Barthélemy, saint

---

1. Schober, p. 41. D'après dom Baeumer, sous Sixte IV.
2. Isaïe pour l'avent; Genèse au printemps; Actes, Apocalypse, Epîtres non pauliniennes, au temps pascal; Rois en été; Sapientiaux en août; Job, Tobie, Judith, Esther en septembre; Machabées en octobre; Ezéchiel et petits prophètes en novembre; Epîtres pauliniennes au temps de Noël. Voy. plus haut, p. 93.

Augustin, la Décollation de saint Jean-Baptiste, l'octave de la Nativité, saint Mathieu, saint Jérôme, saint François, saints Simon et Jude, saint Martin, saint Damase. Une douzaine d'homélies au troisième nocturne furent remplacées ou introduites : sainte Agnès, saints Vincent et Anastase, saint Ignace, sainte Agathe, sainte Marthe, saint Mathieu, saint Bernard, saint Augustin, saint Jérôme, saint Nicolas, sainte Lucie, etc. — Mais c'est ici la partie caduque de la réforme de saint Pie V. Ses liturgistes n'avaient pas hésité à supprimer les leçons que le bréviaire de 1550 donnait à la fête de sainte Marguerite, de même les leçons de sainte Thècle, de même les leçons de saint Eustache, de même les leçons de sainte Ursule : c'était trop peu supprimer. Et quant aux leçons nouvelles, si nous en jugeons par celles de saint Barthélemy, par celles de l'Invention de saint Etienne, par celles de sainte Marie-aux-Neiges, c'était trop admettre. Et combien d'autres qui, dans leurs sources ou dans leur rédaction, restaient incontestablement reprochables ! La loyauté des liturgistes de saint Pie V n'est pas en cause : c'est la maturité de leur entreprise qui est en question, et leur critique, qui est en défaut. Bellarmin et Baronius d'une part, Benoît XIV de l'autre ne se feront pas faute de le leur reprocher.

Et cependant, au total, un grand progrès était réalisé. Cette restauration du vieux bréviaire de la cour romaine, cette restauration respectueuse et timorée était la meilleure restauration qui se pût faire alors de l'office romain. Elle avait sauvé l'*ordo psallendi* traditionnel de l'Eglise romaine ; elle avait sauvé l'antiphonaire et le responsoral du temps de Charlemagne ; elle avait restauré l'*ordo canonis decantandi* du VIIIe siècle ;

elle avait supprimé les offices additionnels introduits par la liturgie post-carolingienne ; elle avait ramené le calendrier des fêtes fixes à une plus juste proportion, et véritablement remis en honneur l'office temporal. Si elle n'avait pas osé supprimer l'hymnaire, c'est que personne n'y eût pensé alors et n'y a même pensé depuis. Et si, dans la correction du lectionnaire, elle a manqué de critique historique, la faute en est pour une large part à la critique ecclésiastique de son temps.

La catholicité rendit justice à l'œuvre sage et sincère de saint Pie V. L'Italie entière, toutes les Espagnes y compris le Portugal, par les soins de Philippe II, la France plus lentement, à partir de 1580[1], et grâce aux instances des Jésuites, reçurent avec estime le nouveau bréviaire romain. Si, écrit le sorbonniste Grancolas, « si, au IXe siècle, le Bréviaire romain mérita tant d'applaudissements et d'être préféré à tous ceux des autres Eglises, il parut avec plus de lustre après que le pape Pie V l'eut fait revoir ; aussi peut-on dire que, depuis ce temps-là, toutes les Eglises particulières l'ont tellement adopté, que celles qui ne l'ont pas pris sous le nom de Bréviaire romain l'ont presque tout inséré dans le leur, en l'accommodant à leur rite[2]. »

Il est même permis de dire, avec dom Guéranger, que le succès du Bréviaire de saint Pie V fut excessif. Le Saint-Siège entendait voir se perpétuer les liturgies remontant au moins à deux siècles. C'est ainsi que le Saint-Siège, par un rescrit du 10 septembre 1587,

---

1. Voyez pourtant la belle édition parisienne du Bréviaire de de Pie V publiée à Paris chez Kerver, 1574, « cum privileg. Caroli IX Francorum regis christianissimi. »
2. Cf. Guéranger, t. I, pp. 450 et suiv. Roskovány, t. II, pp. 236-262.

accorda à l'Eglise d'Aquilée de continuer à célébrer l'office divin selon son vieux rite patriarchin [1]. Il eût été bon que les Eglises, rentrant dans l'exception prévue par la bulle *Quod a nobis*, gardassent leur *ordo* propre traditionnel. Lorsque le chapitre de la cathédrale de Paris, en 1583, refusa à son évêque, Pierre de Gondy, de recevoir le Bréviaire de Pie V, — « *...Maxime quod recepta dudum tam illustris Ecclesiae consuetudo, non facile suum immutari officium pateretur* [2], — le chapitre de Paris entrait dans les vues conservatrices du Saint-Siège. « Nous sommes loin de le blâmer, écrit dom Guéranger. Il était trop juste que cette liturgie romaine-française, enrichie par Robert le Pieux, Fulbert, Maurice de Sully, que plusieurs ordres religieux avaient adoptée, qui avait pénétré jusque dans les églises de Jérusalem, de Rhodes, de Sicile, demeurât debout comme une de nos gloires nationales. Abolie déjà dans la plupart des cathédrales françaises par l'introduction des livres romains, Paris, du moins, ne devait pas la laisser périr. Rome elle-même avait préparé les voies à cette conservation par les clauses de sa bulle; si donc, aujourd'hui, cette belle et poétique forme du culte catholique n'est plus, demandons-en compte, non au Saint-Siège, mais aux Parisiens qui, *cent ans plus tard*, se plurent à renverser l'antique et noble édifice que leurs pères avaient défendu avec tant d'amour [3] ».

1. Guéranger, t. I, p. 430.
2. *Breviarium insignis Ecclesiae Parisiensis restitutum ac emendatum R. in Christo Patris D. Petri de Gondy Parisiensis Episcopi authoritate, ae eiusdem Ecclesiae Capituli consensu editum.* Paris, 1584. Préface de Gondy.
3. Id., p. 452. Dom Guéranger a tort de s'en prendre aux Parisiens du xviie siècle. C'est Pierre de Gondy, en 1584, qui fit corriger les livres parisiens et y « fit entrer la presque totalité du Bréviaire de saint Pie V ». (Guéranger, *loc. cit.*)

III

En promettant, dans la bulle *Quod a nobis*, que le Bréviaire, « dans aucun temps, ne pourrait être changé, en tout ou en partie, et qu'on n'y pourrait ajouter ou enlever quoi que ce fût, » le pape Pie V avait pris un engagement que ses successeurs ne devaient pas observer.

Son successeur immédiat, le pape Grégoire XIII (1572-1585), ne se crut pas lié par les termes de la bulle *Quod a nobis*. Pie V n'avait point institué d'office commémoratif de la victoire de Lépante (1571), s'étant contenté d'insérer au 7 octobre la mention de sainte Marie-de-la-Victoire dans le Martyrologe romain. Grégoire XIII voulut davantage; et, par un décret en date du 1er avril 1573, il institua la fête du Rosaire, la fixa au premier dimanche d'octobre, et lui donna le rite double majeur. Il est vrai que cette fête n'était pas étendue à l'Église universelle, elle ne devait l'être que sous Clément XI (3 octobre 1716). Mais Grégoire XIII n'entendait pas moins toucher au Bréviaire de 1568. On le vit mieux, en 1584, lorsqu'il rétablit, en lui donnant le rite double, la fête de sainte Anne, que Pie V avait éliminée de son Bréviaire, et la mémoire de saint Joachim, dont Pie V avait supprimé toute mention [1].

Sixte-Quint, après lui (1585-1590), porta de nouveau la main sur l'œuvre de Pie V. Il rétablit, en 1585, en lui donnant le rite double, la fête de la Présentation de la Vierge, fête abolie par Pie V. Il rétablit de même la fête de saint François de Paule et celle de saint Nicolas

---

1. Schober, p. 49.

de Tolentino. L'année suivante (1586), il rétablit la fête de saint Janvier et de ses compagnons, celle de saint Pierre martyr, et celle de saint Antoine de Padoue, supprimées par Pie V. En 1588, il donna à saint Bonaventure le titre de docteur, et il éleva sa fête du rite semi-double au rite double [1].

Les pontificats d'Urbain VII, de Grégoire XIV, d'Innocent IX (1590-1591), ne laissent pas de trace dans l'histoire du Bréviaire romain : par contre, celui de Clément VIII va sanctionner les mesures de Grégoire XIII et de Sixte-Quint, en les dépassant.

Le pontificat de Sixte-Quint avait donné à l'Eglise catholique une édition de la Vulgate hiéronymienne (1589) [2]. Dans la bulle *Aeternus ille*, qui sert de préface à l'édition sixtine de la Vulgate, le souverain pontife avait donné aux imprimeurs une faculté, ou plutôt un ordre, qui n'allait pas sans produire de graves effets : l'ordre de corriger, selon la lettre de l'édition sixtine, dans les missels, bréviaires, psautiers, rituels, pontificaux, cérémoniaux et autres livres ecclésiastiques, les textes qu'ils renfermaient de l'Ecriture Sainte (*juxta hunc nostrum textum ad verbum et ad literam corrigantur*). On sait quelle critique souleva l'édition sixtine de 1589, et comment on dut en entreprendre immédiatement la révision. De là, nouvelle édition de la Vulgate (1592). Que de perturbations apportées dans la lettre de l'office romain ! On était maintenant en 1600 environ : le Bréviaire de 1568 avait donc plus de trente ans d'usage. Quel livre ne trahirait pas de défauts à une pareille

---

1. Schober. p. 50.
2. Voy. Ungarelli, *Histoire de la correction de la Vulgate*, dans les *Analecta juris pontificii*, 1852, t I., pp. 1322-1340.

épreuve ! La critique des textes, la science historique, le goût lui-même étaient plus développés, plus exigeants à l'heure actuelle. La congrégation de 1568, travaillant après le cardinal Quignonez, avait travaillé à une heure de réaction et de circonspection nécessaires : une congrégation nouvelle pourrait être plus osée sans être téméraire. Ce que n'avait pu faire le cardinal Sirleto, sous Pie V, le cardinal Bellarmin pourrait l'entreprendre, sous Clément VIII [1].

Ce ne fut pas au cardinal Bellarmin, que l'on fit surtout appel. La part capitale, dans la révision clémentine du Bréviaire romain, revient au cardinal Baronius.

L'initiative de la révision du Bréviaire était venue du Saint-Siège. De Rome, on avait sollicité l'avis, non point des ordinaires, mais des principaux savants ou corps savants d'Europe. Les *Adnotationes criticae* adressées ainsi par les théologiens de Pologne, de Savoie, d'Espagne, d'Allemagne, de Naples, de Venise, par la Sorbonne, par le doyen de la faculté de théologie de Salamanque, par d'autres encore, sans omettre Ciacconio et Bellarmin, — ces *Adnotationes* nous ont été conservées à la bibliothèque Vallicellane, à Rome, parmi les papiers de Baronius [2].

De fait, elles avaient été remises toutes au cardinal Baronius, pour qu'il en exprimât au pape son propre jugement, pour qu'il les rapportât. Et nous possédons le texte du rapport de Baronius.

« J'ai examiné, dit-il, toutes les critiques qui, de

---

1. A. Bergel, *Die Emendation des römischen Breviers unter Papst Clemens VIII*, dans la *Zeitschrift für katholische Theologie* d'Innsbruck, 1884.
2. Bergel, pp. 293-294, en donne l'inventaire.

diverses provinces, ont été adressées, ou que de doctes personnes de Rome nous ont communiquées. Conformément à ces critiques, j'ai mis à part, dans tout le Bréviaire, ce qui ne paraissait pas pouvoir être défendu, en quoi je me suis appliqué, pour la plus grande rapidité de la correction, à supprimer plutôt qu'à ajouter. Comme il est juste que mon travail soit soumis à la censure d'autrui, il serait excellent que Sa Sainteté nommât un des cardinaux de la congrégation des Rites, auquel elle adjoindrait deux ou trois consulteurs doctes et érudits, qui prendraient la peine de revoir sérieusement mon travail. Ainsi, en quelques jours, une décision pourrait être prise sur toute cette affaire. J'ai, en effet, partout indiqué les raisons qui me faisaient corriger ou ne pas corriger le texte du Bréviaire ; je serais d'ailleurs présent pour fournir les explications nécessaires, si quelque point paraissait obscur ou ambigu. Une fois la correction approuvée par ces trois censeurs, on la soumettrait, au moins quant aux modifications les plus importantes, à la congrégation des Rites, et ensuite Sa Sainteté pourrait en prendre connaissance et décider, en dernier, de tout le travail, selon qu'il lui semblerait juste. — Pour ce qui est de l'exécution, on avait pensé à publier un petit livre qui contiendrait les offices nouveaux approuvés par Sixte-Quint..., et le *correctorium* de tout le Bréviaire. Pour les offices nouveaux, dont quelques-uns n'ont pas encore été imprimés (la Conception, la Visitation, la Présentation...), ce projet aurait du bon : pour le *correctorium*, il ne me plaît pas du tout. En effet, à publier un *correctorium*, on découvre à toute la terre et aux ennemis de l'Eglise les nombreuses et graves erreurs que nous avons tolérées jusqu'ici dans le Bréviaire : ce serait un scandale, et de plus le désaveu des auteurs du Bréviaire, sans compter qu'il serait désagréable à beaucoup de faire tant de corrections à leurs Bréviaires. Il paraît plus sûr d'imprimer un Bréviaire corrigé et expurgé, qu'on n'obligerait personne à acheter incontinent, mais seulement quand besoin serait. Ainsi les religieux et les prêtres pauvres ne seraient point gênés ; ainsi peu de gens remarqueraient les corrections nouvelles de tant d'erreurs qui, en réalité, se sont introduites dans le Bréviaire ; et cependant, en quelques années, on finirait par n'avoir plus en circulation que des Bréviaires corrigés. Si l'on se décide à imprimer un Bréviaire corrigé, ce que tous les hommes instruits désirent vivement et attendent impatiemment (*avide*), Sa Sainteté pourrait expliquer dans une bulle préface les raisons de cette nouvelle édition..., notamment qu'elle a pour but de couper court à la témérité de quelques-uns qui, de leur autorité privée, ont inséré dans les Bréviaires des choses fausses ou incertaines, ainsi que cela est évident en ce qui concerne les leçons de saint Alexis et autres, et qu'à cette occasion on a corrigé quelques autres fautes dues à la négligence des typographes ou autres (*vel aliorum*)[1]. »

Les sentiments exprimés là par le cardinal Baronius, appelleraient plus d'une réserve. N'en retenons qu'un fait : c'est lui qui a préparé la correction du Bréviaire.

La congrégation particulière, dont il demandait l'avis, fut nommée aussitôt par Clément VIII. Nous avons les noms de ses membres : J.-B. Bandino, chanoine de Saint-Pierre ; Michel Ghisleri, téatin ; Barth.

---

1. Bergel, pp. 295-297.

Gavanto, barnabite ; Ludovic de Torres, archevêque de Montreale ; le cardinal Antoniano, le cardinal Bellarmin, enfin le cardinal Baronius, président [1].

La congrégation fut d'accord, avant tout, de faire au texte du Bréviaire le moins de changements qu'il se pourrait (*data est opera ut quam minima mutatio fieret*). Le cardinal Antoniano avait proposé de corriger les hymnes des fautes de quantité qui les tachent : la congrégation, en reconnaissant que les hymnes sont pleines d'erreurs prosodiques (*scatent erroribus syllabarum*) [2], ne consentit à changer que ce qui paraissait être la faute des copistes, ou ce qui pouvait être corrigé par le changement d'une seule lettre ou d'une seule syllabe, « particulièrement dans les hymnes de Prudence et d'Ambroise qu'il n'est pas permis de supposer avoir été composées incorrectement [3]. » Quant au lectionnaire, à l'antiphonaire et au responsoral, on entendait « ne changer que ce qui ne pouvait être maintenu sans scandale » (*ea sola mutaremus quae sine offensione tolerari non poterant* [4]). On supprima quelques homélies ou sermons du lectionnaire pour les remplacer par d'autres : ainsi, au 15 août, on fit disparaître un sermon apocryphe de saint Athanase, pour le remplacer par un sermon de saint Jean Damascène ; ainsi, au 1er novembre, on restitua à Bède le sermon du second nocturne que

---

1. Gavanto, in front. *Thesaur sacrorum rituum*.
2. Cf. Chevalier, *Poésie liturgique du moyen âge* dans l'*Université catholique*, t. X, 1892, pp. 161-190 · excellent exposé de l'histoire et des règles de la poésie rythmique chrétienne.
3. Bergel, p. 297. On ajouta deux hymnes nouvelles : le *Fortem virili pectore*, œuvre du cardinal Antoniano, pour le commun des non vierges, et le *Pater superni luminis*, œuvre du cardinal Bellarmin, pour la fête de sainte Madeleine.
4. *Id., Ibid.*

le Bréviaire de Pie V attribuait à saint Augustin... On supprima des légendes sanctorales un petit nombre d'assertions que l'on jugea insoutenables, comme, dans la légende de saint Martin, le récit de la vision de saint Ambroise assistant en songe à la mort de saint Martin, récit emprunté à Grégoire de Tours[1] ; ou, ailleurs, l'assertion que saints Gordien et Epimaque avaient été condamnés à Rome par l'empereur Julien[2], etc. Mais, pour la plupart, les erreurs que l'on corrigea étaient des erreurs de simple chronologie, comme la date de la mort de saint Ambroise ou de saint Hilaire, ou du martyre des saints Gervais et Protais, Faustin et Jovita, etc.

Quelques corrections proposées par Baronius ne furent point adoptées, quelle qu'en fût l'opportunité. Il trouvait discutable le fait mentionné par la légende de la dédicace de Saint-Jean-de-Latran : « *Et imago Salvatoris in pariete depicta populo romano apparuit.* » On n'y toucha point. Il demandait que, dans la légende de l'apparition de saint Michel sur le mont Gargan, la mention de la consécration à Rome d'un oratoire « *in summo circo* » fût modifiée de manière à désigner l'oratoire de saint Michel « *in summo circulo molis Hadrianae* », c'est-à-dire sur la terrasse du château Saint-Ange : la leçon ancienne a été maintenue, si obscure soit elle. Les erreurs graves, que Baronius signalait dans certaines légendes, nommément dans celle de saint Alexis, ne furent même pas soumises à l'examen de la congrégation, et la légende, si controversée de ce saint, est demeurée intacte. D'autres corrections

---

1. Bergel, p. 340.
2. *Id.*, p. 317.

qui furent adoptées étaient discutables. Exemples :
Baronius fit dire à la légende de saint André que les
ossements de l'apôtre ont été transportés à Constantinople sous le règne de Constance ; le Bréviaire de
Pie V disait Constantin, et Urbain VIII a fait judicieusement rétablir cette leçon. Dans le Bréviaire de Pie V,
saint Hippolyte était donné comme prêtre ; Baronius le
fait qualifier d'évêque de Porto. La légende de saint
Jacques le Majeur, dans le Bréviaire de Pie V, disait sans
insister que l'apôtre avait « parcouru l'Espagne et y avait
prêché l'Evangile, puis était revenu à Jérusalem » ;
Bellarmin demandait que cette assertion fût effacée du
Bréviaire, comme ne reposant sur aucun témoignage
digne de foi. Baronius passe outre aux représentations
de Bellarmin, et fait insérer la phrase suivante :
« *Mox Hispaniam adiisse, et ibi aliquos ad fidem convertisse, Ecclesiarum illius provinciae traditio est; ex
quorum numero septem postea episcopi a beato Petro
ordinati in Hispaniam primi directi sunt;* » phrase dont
Urbain VIII devait supprimer le membre *Ecclesiarum
illius provinciæ traditio*, cédant aux instantes réclamations du clergé espagnol. Dans le Bréviaire de
Pie V on admettait l'identité du Denys évêque
d'Athènes et du Denys évêque de Paris ; Bellarmin
voulait que l'on distinguât les deux personnages, faisant du second un évêque du temps de Dèce, ainsi
que l'entendent Grégoire de Tours et Sulpice Sévère ;
Baronius fait maintenir les termes adoptés sous Pie V.
Baronius corrige les légendes des anciens papes ; mais
ce n'est que pour préciser la chronologie de leurs pontificats, si incertaine cependant.

Combien de détails qui « ne pouvaient être supportés
sans offense » sont maintenus ! Bellarmin n'admettait

pas l'authenticité des Fausses Décrétales, et l'on sait que les Fausses Décrétales sont entrées dans la rédaction des légendes des anciens papes au Bréviaire : Baronius repousse toute correction sur ce chapitre. Baronius lui-même reconnaissait le caractère apocryphe d'actes des apôtres, tels que ceux de saint Thomas ; il invoque cependant leur autorité, « *licet adnumerentur inter apocrypha,* » dit-il. Baronius reconnaissait le caractère corrompu de certains actes de martyrs : « *Acta sancti Donati depravata esse nulla dubitatio est* ; » et ailleurs, parlant de sainte Catherine : « *Multa eius historia habet quae veritati repugnant.* » Il ne croit pourtant point qu'il faille faire autre chose que les amender.

Au total le *correctorium* dressé par Baronius et adopté par la congrégation clémentine se réduisait à de minimes modifications[1], et bien peu en rapport même avec les prémisses énoncées par Baronius dans son projet de correction. Mais tel qu'il était, il fixait un point de droit de grande importance, que Clément VIII

---

1. Exemples : OFFICE DE SAINT TIBURCE ET DE SAINTE SUZANNE

| 1568 : Quod Maximi Diocletiani imperatoris filii coniugium recusaret. | 1602 : Quod Galerii Maximiani filii Diocletiani imperatoris coniugium recusaret. |

OFFICE DE SAINTE CLAIRE

| 1568 : Ad portam oppidi afferri voluit. | 1602 : Ad portam afferri voluit. |

OFFICE DE SAINT GRÉGOIRE DE NAZIANZE

| 1568 : Primum Sassimorum, inde Nazianzi episcopus creatus est. | 1602 : Primum Sassimorum episcopus creatus est, deinde Nazianzenam ecclesiam administravit. |

a consacré implicitement en ne reproduisant point dans sa bulle préface les termes si strictement prohibitifs de la bulle *Quod a nobis* de saint Pie V : c'est à savoir que le texte du Bréviaire romain était un texte perfectible. Et s'il était perfectible, c'est donc qu'il renfermait, dans son économie traditionnelle et définitive, des éléments caducs et provisoires, que le temps avait révélés ou aurait à révéler.

Un autre amendement apporté par Clément VIII à l'œuvre de Pie V consista, non seulement à introduire ou à rétablir des fêtes dans le Bréviaire romain (saint Romuald, 7 février; saint Stanislas, 7 mai; saint Lucius, pape, 4 mars; sainte Catherine de Sienne, 29 avril; saint Jean Gualbert, 12 juillet; saint Eusèbe, 15 décembre); — mais à relever le rite de fêtes amoindries par Pie V. La fête de l'Invention de la Croix devint double de seconde classe. Au rite double majeur furent élevées les fêtes de la Transfiguration, de l'Exaltation de la Croix, de sainte Marie-aux-Neiges, de la Visitation, de la Présentation, de la Conception, de l'Apparition de saint Michel, des deux Chaires de saint Pierre, de saint Pierre-aux-Liens, de la Conversion de saint Paul, de saint Jean à la Porte latine, de saint Barnabé. Au rite semi-double, on éleva des fêtes simples : saint Timothée, saint Polycarpe, saints Nérée et Achillée, saint Grégoire le Thaumaturge[1]. En 1568, on avait eu en vue de diminuer le sanctoral pour remettre le temporal en usage et en honneur; en 1602, on allait à rendre au sanctoral la prépondérance sur le temporal. Et l'exemple donné par Clément VIII, dans ce sens, allait être suivi, à l'envi, par tous ses succes-

---

1. Schober, p. 57.

seurs, Benoît XIV excepté [1]. S'il m'est permis de prendre position dans une discussion si délicate, je crois le sentiment de Pie V et de Benoît XIV théoriquement préférable.

**
* **

Léon X, Clément VII, Paul IV, Pie V, Clément VIII : voilà depuis le commencement du xvie siècle cinq réformes du vieux Bréviaire de la cour romaine. Ajoutons-en une sixième, celle d'Urbain VIII.

Celle-ci aussi, comme les autres, a été provoquée par les doléances de plusieurs hommes pieux et doctes qui se plaignent que le Bréviaire romain renferme des éléments reprochables : « *Piorum doctorumque virorum judicia et vota conquerentium in eo contineri non pauca, quae sive a nitore institutionis excidissent, sive inchoata potius quam perfecta forent ab aliis, certe a nobis supremam manum imponi desiderarent* [2]. » On reproche au Bréviaire romain que le texte des sermons et homélies des saints Pères n'est pas un bon texte : on le collationnera avec les « éditions imprimées et les vieux manuscrits ». On reproche au psautier la ponctuation défectueuse de son texte : on y restituera la ponctuation de la Vulgate, et, pour la commodité du chant, on marquera d'un astérisque la médiante des versets. Enfin, c'est la critique la plus vive, on reproche aux hymnes de pécher contre les lois de la prosodie et de la métrique : on rétablira la leçon des manuscrits si elle

---

1. *Breviarium Romanum ex decreto Sacrosancti Concilii Tridentini restitutum, Pii V Pont. Max. jussu editum, et Clementis VIII auctoritate recognitum*, Rome, 1602.
2. Bulle *Divinam psalmodiam*.

est plus correcte, ou l'on remettra le vers sur ses pieds et le latin dans sa correction grammaticale si c'est possible, et quand ce sera impossible on refera entièrement le vers [1].

Urbain VIII institue une congrégation pour l'exécution de ce plan. Elle est présidée par le cardinal Ludovic Gaëtani, et se compose de neuf consulteurs, dont plusieurs célèbres : le Père Térence Alciat, jésuite, qui prépare l'histoire du concile de Trente publiée après sa mort par le cardinal Pallavicini; le Père Hilarion Rancato, l'ordonnateur de la bibliothèque Sessorienne; le Père Luc Wadding, l'historiographe des Frères Mineurs, dont il était; le Père Barthélemy Gavanto, barnabite, le meilleur liturgiste du temps. Les cinq autres sont : le secrétaire de la congrégation des Rites, Tegrimi; le sacriste pontifical, Sacchi; le maître du sacré palais, Riccardi; un oratorien, Vulponi; un prélat de la Signature, Lanni. Le travail de la congrégation semble avoir été surtout de veiller à la correction typographique du Bréviaire... Parlant des légendes des saints, Gavanto rapporte que, arrêté sous Clément VIII par les cardinaux Bellarmin et Baronius avec une sévérité qui n'avait rien épargné de ce qui était douteux, leur texte était difficile à rendre historiquement plus exact : aussi se résolut-on à y faire le moins possible de changements. On maintient même les faits controversés, pour peu qu'appuyés du témoignage de quelque auteur grave, ils aient quelque probabilité d'être vrais : « *Quae controversa erant, alicuius tamen gravis auctoris testimonio suffulta aliquam haberent probabilitatem, retenta sunt eo modo quo erant, cum falsitatis*

---

1. *Ibid.*

argui non possint, quamvis fortasse altera sententia sit a pluribus recepta[1]. »

Au total, et de l'aveu même de Gavanto dans tout le cours de son commentaire du Bréviaire, la congrégation d'Urbain VIII n'a à peu près point laissé de trace de corrections nouvelles au texte constitué par Clément VIII.

Aussi bien n'est-ce pas à cette congrégation de liturgistes qu'Urbain VIII a confié la révision qu'il a le plus à cœur, mais à quatre jésuites, les Pères Strada, Galluzzi, Sarbiewski et Petrucci, qui sont, sous la direction personnelle du pape poète, les artisans de la réforme principale, la correction de l'hymnaire. Urbain VIII, comme tous les Barberini du xviie siècle, est un lettré délicat : sa cour, comme celle de Richelieu, est presque une académie. Urbain VIII a signé tout un volume de petits poèmes latins[2]. Le Bréviaire en insèrera deux, l'hymne de sainte Martine et celle de sainte Elisabeth de Portugal :

> *Martinae celebri plaudite nomini,*
> *cives Romulei, plaudite gloriae,*
> *insignem meritis dicite virginem,*
> *Christi dicite martyrem.*

Urbain VIII pense répondre au désir de son temps en faisant corriger la prosodie ou la soi-disant prosodie des hymnes ecclésiastiques. Singulière exigence du goût d'une époque! C'est ainsi que les Barberini et tant d'autres refaisaient aux statues antiques ces

---

1. Gavanto, *Thesaur. sacrorum rituum*, t. II, p. 75.
2. Maf. Barberini, *Poëmata*, Rome, 1631.

membres qui les défigurent plus que les mutilations séculaires de leur marbre ! Que les Jésuites aient dépassé la mesure et que, sous prétexte de restaurer les hymnes selon les règles de la métrique et du beau langage, ils aient « déformé l'œuvre de l'antiquité chrétienne, c'est chose aujourd'hui avérée », écrit M. l'abbé Chevalier, et il cite en exemple deux hymnes restaurées ainsi par les Jésuites. (Nous imprimons en italique les quelques mots conservés par eux dans le texte revisé [1]) :

TEXTE PRIMITIF   TEXTE RÉFORMÉ

Hymne aux vêpres de l'Avent.

Conditor alme siderum,	Creator *alme siderum,*
aeterna lux credentium.	*aeterna lux credentium,*
Christe, redemptor omnium,	Jesu, *redemptor omnium,*
exaudi preces supplicum.	intende votis *supplicum.*
Qui condolens interitu	*Qui* daemonis ne fraudibus
mortis perire saeculum,	periret orbis, impetu
salvasti mundum languidum,	amoris actus, languidi
donans reis remedium.	mundi medela factus es.
Vergente mundi vespere,	Commune qui mundi nefas
uti sponsus de thalamo,	ut expiares ad crucem,
egressus honestissima	e virginis sacrario
virginis matris clausula.	intacta prodis victima.
Cuius forti potentiae	*Cuius* potestas gloriae,
genu curvantur omnia,	nomenque cum primum sonat,
coelestia, terrestria	et coelites et inferi
nutu fatentur subdita.	tremente curvantur genu.
Te deprecamur, hagie,	*Te deprecamur* ultimae
venture judex saeculi :	magnum diei judicem,
conserva nos in tempore,	armis supernae gratiae
hostis a telo perfidi.	defende nos ab hostibus.

1. On trouvera dans Daniel, *Thesaurus hymnologicus* (Halle, 1841), le texte de l'hymnaire romain d'Urbain VIII, et en regard le texte ancien.

Hymne pascal aux laudes.

Aurora lucis rutilat,	*Aurora* coelum purpurat,
coelum laudibus intonat,	aether resultat laudibus,
mundus exultans jubilat,	*mundus* triumphans *jubilat,*
tremens infernus ululat.	horrens avernus infremit :
Cum rex ille fortissimus,	Rex ille dum *fortissimus*
mortis confractis viribus.	de mortis inferno specu
pede conculcans Tartara,	patrum senatum liberum
solvit a poena miseros.	educit ad vitae jubar.
Ille, qui clausus lapide	Cuius sepulchrum plurimo
custoditur sub milite,	custode signabat lapis,
triumphans pompa nobili	victor triumphat et suo
victor surgit de funere.	mortem sepulchro funerat.
Solutis jam gemitibus	Sat funeri, sat lacrymis,
et inferni doloribus,	sat est datum *doloribus,*
quia surrexit Dominus,	surrexit extinctor necis,
resplendens clamat angelus.	clamat coruscans *angelus.*

« Je ne veux point dire, poursuit M. Chevalier appréciant le travail commandé par Urbain VIII, que toutes les pièces de l'hymnaire aient subi d'aussi cruels outrages, mais à toutes on peut appliquer ce vers saturnien : *Rogo te, mi viator, noli mi nocere!* On était parti d'un principe erroné, par ignorance des règles de la poésie rythmique..., poésie absolument inconnue du temps d'Urbain VIII, où l'on osait affirmer que les hymnes de saint Thomas d'Aquin étaient composées *etrusco rythmo!...* M. l'abbé Pimont a montré d'autre part, avec une grande force d'argumentation et une respectueuse modération de langage, tout ce que le sens chrétien et la véritable piété ont perdu à ces changements[1]. En somme, on avait corrigé 952 syllabes : c'est

---

1. Pimont, *Les hymnes du bréviaire romain*, Paris, 1874-84.

le total donné par la préface de l'édition princeps de ce nouvel hymnaire, qui parut sous forme d'essai en 1629, et qui fut introduit dans le Bréviaire en 1632 ». — 952 syllabes sur moins de 1800 vers [1]. — « Mais on peut dire que cette correction n'agréa point à l'univers chrétien : à Rome même, la basilique de Saint-Pierre l'a toujours rejetée [2] ; aucun des ordres religieux qui ont gardé leurs anciens rites ne l'a adoptée ; en France, je ne connais que le Bréviaire d'Auxerre de 1670 qui l'ait introduite en bloc. Les meilleurs canonistes (Bouix par exemple), tout en maintenant, ce que personne ne conteste, l'obligation d'en user dans la récitation du Bréviaire, laissent entrevoir que l'Eglise, par l'organe de son chef, pourra revenir un jour de la décision d'Urbain VIII, et reprendre l'ancienne forme [3]. »

La recension d'Urbain VIII fut promulguée par une bulle (*Divinam psalmodiam*) le 25 janvier 1631, et le Bréviaire sortit l'année suivante des presses vaticanes [4].

La révision d'Urbain VIII clôt la série des révisions faites par le Saint-Siège au texte du Bréviaire romain. En telle sorte, l'on peut dire que le Bréviaire d'Urbain VIII, ainsi que lui-même en exprimait la volonté dans la bulle *Divinam psalmodiam*, a constitué la vulgate du Bréviaire. De fait, les papes ses succes-

---

1. *Hymni breviarii romani, SS. D. N. Urbain VIII jussu et S. R. C. approbatione emendati et editi*, Rome, 1629.

2. Voy. *Breviarium Romanum cum Psalterio proprio et officiis Sanctorum ad usum cleri Basilicae Vaticanae Clementis X auctoritate editum*, Paris, 1674.

3. U. Chevalier, *Université catholique*, t. VIII, 1891, pp. 122-125.

4. *Breviarium Romanum ex decreto Sacrosancti Concilii Tridentini restitutum, Pii V Pont. Max. jussu editum, et Clementis VIII primum, nunc denuo Urbani VIII PP. auctoritate recognitum*. Rome, 1632.

seurs, sauf en ce qui concerne l'introduction d'offices nouveaux, n'ont plus touché au texte du Bréviaire ; et, en 1884, la congrégation des Rites, en faisant publier une édition type du Bréviaire romain, édition conforme aux diverses modifications de rubriques décrétées depuis 1632, et contenant le texte des offices postérieurs à 1632, a pu déclarer qu'elle entendait reproduire le pur texte d'Urbain VIII.

Cette vulgate cependant était-elle aussi impeccable qu'on aurait pu le souhaiter ? Si l'on avait trouvé, en 1602 d'abord, en 1632 ensuite, matière à correction, avait-on en ces deux révisions épuisé la somme des corrections désirables ? N'y avait-il pas à faire des sacrifices plus graves que ceux que la critique timorée et prématurée de Sirleto, la critique toute chronologique et militante de Baronius, la critique enfin littéraire et formelle du temps d'Urbain VIII avaient tour à tour consentis ? Les offices nouveaux, introduits en si grand nombre depuis 1568, n'avaient-ils point été à l'encontre de la pensée de saint Pie V ? En d'autres termes, une révision nouvelle et plus sévère n'était-elle pas opportune ? Telle est la question que l'Eglise gallicane allait mettre à l'ordre du jour, et dont le Saint-Siège allait être saisi.

CHAPITRE VI

LES PROJETS DE BENOIT XIV

I

Dom Guéranger, au tome second de ses *Institutions liturgiques*, a fait l'histoire et le procès des réformes gallicanes du Bréviaire romain, histoire et procès qu'il serait difficile de faire avec plus d'érudition et de chaleur. On aura du reste assez vu, depuis le commencement de notre présent livre, où vont nos préférences personnelles, pour être convaincu que nous considérons cette histoire comme abondant dans notre sens, et ce procès comme légitimement et heureusement gagné. Mais il n'est pas inutile de rappeler, à la suite de dom Guéranger et aussi brièvement que possible, ces essais gallicans entrepris pour substituer au Bréviaire romain de saint Pie V, de Clément VIII et d'Urbain VIII un bréviaire soi-disant mieux réformé. Car il y a dans ces essais une part de critiques, et une part de chimères, capables ensemble de montrer ce que l'œuvre de Pie V, de Clément VIII et d'Urbain VIII a d'incomplet et aussi ce qu'elle a d'excellent.

On a vu plus haut comment le Bréviaire romain de saint Pie V avait été reçu en France, et notamment à

Paris. En 1643, l'archevêque de Paris, Jean-François de Gondy, avait fait réviser le bréviaire parisien de 1584, pour le rendre le plus conforme qu'il se pouvait au Bréviaire romain : on peut dire que, jusqu'à l'avènement de Louis XIV, le Bréviaire romain fut tenu en France comme le bréviaire sinon obligatoire, au moins modèle. C'est au cours déjà avancé du règne de Louis XIV, concurremment avec les disputes de la régale, que se firent jour les premiers projets de réforme liturgique, projets où il n'est pas permis de ne point voir l'intention de se soustraire à la discipline romaine et d'affirmer l'indépendance de l'Eglise gallicane, mais où l'on aurait tort aussi de ne point reconnaître les justes scrupules que les progrès de la critique sacrée et de la théologie positive devaient nécessairement provoquer dans le clergé. Ce que Baronius et Bellarmin avaient été à Rome, en 1600, des érudits comme Thomassin, Mabillon et tant d'autres l'étaient pour le clergé de France, aux environs de 1682 [1].

A Paris, dès 1670, sous l'influence de ces deux préoccupations, on avait commencé de travailler à une révision du bréviaire romain-parisien. Commencée par ordre de l'archevêque Hardouin de Péréfixe, elle fut terminée par François de Harlay [2]. Harlay et ses théologiens se proposaient de retrancher du bréviaire « les choses superflues ou peu convenables à la dignité de

---

1. Voy. sur ce point le chapitre II (De l'influence de l'érudition contemporaine sur Bossuet) du livre de M. Rébelliau, *Bossuet historien du protestantisme* (Paris, 1892), 2ᵉ édit., pp. 95-120.
2. *Breviarium parisiense Ill. et Rev. in Christo Patris DD. Francisci de Harlay Dei et sanctae Sedis Apostolicae gratia Parisiensis Archipiscopi..,, ae venerabilis eiusdem Ecclesiae Capituli consensu editum.* Paris, 1680.

l'Eglise, d'en faire disparaître ce qu'on y avait introduit de superstitieux, pour n'y laisser que des choses conformes à la dignité de l'Eglise et aux instructions de l'antiquité...; de retrancher quelques homélies faussement attribuées aux Pères, les choses erronées ou incertaines dans les actes des saints, enfin généralement toutes les choses moins conformes à la piété[1]. » Harlay reprenait presque les termes de la bulle *Quod a nobis* de saint Pie V, mais il en accentuait la décision dans le sens de Tillemont écrivant : « On doit bannir de l'office divin tout ce qui n'a pas une autorité, ou certaine ou au moins assez bien appuyée, pour estre lu avec un respect et une piété raisonnable, et ne donner pas sujet aux hérétiques de se railler de notre dévotion[2]. » Le bréviaire de Harlay parut en 1680. On avait changé le texte de nombre de répons et d'antiennes, nos réformateurs ne voulant qu'aucun texte de répons ou d'antiennes ne fût point pris de la Sainte Ecriture. Plus de quarante légendes de saints avaient été retranchées comme manquant d'autorité, et remplacées par des textes homilétiques des saints Pères. D'autres avaient été retouchées : saint Denys l'Aréopagite n'était plus le premier évêque de Paris; sainte Marie-Madeleine n'était plus la sœur de Marthe; saint Lazare n'était plus évêque; le récit, par saint Jean Damascène, de l'Assomption de Marie était retranché... Assurément, il manquait aux liturgistes parisiens de 1680 la compétence canonique pour remanier ainsi le texte d'un bréviaire publié et privilégié par le Saint-Siège. Il leur manquait aussi la préparation spéciale qui

---

1. Guéranger, t. II, p. 37.
2. Tillemont, *Histoire ecclésiastique*, t. V., p. 188.

leur eut inspiré d'étudier la liturgie dans ses sources, au lieu de la traiter a priori. Mais ils avaient pour eux une solide érudition historique, un sens judicieux des devoirs et des franchises de la critique. Et à qui eut trouvé excessive la maxime citée plus haut de Tillemont, ils auraient pu répondre : « L'on rend un service beaucoup plus considérable à la vérité et à l'Église, en ensevelissant dans le silence des choses qui ne sont pas tout à fait certaines, que lorsqu'on en avance de fausses, même parmi d'autres qui sont vraies : car il arrive que la moindre fausseté qu'un lecteur trouve dans une pièce le fait douter des autres choses les plus vraies, et il ne veut plus s'assurer de rien dès qu'il s'est vu une fois trompé par quelque mensonge. » Ces paroles ne sont point de Tillemont, encore moins de Launoy, mais bien du cardinal Baronius [1].

Ce qui compromit la réforme de Harlay, ce fut qu'on crut pouvoir la dépasser, et, abandonnant le programme de Pie V, reprendre celui de Quignonez.

Ce retour à l'utopie liturgique du xvie siècle fut provoqué par une série de publications parues coup sur coup au début du xviiie siècle, concurremment avec la Fronde ecclésiastique qui suivit la bulle *Unigenitus*. Signalons le *Traité de la messe et de l'office divin* (1713) de Grancolas ; le *Commentaire historique sur le Bréviaire romain* (1727) du même ; et, en 1720, le livre de Foinard intitulé *Projet d'un nouveau bréviaire, dans lequel l'office divin, sans en changer la forme ordinaire, serait particulièrement composé de l'Ecriture Sainte, instructif, édifiant, dans un ordre naturel, sans renvois, sans répétitions et très court, avec des observations sur les*

---

1. Baron, *Annal.*, t. III, p. 444.

anciens et les nouveaux bréviaires. Foinard ne faisait que reprendre une idée émise par Grancolas dans son *Traité*, et développée par lui dans son *Commentaire*. Ensemble Grancolas et Foinard se rencontraient pour proposer : 1° de privilégier l'office du dimanche, en sorte qu'il ne cédât désormais qu'à une fête de Notre-Seigneur ; 2° de privilégier le temps du carême, en sorte que l'office férial n'y cédât à aucune fête, pas même à l'Annonciation, qui serait retranchée ; 3° d'abréger l'office férial, « car dès que l'office de la férie ne sera pas plus long que celui des fêtes, comme il est plus diversifié et plus affectif que celui des saints, il n'y a personne qui n'aime mieux le dire que celui des fêtes ; » 4° de distribuer les fêtes en cinq classes : une classe supérieure pour les fêtes de Notre-Seigneur, dans laquelle ne sera admise aucune fête de la Vierge ni des saints ; une classe solennelle mineure pour le *Corpus Christi*, l'Assomption, saint Jean-Baptiste, saint Pierre et saint Paul, le saint patron ; une classe de doubles pour les apôtres, de semi-doubles pour les docteurs, de simples pour les martyrs, les confesseurs n'ayant droit qu'à une mémoire, et leur office plein ne devant être célébré que dans leur diocèse s'ils ont été évêques, dans leur ordre s'ils ont été religieux, dans les lieux où ils se sont sanctifiés pour tous les autres saints ou saintes ; 5° ne recevoir, dans les leçons du sanctoral, que des histoires bien approuvées[1]. Comme Harlay, Grancolas et Foinard ne voulaient que d'indiscutables légendes, en quoi ils n'avaient pas tort ; mais, de plus que Harlay, ils bouleversaient le sanctoral, sous pré-

---

1. Guéranger, t. II, p. 236.

texte de restaurer le temporal. Et leur indiscrétion allait être surpassée.

Il se trouva, en effet, un archevêque de Paris[1], Mgr Charles de Vintimille, pour exécuter le projet de Grancolas et de Foinard, en enchérissant sur leurs propositions. Vintimille chargea de la constitution d'un nouveau bréviaire de Paris un oratorien suspect de jansénisme, le P. Vigier, et subsidiairement deux régents du collège de Beauvais, François Mésenguy et Charles Coffin, tous deux appelants de la bulle *Unigenitus*. Le bréviaire de M. de Vintimille parut en 1736 : il devait rester en usage jusqu'à nos jours[2].

Le bréviaire de M. de Vintimille donnait au dimanche la prérogative d'exclure toutes sortes de fêtes, à l'exception de « celles qui ont dans l'Eglise le premier degré de solennité ». En second lieu, une prérogative du même genre était accordée au carême, « ayant jugé équitable de rappeler l'ancienne coutume de l'Eglise, qui ne jugeait pas que la solennité joyeuse des fêtes s'accordât assez avec le jeûne et la salutaire tristesse de la pénitence ; » on ôtait « du carême toutes les fêtes, à l'exception de celles dans lesquelles on s'abstient d'œuvres serviles ». En troisième lieu, on récitait les psaumes de la férie à toutes les fêtes, à l'exception des fêtes consacrées aux martyrs ou à la sainte Vierge. En quatrième lieu, et c'était une des innovations les plus notables, on avait divisé le psau-

---

1. Joignons-y pour mémoire l'archevêque de Rouen (1728), l'évêque d'Orléans (1731), l'archevêque de Lyon (1738).

2. *Breviarium parisiense Ill. et Rev. in Christo Patris DD. Caroli-Gaspar-Guillelmi de Vintimille, e comitibus Massiliae Du Luc, Pariensis Archiepiscopi... auctoritate, ac Venerabilis eiusdem Ecclesiae Capituli consensu editum.* Paris, 1736.

tier de façon à pouvoir assigner des psaumes propres à chaque férie et même à chaque heure, en coupant ceux qui étaient trop longs : d'où il résultait que le psautier pouvait presque toujours être lu en entier dans l'espace d'une semaine.

L'office du temps ainsi restauré, il fallait alléger le calendrier. On y supprima d'abord une série de fêtes : la Chaire de saint Pierre à Antioche; les octaves de saint Etienne, de saint Jean, des saints Innocents, de saint Jean-Baptiste, des saints Pierre et Paul, de la Conception, les fêtes de saint Vital, sainte Domitille, saint Alexis, sainte Marguerite, sainte Praxède, saint Calliste, sainte Félicité, etc. D'autres fêtes furent réduites à des mémoires : saint Georges, saint Martin pape, saint Silvestre, etc. L'hymnaire, par une concession au goût du temps, n'avait point été supprimé, mais renouvelé et développé : Santeuil et Coffin en avaient fait les principaux frais, enchérissant sur les délicatesses littéraires des jésuites d'Urbain VIII, et mêlant à leur inspiration poétique de trop manifestes réminiscences de l'*Augustinus*. Le lectionnaire, en ce qui est des légendes des saints, était marqué au sceau de « la nouvelle critique », au jugement de dom Guéranger [1]. Le lectionnaire et le responsoral étaient fournis par l'Ecriture Sainte uniquement, plus d'une fois et très malignement interprétée dans le sens janséniste et appelant [2]. Quant au gallicanisme de l'œuvre, il suffit d'en donner un exemple : on avait remplacé l'invitatoire *Tu es pastor ovium princeps apostolorum*, de la fête de la

---

1. Guéranger, t. II, p. 282.
2. *Ibid.*, p. 267.

Chaire de saint Pierre, par celui-ci : *Caput corporis Ecclesiae Dominum venite adoremus.*

Le bréviaire de M de Vintimille provoqua des protestations véhémentes : on en trouvera le détail dans dom Guéranger. Ce que l'on sait moins, c'est que le Saint-Siège joignit d'abord ses protestations à celles des Jésuites. Clément XII « exigea que M. l'Archevêque fît un mandement pour rétracter ce bréviaire, qu'on corrigeât quelques antiennes et quelques répons, et qu'on retranchât les hymnes du sieur Coffin appelant[1] ». L'archevêque ne consentit à rien. Quand la première édition fut épuisée et qu'on parla d'en faire une nouvelle, le nonce s'ouvrit au cardinal de Fleury pour que « cette édition fût corrigée conformément aux remarques qui avaient été envoyées » de Rome. Cependant Benoît XIV fit savoir au nonce « de ne point insister sur le mandement de rétractation, ne voulant point que cette demande fît tort au reste, ni rebuter M. l'Archevêque ». Mais il fit tenir au P. Vigier « tant l'écrit qui contenoit les corrections que Clément XII avoit demandées, que celui dans lequel on avoit marqué les choses de moindre importance (à corriger)... », sans lui dire que c'était le Saint-Siège qui parlait, « donnant seulement l'écrit en question pour l'ouvrage d'une personne zélée, et qui pouvoit fournir des lumières pour une bonne nouvelle édition de ce bréviaire[2]. » C'était au commencement de 1743. Mais la longanimité

---

1. Benoît XIV à Tencin, 18 janvier 1743 (*Corr. de Rome*, t. 791, f. 26). J'ai eu à ma disposition la correspondance inédite de Benoît XIV avec le cardinal de Tencin, conservée aux Archives du ministère des affaires étrangères, à Paris : cotée *Corr. de Rome*, t. 789 et suiv.

2. Même lettre.

du Souverain Pontife ne servit de rien, et la seconde édition du bréviaire de M. de Vintimille parut sans changement.

La raison qui fit que le Saint-Siège n'insista point pour obtenir la rétractation de M. de Vintimille est que Benoît XIV, s'inspirant d'une tout autre vue que Clément XII son prédécesseur, pensait à entreprendre à son tour une réforme du Bréviaire romain. Le cardinal de Fleury, dès le 14 février 1741, avait applaudi à cette pensée qui résolvait sans coup férir « l'affaire du bréviaire de l'archevêque de Paris ». Le cardinal de Tencin, chargé d'affaires à Rome, y encourageait et Fleury et Benoît XIV de tout son crédit. Le 21 juillet 1741, il écrivait à Fleury : « Le pape a nommé une congrégation de prélats et de religieux pour travailler à la réformation du Bréviaire romain ». Et le 25 août : « Le pape est actuellement dans de très bons principes pour la réformation du Bréviaire romain, par exemple de n'admettre aucune légende douteuse... » Il est vrai qu'il ajoutait aussitôt : « Son projet sera-t-il exécuté ? Je n'en répondrois pas. Il ne sçait pas résister ni être en garde contre ceux qui l'environnent [1]. »

Ainsi la réforme tentée en France, tant en 1680 qu'en 1736 (je ne veux parler que de ces deux-là), provoquait à Rome l'étude d'une nouvelle et plus profonde révision du Bréviaire romain. Nous avons à voir comment cette révision romaine fut conduite, et pourquoi elle n'aboutit point.

---

1. Benoît XIV à Fleury, 4 mars 1741 (*Corr. de Rome*, t. 787. f. 8). Tencin à Fleury, 21 juillet 1741 (*Corr. de Rome*, t. 785, f. 229). Le même au même, 25 août 1741 (*Ibid.*, f. 331).

II

Les papiers de cette congrégation instituée par Benoît XIV pour la réforme du Bréviaire romain sont restés longtemps inconnus et inédits. Le premier à avoir exploité ces papiers est Mgr de Roskovány : il les avait retrouvés en 1856 à la bibliothèque Corsini, à Rome, où ils sont conservés depuis l'époque de Benoît XIV. C'est un volumineux dossier ayant pour titre : *Acta et scripta autographa in sacra congregatione particulari a Renedicto XIV deputata pro reformatione Breviarii romani a. 1741. in tres tomos distributa et appendicem* [1]. Il y aurait un vif intérêt à publier intégralement ce dossier, qui formerait dans son ensemble un excellent traité du Bréviaire. Mgr de Roskovány n'a publié que l'historique des travaux de ladite congrégation, historique rédigé et mis en tête de tout le dossier par le secrétaire de la congrégation, Louis Valenti; du reste du recueil, il n'a donné que quelques pièces choisies [2]. Depuis, un prélat français, Mgr Chaillot, a publié d'autres pièces importantes de ce même dossier [3].

Nous allons analyser, en n'y ajoutant que des notes, les actes de la congrégation de Benoît XIV.

Le mémoire de Valenti [4] est dédié au cardinal Nérée Corsini. L'auteur a pensé que la postérité lui saurait gré d'avoir rédigé l'histoire des propositions, des

---

1. Biblioth. Corsini, ms. n° 361, 362, 363.
2. Roskovány, t. V.
3. *Analecta juris pontificii*, t. XXIV (1885).
4. Louis Valenti Gonzaga était neveu du cardinal Silvio Valenti Gonzaga, secrétaire d'Etat de Benoît XIV. Il fut fait lui-même cardinal en 1759.

discussions et des résolutions étudiées par la congrégation pontificale du Bréviaire dont il a été le secrétaire; et qu'il n'y avait point de bibliothèque qui lui parût un dépôt plus honorable pour son manuscrit que la bibliothèque du cardinal Corsini. Ceci est la dédicace[1]. Une courte préface la suit.

Valenti, citant Thomassin, rappelle que l'office divin, dans ses éléments essentiels, heures, psalmodie, lectures, remonte à l'origine même de l'Eglise. Mais que, si cela est vrai du chant des psaumes, de la lecture de l'Ecriture sainte, et, dans une certaine mesure, de l'usage des oraisons que nous appelons collectes, on ne saurait en dire autant de nombre d'autres éléments de l'office divin. Sans parler, en effet, de la diversité qui existe entre l'office divin des Grecs et celui des Latins, il est bien évident que ni les actes des saints ni les sermons des Pères ne remontent à l'Eglise des premiers jours, non plus que l'usage d'honorer Dieu de préférence dans ses saints, alors que bien plutôt l'usage existait seul d'honorer Dieu directement, comme on le fait encore à l'office dominical et à l'office férial. Ces diversités n'ont rien qui nous doive surprendre, l'Eglise, comme l'épouse biblique, devant être *varietatibus circumamicta*. Mais il importe que l'ordre règne dans la diversité, et que la liturgie ne soit pas livrée au bon plaisir particulier, en sorte qu'en une même province ou dans un même diocèse, il n'y ait point uniformité d'office, ou encore que l'office consacre des sermons non authentiques des saints Pères, ou, sous le nom d'actes des saints, des fables. Unité et dignité de l'office divin : telle a été la préoccupation des anciens

---

1. Roskovány, p. 532. *Analecta,* p. 506.

conciles, mais surtout des pontifes romains comme Innocent Ier, comme Grégoire VII, et plus nouvellement Pie V, Clément VIII, Urbain VIII. Ces derniers ont mis tous leurs soins et une infinie sollicitude à ce que l'office divin fût ramené à l'ancien usage et à ce que rien de cet ancien office ne fût abandonné, ordonnant que l'on reproduisît ce qui avait été supprimé et que l'on réformât ce qui s'était corrompu. Le pape Benoît XIV, glorieusement régnant, a pour le culte divin le même zèle que ses prédécesseurs ; et, frappé des plaintes que lui ont exprimées quelques personnes considérables, émues, disaient-elles, de voir le Bréviaire romain déchu sur plus d'un point de son antique simplicité et de son éclat, étant d'ailleurs lui-même sensible plus qu'aucun autre à ces taches et désireux plus qu'aucun autre de les effacer, Benoît XIV a décidé, à l'origine même de son pontificat, de mettre la main à une réforme et à une correction du Bréviaire, et de confier à quelques excellents connaisseurs de l'antiquité ecclésiastique le soin de répondre à ce désir. Bien souvent, poursuit Valenti, Benoît XIV daigna m'en entretenir et me demander mon sentiment dans ce grave dessein. Enfin il se résolut à choisir plusieurs prélats instruits et plusieurs théologiens, qui, réunis en congrégation, étudieraient le projet. Ces prélats étaient : le secrétaire de la Propagande, Philippe-Marie Monti[1] ; le secrétaire du

---

1. Monti († 1754), prélat académicien, venait de publier des *Elogia cardinalium pietate doctrina et rebus pro Ecclesia gestis illustrium* (1741). Antonelli († 1767), érudit lourd : on lui doit une consciencieuse édition princeps du commentaire grec sur les psaumes, qu'il croyait être de saint Athanase (1746), et que Migne a reproduit ; il donnera en 1756 un *Vetus missale romanum praefationibus*

Sacré Collège, Nicolas Antonelli ; un chapelain du pape, Dominique Giorgi. Et ces théologiens : Thomas Sergio, consulteur de l'Inquisition ; le somasque François Baldini, consulteur des Rites ; Antoine-André Galli, chanoine régulier de Saint-Jean-de-Latran ; Antoine-Marie Azzoguidi, des Mineurs conventuels. Le pape voulut que Valenti fût secrétaire de la congrégation [1].

En principe, assure Valenti, les membres de la congrégation étaient à peu près unanimes à reconnaître la nécessité d'une réforme du Bréviaire romain. Restait à fixer au préalable la nature de cette réforme. — Le pape Benoît XIV avait reçu deux mémoires concernant le Bréviaire, l'un en français, l'autre en italien. L'auteur français exprimait le regret qu'il y eût, dans le texte du Bréviaire, plus d'une assertion historique qui avait échappé à la diligence des correcteurs anciens, et dont la critique avait surpris l'erreur ; dans la distribution des psaumes, tels psaumes qui revenaient sans cesse, tels autres qui n'étaient jamais récités, et les plus longs qui s'accumulaient aux offices du dimanche et des fêtes ; dans les antiennes, trop de textes qui n'offraient aucun sens à l'esprit ou qui s'accordaient mal avec les offices où on les exécutait ; parmi les fêtes des saints récents trop de doubles, alors que les fêtes de saints anciens et insignes étaient de rite semi-double ou simple, et que la fréquence des fêtes doubles empêchait

---

et notis illustratum. Giorgi († 1747), savant de l'école de Muratori, était en train de publier son grand ouvrage, *De liturgia romani pontificis in solemni celebratione missarum* (1731-1744). Baldini († 1767), un antiquaire, publiera en 1743, une édition estimée des *Numismata imperatorum romanorum* de Vaillant. Azzoguidi († 1770), s'intéressait aux œuvres inédites de saint Antoine de Padoue, dont il écrivait la vie.

1. Roskovány, pp. 533-587. *Analecta*, pp. 507-508.

de célébrer l'office dominical, lequel était pourtant consacré à honorer les mystères de la vie de Notre Seigneur. De là venait, suivant l'auteur français, que tant d'ordinaires avaient abandonné le Bréviaire romain et adopté des bréviaires particuliers, pour le mal et la perturbation de la liturgie. Il était temps de donner au Bréviaire romain une forme nouvelle, qui remédiât à ces défauts et parât ces dangers [1]. — Au contraire du mémoire français, le mémoire italien ne demandait pas une refonte, mais une simple expurgation du Bréviaire romain. Ce bréviaire en effet se compose d'éléments essentiels qu'on ne saurait modifier sans supprimer le rite romain en soi, ainsi le nombre, l'ordre et la disposition des heures, des nocturnes, des psaumes, des antiennes, des leçons, des collectes. Autant d'éléments nécessaires et intangibles. Mais le calendrier, mais les antiennes et les répons, mais le texte des leçons, tout cela supportait et demandait correction [2]. — Benoît XIV transmit les deux mémoires à la congrégation [3].

Elle se réunit pour la première fois le 14 juillet 1741, dans la demeure de Valenti, et dès le premier instant on put constater que les consulteurs n'étaient guère plus d'accord que les deux mémoires. Les uns voulaient que l'on discutât d'abord la question de la distribution des psaumes : ils louaient la distribution des psaumes qu'avaient adoptée depuis peu quelques Eglises de France, et l'usage de ces mêmes Eglises de réciter les

---

1. Valenti nous a conservé le texte de ce mémoire, c'est la seconde des pièces justificatives de son dossier : *Monumentum II*. Il est demeuré inédit.

2. Le mémoire italien en question est la troisième pièce justificative de Valenti, *Monumentum III*. Il est demeuré inédit.

3. Roskovány, p. 538. *Analecta*, p. 509.

psaumes fériaux à l'office des saints (un petit nombre de fêtes de saints excepté), de façon à réciter en une semaine tout le psautier. D'autres cependant, et ce fut leur opinion qui prévalut, observèrent que l'Église romaine avait été toujours et devait être tenace dans ses traditions propres; qu'il convenait de se défier des nouveautés; que la distribution romaine des psaumes était antique et ne pouvait être abandonnée légèrement; qu'il s'agissait, au demeurant, non d'une refonte, mais d'une simple correction du Bréviaire romain; et que, la question du psautier réservée, on devait d'abord discuter le calendrier. Cette proposition fut adoptée à l'unanimité [1].

Puis donc qu'il s'agissait d'une simple correction, il importait de savoir quelle avait été l'idée maîtresse de la réforme du Bréviaire par Pie V, et de s'y tenir. Valenti soumit à la congrégation un document retrouvé par lui [2] et qui exprimait nettement quelle avait été la pensée de Pie V. Au XVIe siècle, l'office férial entraînait la récitation de l'office de la sainte Vierge, de l'office des morts; plus, en carême, des psaumes pénitentiaux et graduels accompagnés des litanies; et enfin, à toutes les heures en tout temps, des *preces feriales*. Pour se soustraire à l'écrasante longueur d'un tel office férial, on en était venu à assimiler les fêtes simples aux fêtes semi-doubles et doubles, c'est-à-dire à leur donner un office de neuf leçons, avec faculté de les transférer si besoin était, l'office de neuf leçons n'entraînant plus que

---

1. Roskovány, p. 540. *Analecta*, p. 510.
2. Nous avons mentionné déjà ce document. Valenti nous en a conservé le texte italien original, *Monumentum V.* Voyez plus haut, p. 240.

la récitation de l'office de la sainte Vierge. Mais, dès lors, plus d'office férial en carême, en dépit de la lettre du vieux droit canonique ; presque plus de leçons de l'Ecriture sainte, en dépit des prescriptions du pape Gélase ; plus de récitation hebdomadaire du psautier intégral, et, à la place, la répétition quotidienne des mêmes psaumes du commun des saints, en dépit de l'autorité du pape saint Grégoire le Grand qui voulait qu'un clerc ne pût être promu à l'épiscopat, s'il ne savait tout le psautier par cœur. Voilà pourquoi Pie V avait supprimé ce privilège abusif des fêtes simples, les ramenant à l'observance du nocturne férial, les réduisant à une mémoire en cas de concurrence d'une fête supérieure, mais les allégeant de la récitation des psaumes pénitentiaux et graduels, de l'office des morts et (le carême et l'avent exceptés) des *preces feriales*, et enfin leur imposant au moins deux leçons sur trois tirées de l'Ecriture sainte. Or, à comparer le Bréviaire de Pie V et le Bréviaire actuel, on constatait que le nombre des fêtes doubles et semi-doubles avait été, depuis 1568, porté de 138 à 228, en sorte que, le nombre des fêtes mobiles annuelles étant de 36, il restait à peine 90 jours à l'office dominical et férial ; encore ces 90 jours étaient-ils pour la plupart escomptés par les fêtes concédées aux Eglises, diocèses et religions diverses ! La situation était donc en 1741 redevenue ce qu'elle était avant 1568, où les pontifes romains avaient entrepris la réforme du Bréviaire, et la faute en était tout entière au calendrier. Il fallait donc, quelle que fût la dévotion particulière de chacun des consulteurs envers les saints, il fallait en venir à rayer nombre de noms du calendrier, et à réduire nombre de fêtes au rang de fêtes simples, puisque le *festum simplex* seul n'entraverait pas la récitation hebdomadaire du psautier[1].

Le 11 août 1741, la congrégation, d'accord sur le principe de cette réduction, en essayait l'application aux fêtes de Notre Seigneur. Noël, l'Epiphanie, Pâques, la Pentecôte.... étaient hors de cause. On hésita sur la question de savoir s'il ne convenait pas de restituer à la fête de la Circoncision son vieux nom d'*Octava Domini*, que lui donne le sacramentaire grégorien ; mais on passa outre. La fête de la Transfiguration était bien récente, puisque le sacramentaire grégorien ne la connaît point ; mais elle était universellement reçue, soit chez les Grecs, soit chez les Latins ; on la conserverait. Même résolution sur la fête de la Trinité, à condition de réviser avec soin les antiennes et les répons de son office. La fête du *Corpus Christi* fut mise hors de cause. La fête de l'Invention et celle de l'Exaltation de la Croix soulevèrent les discussions les plus vives : les uns voulaient supprimer radicalement l'Invention de la Croix du calendrier, d'autres unir l'Invention à l'Exaltation en une seule fête, le 14 septembre, d'autres maintenir les deux fêtes en l'état. On pût croire un instant que la fête du 3 mai serait condamnée à disparaître ; puis finalement on se résolut à ne rien modifier. Mais la fête du Saint-Nom de Jésus ne trouva pas grâce devant la congrégation[2] ; elle était récente : la congrégation en demanda la suppression. La discussion de ces diverses résolutions prit fin le 21 novembre[3].

1. Roskovány. p. 542. *Analecta*, p. 510.
2. La fête du Saint-Nom de Jésus avait été concédée aux Mineurs en 1530 et fixée pour eux au 14 janvier. En 1721, Innocent XIII l'avait étendue à l'Eglise universelle et fixée au second dimanche après l'Epiphanie.
3. Roskovány, p. 545. *Analecta*, p. 519.

A cette même date commença la discussion des fêtes de la Vierge. La Purification, l'Annonciation, l'Assomption, la Nativité étaient des fêtes antiques et universelles indiscutables. La congrégation se demanda pourtant s'il ne conviendrait pas de substituer au terme d'*Assomption* le terme plus antique de *Pausatio* ou *Dormitio* ou *Transitus*, de peur de voir, par cette consécration liturgique du mot Assomption, la pieuse croyance de l'entrée en corps et en âme de la Vierge au ciel consacrée comme de foi. A l'unanimité, on retint le vocable d'Assomption. Mais donnerait-on à la Nativité et à l'Assomption une octave? La congrégation fut pour l'affirmative, réservant la question de savoir de quel degré seraient ces deux octaves. — Le 2 février, la fête de la Visitation et celle de la Conception furent maintenues à l'unanimité. Mais, des consulteurs, ceux qui répugnaient à la doctrine de l'immaculée conception voulaient supprimer à cette dernière fête son octave; ceux qui craignaient de voir par une pareille suppression diminuer l'autorité de cette doctrine, réclamaient l'octave. La congrégation s'étant partagée également entre les deux sentiments, on décida de s'en remettre à Benoît XIV. La fête de la Présentation avait été éliminée par Pie V, et rétablie par Sixte Quint : la congrégation, frappée de la difficulté qu'il y a à déterminer exactement quel mystère est honoré dans cette fête, résolut de s'en tenir à la décision de Pie V. Mais elle devait revenir sur sa résolution. Par contre, les fêtes du Saint-Nom de Marie, du Saint Rosaire, de N.-D. de la Merci, de N.-D. du Carmel, des Sept-Douleurs, de la *Desponsatio*, du Patronage, de la Translation de la maison de Lorette et de l'*Expectatio partus*, ne trouvèrent dans la congrégation que de tièdes défenseurs¹. On voyait avec regret ces fêtes faire tort à l'office dominical ; l'office du Saint-Nom de Jésus étant supprimé, on ne pouvait maintenir celui du Saint-Nom de Marie ; l'office du Rosaire était connexe à l'office du Saint-Nom de Marie, tous les deux ayant pour raison d'être de remercier Dieu de victoires remportées sur les Turcs ; l'office de la Merci et du Carmel n'intéressaient que deux ordres religieux, non l'Eglise universelle ; l'office des Sept-Douleurs avait le tort d'évincer l'office férial du vendredi de la semaine de la Passion. Quant aux offices de la *Desponsatio*, du Patronage, de la *Translatio domus Lauretanae*, sans se dissimuler les motifs graves qui les avaient fait instituer, la congrégation était d'avis que, l'antiquité chrétienne n'ayant pas cru devoir les établir, on était en droit de ne point les conserver. La fête de l'*Expectatio partus* ne fut défendue par personne².

Le 9 mars 1742, la discussion porta sur les fêtes des anges. A l'unanimité on retint la fête du 29 septembre, dédicace de saint Michel. Mais, à l'unanimité aussi, on supprima la fête du 8 mai, Apparition de saint Michel sur le mont Gargan, qui n'intéressait, disait-on, que le diocèse de Siponto. La fête des saints Anges Gardiens était récente, elle datait de Paul V, et ne faisait-elle pas double emploi avec la fête de la dédicace de saint

---

1. Le Saint-Nom de Marie avait été concédé *aliquibus locis* en 1513 et fixé au 17 septembre. En 1693, Innocent XI l'avait étendu à l'Eglise universelle et fixé au dimanche dans l'octave de la Nativité. Le Rosaire, institué par Grégoire XIII en souvenir de Lépante, avait été étendu par Clément XI, en 1716, à l'Eglise universelle. La Merci, les Sept-Douleurs, le Carmel, le Patronage, la *Desponsatio*, la *Translatio*, l'*Expectatio* dataient de Benoît XIII (1725, 26, 27).

2. Roskovány, p. 418. *Analecta*, p. 515.

Michel? On la maintint cependant. — Après les anges, les saints. La fête des Macchabées était trop ancienne pour qu'on y pût toucher. Mais ce n'était point le cas de la fête de saint Joachim, de sainte Anne, de saint Joseph. Pourtant la dévotion universelle avait adopté trop pieusement ces trois fêtes pour qu'on les pût supprimer : on résolut donc d'unir en une seule fête le souvenir de Joachim et d'Anne; encore devait-on peu après abandonner cette résolution et laisser la liturgie dans l'état. La Nativité et la Décollation de saint Jean-Baptiste étaient hors de cause. Hors de cause aussi les saints Innocents; mais on supprimerait peut-être avantageusement l'octave de ces derniers. Hors de cause les fêtes de saint Pierre et saint Paul, et des autres apôtres, y compris saint Barnabé, et des évangélistes. On ne fit quelque difficulté que pour l'octave exceptionnelle accordée à la fête de saint Jean. La fête de sainte Madeleine et celle de sainte Marthe seraient maintenues, cette dernière toutefois réduite à n'être plus qu'une fête simple [1].

Le 17 mars 1742, la discussion du même sujet se poursuivit. Aucune difficulté ne fut faite au maintien des solennités de la Conversion de saint Paul, de saint Jean à la Porte Latine, de saint Pierre ès Liens. Il fut question de réduire en une seule fête les deux fêtes de la Chaire de saint Pierre; mais on tomba d'accord pour les maintenir distinctes. La Commémoraison de saint Paul, au contraire, parut avoir perdu toute raison d'être, puisque ce jour-là le pape ne venait plus comme jadis pontifier à Saint-Paul-hors-les-murs : on ne maintiendrait donc cette fête que dans les églises du vocable de

---

1. Roskovány, p. 511. *Analecta*, p. 518.

saint Paul, et l'on s'en tiendrait dans les autres à l'office de l'octave. On maintiendrait distincts les trois anniversaires de dédicaces des basiliques romaines, le Latran, Sainte-Marie-Majeure, Saint-Pierre, Saint-Paul; mais la fête du 5 août ne porterait plus le titre de Sainte-Marie-aux-Neiges ; on dirait, comme dans les anciens calendriers, *Dedicatio S. Mariae*. — On arrivait maintenant aux saints en général, les difficultés allaient se multiplier [1].

Il y eut congrégation le 20 avril et le 1er mai, pour discuter quels saints devaient être maintenus au calendrier, mais il fut impossible de voter de résolution, sinon qu'Azzoguidi dresserait un calendrier des fêtes que l'on avait, dans les précédentes réunions, décidé de maintenir... Le travail n'avançait plus : Giorgi était allé à Castel-Gandolfo se reposer ; Galli, à Bologne, assister au chapitre général de son ordre : impossible de réunir la congrégation. Benoît XIV cependant pressait, Valenti se multipliait. Avec Azzoguidi, il convenait de dresser un projet de calendrier que l'on soumettrait à la congrégation, un calendrier où figureraient les fêtes déjà admises, et les fêtes qui avaient le plus de chance de l'être dans la suite. Ce projet de calendrier une fois dressé, Valenti l'alla communiquer à Giorgi, car, dit-il, il y avait grand espoir que, si Giorgi l'approuvait, tous les autres consulteurs seraient de son avis. Mais, sur ces entrefaites, Monti, qui présidait la congrégation et dans la maison duquel on se réunissait, Monti fit rédiger par un « homme docte » des règles générales selon lesquelles il convenait de juger quels saints devaient être admis à l'honneur de

---

1. Roskovány, p. 553. *Analecta*. p. 519.

l'office et quel degré d'office convenait à chacun. Quelles étaient ces règles? on ne nous le dit pas. On ne nous dit qu'une chose, qui est que Valenti, Azzoguidi, Baldini et Galli furent unanimes à les repousser[1]. Mais comment Monti prendrait-il cette opposition[2]?

On se réunit enfin, le 15 juillet 1742. Valenti avait obtenu que Monti ne parlerait point de ses règles générales, ni Azzoguidi de son calendrier, et lui-même proposa de retenir seulement les fêtes des saints dont le jésuite Guyet dit qu'elles sont célébrées dans toute l'Eglise[3]. Le texte du père Guyet fut lu, et la congrégation ne l'improuva point, mais elle fut d'avis qu'il valait mieux qu'elle consacrât ses prochaines séances à discuter elle-même le cas de chaque saint. On était convenu des principes suivants : — 1° maintenir tous les saints dont le nom figure au canon de la messe; —

---

1. Roskovány, p. 555. *Analecta*, p. 520.
2. Dans les *Briefe Benedicts XIV an den Canon. Fr. Peggi in Bologna*, publiées par M. Kraus (Fribourg, 1884), je relève une page intéressante où il est question de Monti. Le Pape écrit : « Gli eruditi in materie ecclesiastiche sono di tre specie. Alcuni hanno una buona guardarobba, lettura continua, ed ottima memoria delle cose lette : e questi non solo sono buoni per la conversazione; ma nelle occorrenze possono somministrare buone notizie. Ma se non passano più oltre, riescono in atto pratico il più delle volte non solo inutili, ma perniciosi. E nel numero di questi (sia detto in confidenza) si debbon riporre i due cardinali Passionei e Monti » (p. 27). Tout ce qui suit, qui tourne à l'éloge de Muratori, serait à citer comme exemple de la bonhomie charmante et sagace de Benoît XIV : nous n'avons voulu citer que ce qui concernait Monti, et qui explique les embarras créés au « débrouillard » Valenti par l'érudition pernicieuse de son président. Monti « est un homme qui a beaucoup lu, mais sans aucune méthode », écrivait en 1743 l'abbé de Canillac, supérieur de Saint-Louis-des-Français. (*Corr. de Rome*, t 792, f. 242.)
3. C. Guyet, *Heortologia sive de festis propriis locorum et ecclesiarum*, Venise, 1729.

2º tous ceux dont les fêtes sont mentionnées dans les anciens sacramentaires et calendriers de l'Eglise romaine; — 3º ne point éliminer les saints dont on a des *acta sincera* ou un éloge fait par quelque Père, à condition cependant que leur culte fût ancien; — 4º maintenir des saints papes ceux-là seulement dont le culte était ancien; — 5º maintenir les saints docteurs; — 6º maintenir les saints fondateurs d'ordre; — 7º maintenir quelque saint représentant chacune des nations de la chrétienté; — 8º éliminer tous les saints ne rentrant pas dans un des sept cas précédents, à moins que la dévotion de l'Eglise universelle ou quelque raison particulière *urgentissima* n'engageât à en décider autrement [1]. La méthode une fois déterminée, il serait long et fastidieux d'énumérer une à une les applications qu'on en fit. Il suffira de signaler, avec Valenti, le zèle qu'Azzoguidi et les autres consulteurs déployèrent à compulser les anciens sacramentaires et calendriers, à se former une opinion contrôlée à ces sources, à la soumettre à la discussion générale, et à procurer que l'accord se fît unanime pour toutes les résolutions de la congrégation. Août et septembre furent employés à ce travail; en octobre, il ne restait plus qu'à le résumer, et ce soin fut confié, non à Azzoguidi, dont la santé était à ce moment éprouvée, mais à Galli, qui consacra à cette rédaction les vacances d'automne [2].

Valenti nous a conservé le calendrier expurgé de la congrégation du Bréviaire. Le nombre des expulsions

---

1. Extrait de la préface au *Calendarium reformatum*, ap. Rokovány, p. 586.
2. Rokovány, p. 558. *Analecta*, p. 523.

prononcées par elle était considérable. En outre des
fêtes du Saint-Nom de Jésus, du Saint-Nom de Marie,
de la *Desponsatio B. M.*, de l'*Expectatio partus*, des
Sept-Douleurs, du Patronage de la Vierge, de N.-D. de
la Merci, du Rosaire, de la *Translatio domus Lauretanae*,
de la Commémoraison de saint Paul, de l'Apparition de
saint Michel, la congrégation avait rayé du calendrier les papes Télesphore, Hygin, Anicet, Soter,
Marcellin, Eleuthère, Silvère, Jean, Léon II, Pie,
Anaclet, Zéphirin, Evariste, Pontien, Grégoire VII[1];
— les saints Canut, Raymond de Pennafort, Casimir,
Vincent Ferrier, Ubald, Antonin, Bernardin, Félix de
Cantalice, Jean de Sahagun, Louis de Gonzague,
Liborius, Raymond Nonnat, Laurent Giustiniani,
Wenceslas, François de Borgia, André d'Avellino,
Jean de la Croix ; — Sabas, Pierre Chrysologue, Pierre
d'Alexandrie, Eusèbe de Verceil, Hilarion, Venant,
Boniface, Erasme, Alexis, Christophe, Pantaléon,

---

1. La suppression de la fête de saint Grégoire VII était très
significative. Cet office avait été concédé à l'ordre bénédictin et
aux basiliques patriarcales de Rome par Clément XI, en 1719,
puis étendu à l'Eglise universelle par Benoît XIII, en 1729. La
leçon historique comprenait une phrase où sont rappelées les
résistances opposées à l'empereur Henri IV par Grégoire VII,
celle-là même que nous lisons encore : « Contra Henrici imperatoris impios conatus, » etc. Les parlements de France y virent un
défi aux libertés de l'Eglise gallicane et à la majesté royale. Le
cardinal Fleury cassa leurs arrêts. Mais des évêques les soutinrent : Caylus, évêque d'Auxerre ; Colbert, évêque de Montpellier ; Coislin, évêque de Metz... Benoît XIII (31 juillet 1729) dut
condamner les mandements de ces prélats et les édits de ces parlements. Le parlement de Paris (23 février 1730) condamna la
condamnation de Benoît XIII... Pareille émeute dans le royaume
de Naples... Autant en Autriche... La congrégation de Benoît XIV
entendait couper court aux difficultés en supprimant la fête de
Grégoire VII : ce n'est pas sa seule faiblesse.

Romain, Cassien, Hyacinthe, Janvier, Eustache, Placide, Denys, Rustique et Eleuthère, Vital et Agricol, Triphon, Respicius et Nimpha, Diego, Hippolyte et Symphorien, Gilles, les *SS. XII fratres*, Modeste et Crescentia, Nabor et Félix, Faustin et Jovita, Cyprien et Justine; — les saintes Emerentienne, Martine, Dorothée, Scholastique, Pétronille, Rufine et Secunda, Simphorose, Marguerite, Christine, Edwige, Ursule, Catherine, Bibiane, Barbe, Marguerite de Cortone, Marie-Madeleine de Pazzi, Julienne de Falconeri, Rose de Viterbe, Gertrude, Elisabeth de Thuringe; ajoutez la fête de l'Invention du corps de saint Etienne et l'Impression des stigmates de saint François [1].

Le 7 décembre 1742, la congrégation avait enfin dressé son calendrier des fêtes maintenues. Mais ce calendrier n'était encore qu'un catalogue, et plusieurs questions demandaient à être tranchées pour qu'il devînt un véritable calendrier liturgique. Premièrement, d'accord en cela avec l'idée maîtresse de toute leur réforme, les consulteurs entendaient privilégier les féries du carême et, autant que possible, de l'avent : ainsi l'avait établi l'ancienne liturgie, témoin le dixième concile de Tolède qui défend de célébrer de solennité des saints durant les *dies quadragesimales*, témoin le concile de Laodicée qui interdit de fêter des *natalitia* durant le carême. La congrégation résolut de restaurer cette discipline : on supprimerait absolument toutes les fêtes tombant en carême, ou on les transfèrerait, exception faite pour l'Annonciation, pour la Chaire de saint Pierre et pour saint Joseph, et sans parler des fêtes

---

1. *Calend. reformat.*, ap. Roskovány, pp. 612-614 : « Catalogus festorum seu officiorum quae visa sunt omittenda. »

simples, lesquelles ne faisaient point tort à l'office férial. Secondement, étant donné que l'on conservait la distinction des six rites de fêtes, consacrée par Clément VIII et Urbain VIII, et que l'on ne touchait pas au schème de concurrence que l'on trouve imprimé à la suite des rubriques du Bréviaire romain, il restait à fixer le rite de chacune des fêtes du calendrier réformé. A cette distribution furent consacrées les réunions des premiers mois de 1743[1]. On maintint le rite double majeur de première classe à 10 fêtes (Noël, Epiphanie, Pâques, Ascension, Pentecôte, *Corpus Christi*, Nativité de saint Jean-Baptiste, 29 juin, 15 août, Toussaint[2]), — le rite double majeur de seconde classe à 27 fêtes (Circoncision, Trinité, Purification, Annonciation, Nativité, Conception, saint Etienne, saints Innocents, saint Joseph, Invention de la Croix, Exaltation, *natale* de chacun des apôtres et évangélistes, saint Laurent, saint Michel), — le rite double majeur à 12 fêtes (Transfiguration, Dédicace des basiliques Latérane, Libérienne et Vaticane, Visitation, Présentation, Chaire de saint Pierre à Rome et à Antioche, saint Pierre aux liens, Conversion de saint Paul, saint Jean à la porte Latine, saint Barnabé), — le rite double mineur à 23 fêtes, et le rite semi-double à 34. Le nombre des fêtes de rite simple fut porté à 63. Les saints dont on ne ferait qu'une commémoraison étaient au nombre de 29[3].

Le calendrier nouveau ainsi fixé par la congrégation était chose achevée. Allait-on se mettre à l'étude de la

---

1. Roskovány, p. 563, *Analecta*, p. 525.
2. Plus, pour chaque église, l'anniversaire de sa dédicace et la fête de son titulaire.
3. Roskovány, p. 592-612.

lettre même des offices, et reviser les homélies, légendes, hymnes et répons des offices que l'on conservait? Il parut plus sage de soumettre à Benoît XIV le travail fait, ce travail étant la base de toute la réforme à faire, laquelle serait vaine si le souverain pontife n'approuvait pas, ou même désapprouvait, la méthode et les résolutions premières de la congrégation. Sur l'avis unanime des consulteurs, Valenti mit le nouveau calendrier sous les yeux de Benoît XIV[1].

Le pape, assure Valenti, reçut le mémoire avec bienveillance, et demanda à l'examiner : il le garda ainsi par devers lui plusieurs mois, ce qui ne doit point surprendre de la part d'un pape occupé par bien d'autres soucis de sa charge apostolique, et désireux de peser avec toute la maturité nécessaire les inconvénients que pouvait entraîner la diminution du sanctoral[2]. Sur

1. Roskovány, p. 562. *Analecta*, p. 525. Ce calendrier et l'exposé des motifs est donné par Roskovány, pp. 583-614.

2. En réalité le projet de la congrégation dut surprendre le pape. Voici une curieuse lettre où Benoît XIV exprime son opinion privée sur la question. Elle est du 7 juin 1743 et adressée au cardinal de Tencin : « Nous accusons la lettre de Votre Eminence du 20 may. Il y est question du projet d'un nouveau Bréviaire romain. Nous avons vu avec le plus sensible plaisir les espérances que Votre Eminence nous fait entrevoir que si nous donnions un nouveau Bréviaire romain, il pourroit peut-être être reçu en France, du moins dans les diocèses où le Bréviaire romain est en usage. Voici en général le plan que nous nous sommes proposé de suivre dans la composition de ce Bréviaire. La critique étant devenue si pointilleuse, et les faits que nos bons ancêtres regardoient comme indubitables étant aujourd'hui révoqués en doute, nous ne voyons d'autre moyen de nous mettre à l'abri de cette critique que celui de composer un Bréviaire dans lequel tout soit tiré de l'Ecriture sainte, laquelle, comme le sait Votre Eminence, contient beaucoup de choses sur les mystères dont l'Eglise célèbre la fête, sur les saints apôtres et sur la sainte Vierge. On suppléera par les écrits non contestés des premiers Pères à ce que l'Ecriture

ces entrefaites une personne, dont Valenti ne dit pas le nom, émit l'opinion qu'il serait plus expédient de conserver toutes les fêtes sanctorales du calendrier romain, mais de les ramener toutes à n'être plus que des fêtes simples, pour sauvegarder ainsi l'office férial. Valenti s'empressa de soumettre cette opinion à Benoît XIV, qui désira savoir pourquoi les consulteurs ne l'avaient point adoptée. Les consulteurs répondirent par écrit qu'il leur avait paru nécessaire d'éliminer certaines fêtes de saints, et que, quant au projet lui-même, il se heurtait à l'usage immémorial de l'Eglise et entraînerait avec lui mille difficultés [1].

Cependant on pressait le pape de se décider. C'était le cardinal de Tencin. C'était le nonce à Paris, Crescenzi, rappelé à Rome pour y recevoir le chapeau [2]. C'était Valenti lui-même qui rappelait assidument au pape l'intérêt de l'œuvre commencée, et que Benoît XIV était seul capable de la mener à bonne fin. Le pape céda

---

sainte ne fourniroit pas. Quant aux autres saints qui ont place aujourd'hui dans le Bréviaire, on se contentera d'en faire une simple commémoraison. Tout ce qu'on pourra dire, c'est que c'est là une nouveauté qui va à diminuer le culte rendu jusqu'à présent à ces saints ; et il est vrai que le retranchement des légendes fera crier ceux qui tiennent les faits qui y sont contenus pour si certains qu'ils seraient prêts à se faire martyriser pour en soutenir la vérité. Mais cette critique nous paraît bien moins importante que celle par laquelle on nous reprocheroit de faire lire au nom de l'Eglise des faits ou apocrifes ou douteux. Or avec quelque attention et quelque habileté que le nouveau Bréviaire fût composé, cette critique serait inévitable » (*Corr. de Rome*, t. 792, f. 21).

1. Roskovány, p. 562. *Analecta*, p. 525. Cette consultation est reproduite par Roskovány, pp. 614-619.

2. Crescenzi n'était que l'écho du cardinal de Fleury et du cardinal de Tencin. Il fut fait cardinal au consistoire du 9 sept. 1743. « C'est un bon ecclésiastique, disait de lui Benoît XIV à Tencin ; il est vrai qu'il n'est pas fait pour commenter Aristote. »

enfin, et nomma une congrégation cardinalice pour examiner le calendrier présenté par les consulteurs. Les cardinaux nommés par Benoît XIV étaient les Eminentissimes Gentili, Valenti, Monti, Tamburini et Besozzi [1]. L'abbé Valenti serait le secrétaire de la congrégation cardinalice [2].

Le 2 mars 1744, elle se réunit au Quirinal. Les cardinaux ne firent aucune objection au projet de calendrier présenté par les consulteurs, et témoignèrent plutôt de leur approbation. Cependant leur décision se trouva différée par des considérations préalables. Monti, cardinal depuis septembre 1743, était le même qui avait été consulteur de la congrégation préparatoire : ce qui lui donnait une grande autorité sur ses collègues de la congrégation cardinalice. Le cardinal Monti proposa de faire part du projet de réforme au cardinal de Tencin, à Paris, et d'attendre son avis. On savait, en effet, Tencin très partisan d'une réforme ; c'était un prélat actif et influent, et il y avait lieu d'espérer que si l'on s'assurait son concours et son approbation, la réforme romaine du Bréviaire pourrait être reçue en France, et, une fois reçue en France, serait reçue volontiers par les autres nations dévouées au Saint-Siège. D'autres cardinaux firent observer que la réforme entreprise n'était pas encore assez avancée pour être ainsi communiquée au dehors, et le cardinal Tamburini [3], faisant

---

1. Silvio Valenti était secrétaire d'Etat, l'homme de la confiance de Benoît XIV, et la méritant par l'ouverture de son esprit et l'aménité de son caractère. Nous connaissons Monti.

2. Roskovány, p. 553. *Analecta*, p. 526.

3. Le cardinal Tamburini, de la promotion de 1743, est jugé ainsi par l'abbé de Canillac : « Un théologien dont on vante ici le savoir, mais qui dans un autre pays serait en cela un homme fort médiocre. » (*Corr. de Rome*, t. 792, f. 243.)

sienne cette observation, ajouta qu'il conviendrait de déterminer sans retard la distribution des psaumes que l'on voulait adopter : la distribution du psautier n'était-elle pas, en effet, le point essentiel de la réforme ? Réciterait-on intégralement le psautier chaque semaine ? Combien de psaumes réciterait-on chaque jour ? Les psaumes quotidiens serviraient-ils aux fêtes des saints ? Y aurait-il des fêtes de saints qui comporteraient une psalmodie à part ? Voilà ce qu'il fallait faire étudier incontinent par les consulteurs. L'avis de Tamburini prévalut. Entre temps, comme la congrégation prélatice avait perdu deux de ses membres, Monti étant devenu cardinal et Azzoguidi étant depuis longtemps absent de Rome, Benoît XIV nomma deux nouveaux consulteurs, le procureur général des Célestins, Orlandi, et le Père Giuli, de la Compagnie de Jésus, alors professeur de droit canonique et, depuis, examinateur des évêques (8 mars 1744)[1].

Le 19 mars, il y eut réunion des consulteurs pour discuter la question de la distribution du psautier. Plusieurs Églises de France avaient, en ces dernières années, adopté une méthode nouvelle de distribution, encore que non uniforme, et cette nouveauté avait en

---

1. Roskovány, p. 564. *Analecta*, p. 527. Benoît XIV à Tencin, 5 mars 1744 : « Il s'est tenu une Congrégation sur le projet d'un nouveau Bréviaire romain, en présence de quelques cardinaux ; il s'en étoit déjà tenu plus de vingt entre les seuls consulteurs. Votre Eminence peut bien se figurer qu'on a beaucoup discouru et peu conclu ; mais nous commencerons, aussitôt que nous pourrons, à faire tenir devant nous ces Congrégations, et même nous nous entendrons là-dessus avec M. l'Archevêque de Bourges [l'ambassadeur du roi] quand il sera arrivé, d'autant plus qu'il pourroit bien amener avec lui quelque habile docteur de Sorbonne. » (*Corr. de Rome*, t. 796, f. 21.)

Italie ses partisans. De divers côtés, le bruit s'étant répandu que la congrégation discutait cette question, on avait fait parvenir à Valenti différents projets d'une distribution analogue, prétendant tous à rendre la psalmodie et plus facile et mieux ordonnée. Les consulteurs furent unanimes à s'en tenir à leur décision première (14 juillet 1741), et à affirmer, une fois de plus, que la distribution romaine du psautier était antique et ne devait pas être abandonnée. Pour donner plus de poids à leur opinion, qui s'appuyait sur le témoignage d'Amalaire et de Grégoire VII, ils recoururent aux trésors manuscrits des bibliothèques romaines : Antonelli fouilla les archives Latéranes; Giorgi, la bibliothèque Vaticane; Orlandi, la Vallicellane; Giuli, la bibliothèque du Collège Romain et celle de la Pénitencerie; ainsi des autres. Le 29 avril, les recherches étaient achevées, qui confirmaient pleinement l'opinion de la congrégation, et Galli, les résumant en un mémoire, put conclure qu'aucune des distributions admises maintenant en France ou proposées ailleurs ne pouvait être préférée à l'antique distribution romaine [1]. Le 17 juin, le mémoire de Galli fut lu aux consulteurs et approuvé par eux tous. On décida du même coup que les fêtes doubles mineures, qui tomberaient un dimanche, seraient transférées; mais, sur la question de savoir si les fêtes semi-doubles, qui tomberaient un jour empêché, seraient transférées ou réduites à une simple mémoire, il y eut partage égal des voix [2].

Il fallait se hâter. Le bruit s'était répandu, on ne sait

1. Cette dissertation du Père Orlandi, *De non immutando veteri psalmodiae ritu*, a été insérée par Valenti parmi ses pièces justificatives, *Monumentum XXIII* : elle est inédite.
2. Roskovány, p. 565. *Analecta*, p. 528.

d'où, assure Valenti, que Benoît XIV se souciait peu de la correction du Bréviaire, qu'il y répugnait même, et qu'il permettait à des consulteurs de s'en occuper, moins pour la voir aboutir, que pour ne contrarier point les personnages qui la demandaient. Rien n'était moins fondé que ce bruit, ni plus contraire à la pensée du pape[1] ; et il chargea Valenti d'assurer les consulteurs que, loin d'être défavorable à leur œuvre, il s'y intéressait et l'appuyait, et qu'on le verrait bien le jour où il réunirait la congrégation en sa présence. Peu après, en effet, il nommait un nouveau consulteur, le prélat Nicolas Lercari, retour de France, où il avait accompli une importante mission, et devenu secrétaire de la Propagande ; et, après avoir pris connaissance du dernier mémoire des consulteurs, il invitait la congrégation, tant des cardinaux que des consulteurs, à tenir séance en sa présence, le 29 septembre 1744.

Benoît XIV, avec cette érudition et cette facilité qui caractérisaient son éloquence, parla de la nécessité d'une réforme et de la méthode qu'il y fallait apporter. Cette nécessité, il la voyait provoquée par les mêmes causes qui avaient jadis déterminé les Pères du concile de Trente : le désordre introduit dans la récitation du psautier, la présence dans les légendes des saints d'histoires fausses ou douteuses, le manque de pureté et d'élégance dans le culte divin. Pour la méthode, il approuvait avec les cardinaux la résolution des consulteurs de ne point toucher à la distribution des psaumes ; il demandait, quant à lui, que l'on ne touchât point au texte de la Vulgate du psautier ; il approuvait que l'on conservât les rites doubles de première classe,

---

1. Roskovány, p. 566. *Analecta*, p. 529.

doubles de seconde classe, etc.; il ne répugnait pas aux huit règles que les consulteurs avaient formulées touchant la réforme du calendrier, mais il en imposait une neuvième. Des saints du calendrier, en effet, les uns avaient été canonisés, avant Alexandre III, par le *consensus* de l'Eglise universelle; les autres, depuis Alexandre III, par décret des pontifes romains, et selon le rite solennel que nous appelons canonisation; d'autres enfin, depuis Alexandre III, sans ce rite solennel, par la seule prescription faite par les pontifes romains au monde catholique d'une messe et d'un office en leur honneur. Il ne convenait pas de confondre ces trois ordres, mais de déterminer ce qui convenait à chacun. En terminant, il encouragea les consulteurs à mettre désormais tout leur soin à examiner, à corriger, à polir ou à remplacer même entièrement les parties, chacune en soi, du Bréviaire; de se partager entre eux le travail, mais de le discuter ensemble, et enfin de lui soumettre toutes les résolutions. Valenti résuma par écrit le discours du Souverain Pontife, et, le 2 octobre, ce résumé, ayant été soumis au pape et approuvé par lui, fut distribué aux cardinaux et aux consulteurs[1].

Les consulteurs se remirent à l'œuvre passé les vacances d'automne. Il y eut séance le 27 novembre et le 30 décembre, pour discuter les offices du temps. Lercari, Antonelli et Giorgi étudiaient les homélies, les leçons et les capitules; Sergio, Baldini, Giuli et Valenti étudiaient les antiennes, les répons, les hymnes et les versets. L'examen du lectionnaire ne suscita qu'un petit nombre d'observations; celui des antiennes, des répons, etc., souleva quelques doutes seulement;

---

1. Roskovány, p. 567-8. *Analecta*, p. 529.

encore ne maintint-on pas les résolutions prises. L'office du temps était en somme hors de cause. Un consulteur proposa de remplacer la leçon brève de prime par la lecture de quelque canon de concile[1]. Mais Benoît XIV, instruit par Valenti, fit dans les vingt-quatre heures rappeler aux consulteurs qu'il s'agissait dans sa pensée d'une réforme et non d'une innovation du Bréviaire [2].

Le 16 janvier 1745, on entreprit le propre des saints : le 9 juillet on y travaillait encore... Valenti explique comment les consulteurs s'étaient partagé le travail, avec quelle conscience et quel soin ils s'y appliquaient, et quel souci ils avaient tous de l'entente commune. Il insiste sur le respect qu'ils sentaient tous en eux pour l'antiquité, et il en donne un exemple. Un des consulteurs, après avoir fait observer que l'office de la Conversion de saint Paul avait des antiennes et des répons, pièces excellentes sans doute et tirées de l'Ecriture Sainte, mais qui ne s'appliquaient point directement à la fête, entreprit d'en composer qui fussent tirés également de l'Ecriture, mais qui eussent trait à la conversion de l'Apôtre. Le travail était bon, mais la congrégation ne l'accepta point, et, comme dit Valenti en un beau langage, « *retenta est antiquitas et reprobata novitas, hoc est, nihil placuit immutari*[3]. » Cependant, malgré tant de circonspection et de respect, les corrections se multiplièrent... Puis soudain le travail s'interrompit.

Qui croirait, dit Valenti, que des consulteurs qui étaient cependant des hommes d'expérience, et qui

---

1. L'idée était empruntée au bréviaire de Vintimille.
2. Roskovány, p. 569. *Analecta*, p. 530.
3. Roskovány, p. 571. *Analecta*, p. 532.

avaient tant de fois déjà éprouvé la ferme intention du Souverain Pontife, se pussent laisser émouvoir par le bruit répandu une seconde fois par la cabale, que Benoît XIV ne voulait en réalité pas de réforme du Bréviaire ? Les bruits les plus faux ont souvent ces apparences de vérité qui suffisent à surprendre les yeux les plus sagaces et les esprits les plus prudents ! Ce bruit s'était répandu, non seulement hors de Rome, mais dans Rome même; il s'était accrédité, non point auprès de gens de rien, mais auprès d'hommes éminents par leurs charges, leurs vertus, leur expérience. On exploitait le silence du pape... Les consulteurs se découragèrent, et, du 9 juillet 1745 au 22 juin 1746, il n'y eut plus moyen de les réunir, jusqu'à ce qu'enfin Benoît XIV eût exprimé à Valenti l'étonnement où il était de voir leur travail se faire tant attendre, et lui eût demandé ce qui les arrêtait. Valenti, que le découragement avait gagné aussi, semble-t-il, avoua ingénument au pape ce qu'il en était. Le pape l'assura qu'ils avaient été trompés par de faux bruits, l'exhorta avec bienveillance à reprendre l'œuvre interrompue, et lui donna un mot écrit de sa main (20 juin 1746) pour mieux enflammer ses collègues à la poursuivre et à l'achever [1]. Il voulut même les voir chacun individuel-

---

1. Ce billet de Benoît XIV (20 juin 1746) figure parmi les pièces justificatives de Valenti, *Monumentum XXXII*. Nous en donnons nous-même le texte inédit. La copie nous en a été fournie par M. le professeur Schiaparelli :

« Dalla Seg^{ria} di Stato, 20 giugno 1746. Avendo Nro Sig^{ro} una giusta premura, che si solleciti lo studio e l'affare spettante alla riforma del Breviario Romano, si contenterà Mons. Promot^{re} della Fede di rappresentarla alla Congre^{no} deputata, acció abbia maggior stimolo di terminare questa opera. — Monsig^r Valenti Promotore della Fede. »

lement pour les confirmer dans ces sentiments, les assurant du désir qu'il avait de voir aboutir la réforme, et combien il y était porté par les lettres qu'on lui écrivait de France, en particulier le cardinal de Tencin, et par l'espérance qu'on lui donnait de voir la réforme entreprise à Rome avoir en France un plein succès [1].

Le 22 juin 1746, la congrégation reprit ses séances, et, jusqu'au 12 août, elle se réunit une fois par semaine chez Valenti. A cette date, elle avait achevé la révision du propre des saints pour les six premiers mois de l'année. Le 10 septembre, Valenti put présenter au pape le résultat des travaux de la congrégation : c'était un mémoire justificatif des corrections qu'elle proposait, *Specimen Breviarii reformati, pars hyemalis et pars verna* [2]. Le pape fut rempli de joie, et pria Valenti de compléter un si bon travail, en faisant étudier par la congrégation les offices du second semestre. On attendit la fin des vacances d'automne, mais, du 2 décembre 1746 au 10 mars 1747, on se réunit une fois par semaine. Le 10 mars, le travail s'achevait par l'étude du commun des saints rapporté par Lercari, Antonelli et Giorgi. L'œuvre de la congrégation n'avait pas duré moins de six années, mais elle était enfin terminée. Valenti rédigea la seconde partie de son *Specimen Breviarii reformati* [3] et la remit au pape. Benoît XIV avait donc maintenant en main le projet de réforme tant du calendrier que de l'office : il voulait se réserver de le revoir par lui-même et de le discuter, et l'on ne pou-

---

1. Roskovány, p. 572. *Analecta*, p. 532.
2. Résumé par Roskovány. Publié intégralement par les *Analecta*, pp. 633 et suiv.
3. *Analecta*, pp. 889 et suiv.

vait que s'en rapporter à la sagacité de son esprit, à la vigueur de son génie et à l'étendue de son érudition [1].

Valenti conclut son rapport par ces mots : « On attend maintenant avec confiance la décision du Souverain Pontife. » On était aux environs de Pâques 1747.

Nous venons de résumer, sans y ajouter une seule observation de notre fait, l'historique donné par Valenti des travaux de la congrégation pour la réforme du Bréviaire. Nous avons énuméré, soit au cours de ce résumé, soit en note, toujours d'après Valenti, les suppressions et les réductions de fêtes votées par la congrégation. Il nous reste, pour donner une idée complète de l'œuvre, à énumérer, aussi sommairement que possible, les corrections proposées par la congrégation au texte même des offices qu'elle maintenait.

*
* *

Les corrections apportées au propre du temps étaient peu nombreuses et ne portaient que sur le lectionnaire. Le passage de saint Grégoire, au troisième nocturne du premier dimanche de l'Avent, où saint Grégoire découvre dans les calamités de son temps les signes avant-coureurs de la fin du monde, est remplacé par un autre morceau de la même homélie, où saint Grégoire exprime simplement la joie que doit causer aux fidèles la fin du monde considérée comme l'avènement béni du Christ. — Le morceau écourté et déplaisant de saint Jérôme, qui sert de leçons au second nocturne du second dimanche de l'Avent, est remplacé par un très beau et très théologique passage de saint Fulgence. —

---

1. Roskovány, p. 575. *Analecta*, p. 635.

Le jour de la vigile de Noël, l'homélie de saint Jérôme, d'une si choquante lourdeur d'expression, est remplacée par une délicate élévation de saint Jean Chrysostome sur le même sujet, *Cum esset desponsata Mater Jesu.* — L'homélie du jeudi après les Cendres, tirée de saint Augustin, et difficile à comprendre, est remplacée par une homélie du même saint Augustin d'un sujet moins subtil et d'un style plus limpide. — A l'homélie du mercredi des Quatre-Temps de carême, qui est de saint Ambroise, est substitué un texte de saint Jean Chrysostome, plus explicite et mieux approprié. — Le vendredi qui suit, au développement de saint Augustin sur le symbolisme du nombre quarante, on substitue un autre passage, plus à notre portée, du même Augustin. — Le vendredi après le quatrième dimanche de carême, à la place de l'homélie de saint Augustin sur Lazare, homélie où est affirmée l'identité de Marie-Madeleine et de Marie [1], on proposa un passage de saint Fulgence, où il n'est point question de Marie, et très beau d'ailleurs : «... *Jesus lacrymas fudit... Plorabat, sed non utique plorabat ut Judaei putabant, quia Lazarum satis amabat. Sed ideo plorabat, quia iterum eum ad huius vitae miserias revocabat.* etc. » — Le mercredi après le dimanche de la Passion, l'homélie de saint Augustin est mieux coupée, commençant à *Hyems erat*, et une

---

1. La congrégation, au sujet de la fête de sainte Madeleine, exprime ainsi son sentiment : « In celeberrima quaestione, quam hic attingere non est necesse, visum est congregationi non esse recedendum a veteri traditione Romanae Ecclesiae. » *Analecta*, p. 908. A Rome, en effet, on avait toujours cru, avec la tradition latine tout entière, à l'identité de Marie de Béthanie, de Marie de Magdala et de la pénitente anonyme de Naïm. En France, l'opinion contraire était, au XVIIe siècle, générale : voyez l'opuscule de Bossuet *Sur les trois Madeleines.*

fois supprimé le préambule sur les *Encaenia*. — Le jeudi suivant, suppression de l'homélie où saint Grégoire identifie Marie et Marie-Madeleine ; substitution d'un autre passage de la même homélie, où il n'est plus question de Marie. — Le jeudi de l'octave de Pâques, encore l'identité de Marie et de Marie-Madeleine, dans une homélie de saint Grégoire : on lui substitue une homélie de saint Augustin. — Le mardi dans l'octave de l'Ascension, suppression du sermon de saint Maxime sur Jésus comparé à l'aigle ; à la place un sermon de saint Bernard, sans qu'on voie clairement la raison de cette correction. — Enfin, le douzième dimanche après la Pentecôte, à la place de l'homélie trop générale de Bède, une homélie de saint Ambroise sur le bon Samaritain, vrai sujet de l'évangile du jour. — Ce sont là les amendements introduits par la congrégation dans le lectionnaire du temps [1]. Le propre des saints subissait de plus graves modifications.

Et d'abord l'antiphonaire et le responsoral.

Les antiennes et les répons de saint André, empruntés aux actes apocryphes de cet apôtre, étaient pour ce fait supprimés. On remplaçait les antiennes par des antiennes nouvelles, empruntées au texte du Nouveau Testament. Les répons seraient ceux du commun des Apôtres. On donnait à l'office de saint Thomas apôtre des antiennes propres, au lieu de celles du commun que le Bréviaire lui attribue, et ces antiennes propres étaient empruntées au texte de l'Evangile de saint Jean, « *ad maiorem sancti apostoli celebritatem* ». — La première antienne des laudes de l'office de l'apôtre saint Jean était remplacée par une antienne nouvelle, plus conforme, assu-

---

1. *Analecta*, pp. 634-642, p. 890.

rait-on, au texte évangélique. — Les antiennes des saints Innocents, qui sont du commun des martyrs, étaient remplacées par des antiennes nouvelles propres, empruntées au texte d'Isaïe et de l'Apocalypse. — L'antienne du *Magnificat*, aux secondes vêpres de l'office de la Chaire de saint Pierre à Rome, laquelle est du commun des souverains pontifes, était remplacée par l'antienne répétée des premières vêpres : *Tu es pastor ovium.* — Les antiennes et les répons de l'office de la Purification étaient maintenus, sauf le répons *Senex puerum portabat*, du troisième nocturne, et l'antienne du *Magnificat* (même texte), empruntés ensemble à un discours apocryphe de saint Augustin : on les remplaçait par un autre répons et par une antienne nouvelle [1], tous deux tirés de l'Evangile. — L'office de l'Annonciation perdait le troisième répons du premier nocturne et le second répons du troisième, la congrégation ayant été choquée d'y lire les mots *Efficieris gravida*, etc., et les mots *Cunctas haereses sola interemisti.* — Suppression des antiennes et répons propres des offices de sainte Lucie, de sainte Agnès, de sainte Agathe, de saint Laurent, de sainte Cécile, de saint Clément : ces pièces étant empruntées aux actes de ces divers saints, actes dont la congrégation ne reconnaissait pas l'autorité. Substitution des antiennes et des répons du commun des saints.

A la suite, le lectionnaire.

Saint André aurait, pour leçons IV-V-VI, un extrait d'un sermon de saint Pierre Chrysologue, panégyrique de l'apôtre sans allusion historique, au lieu de la

---

1. Ce répons nouveau était en réalité emprunté à l'antiphonaire de Saint-Pierre, publié par Tommasi, t. IV, p. 64 : *Nunc dimittis*, etc.

légende actuelle empruntée à la lettre prétendue des prêtres d'Achaïe : cette lettre, en effet, « est tenue pour fausse et supposée par les critiques modernes, ainsi que Tillemont l'a montré jusqu'à l'évidence ; et, ne fût-elle que douteuse et controversée, il y aurait sagesse à l'éliminer, et à mettre à sa place ce qui est inattaquable [1]. »

Supprimées les leçons IV-V-VI de saint Thomas, et remplacées par un sermon de saint Jean Chrysostome sur l'incrédulité de l'Apôtre. La légende, en effet, que le Bréviaire romain consacre à saint Thomas, n'est « ni sûre en soi, ni confirmée d'ailleurs, et elle est contestée par les critiques [2] ».

Supprimées les leçons IV-V-VI de saint Barnabé : « *Innituntur actis spuriis* [3]. » A la place, un sermon de saint Jean Chrysostome, simple commentaire des actes canoniques.

Supprimées les leçons VII-VIII-IX de saint Joachim, texte de saint Jean Damascène expliquant la généalogie de Joachim et d'Anne, car « ce que raconte là le Damascène est tiré des Apocryphes, selon le sentiment commun des érudits [4] ».

---

[1]. « Cum vero acta illa supposititia et falsa a recentioribus criticis habeantur, ut pene ad evidentiam demonstrat Tillemontius, dubia certe quammaxime et in controversia posita sint, consultius visum est omittere, et quae inconcussae fidei sunt subrogare. » *Analecta*, p. 643.

[2]. « Quæ illic narrantur... certa et explorata non sunt, pluresque patiuntur difficultates apud historiae ecclesiasticae tractatores. » *Analecta*, p. 647.

[3]. *Analecta*, p. 900. C'est beaucoup trop dire, puisque le fond en est tiré des Actes canoniques des apôtres.

[4]. « Cum nonnisi ex apocryphis desumpta existimentur communiter eruditi. » *Analecta* p. 909.

Supprimées les leçons IV-V-VI de la fête de saint Pierre-aux-Liens : car ce qu'elles racontent (l'histoire des chaînes de l'apôtre) est « contesté par presque tous les critiques [1] ». Et la congrégation cite Tillemont et Baillet. A la place, un sermon de saint Jean Chrysostome (leçons V-IV), et une exposition précise des titres d'authenticité des chaînes qui se conservent dans la basilique de San-Pietro-in-vincoli de l'Esquilin (leçon IV).

Supprimées les leçons IV-V-VI de la fête de sainte Marie-aux-Neiges, et remplacées par un sermon de saint Bernard qui n'a rien à voir avec la légende de la basilique Libérienne [2].

Supprimées les leçons IV-V-VI de saint Barthélemy, parce que « rien de certain ne peut être affirmé de cet apôtre, que ce qui est dit de lui dans l'Evangile. Pour ne rien dire des autres critiques, voyez Tillemont ». A la place, un sermon de Bède sur les douze apôtres.

Supprimées les leçons IV-V de saint Mathieu, « à cause de l'incertitude des choses que l'on rapporte sur

---

1. « Quae in breviario extant historiam exhibent quae critici pene omnibus non probatur. » *Analecta*, p. 913.
2. Sur la légende Libérienne, la congrégation s'exprime ainsi : « Lectiones secundi nocturni, quae hac die usque modo recitatae sunt, immutandas sane esse existimatur. De ea solemnitate, quae hac die celebratur, eiusque institutionis causa, habentur, ait Baronius in *Martyrologio romano*, vetera monumenta et mss. Huiusmodi autem monumenta et mss. nec unquam vidimus, nec fortasse unquam videbimus. Mirandum profecto est, ait Baillet, non adhuc tanti miraculi et tam mirabilis historiae auctorem innotuisse ; insuper quod tam novum tamque stupendum prodigium spatio annorum fere mille et amplius profundo sepultum silentio jacuerit, nec usquam inveniri potuerit, praeterquam in breviario et in Catalogo Petri de Natalibus, lib. 7, cap. 21. » *Analecta*, p. 915.

les apôtres[1]. » Un sermon de saint Jean Chrysostome, et un passage de saint Epiphane à la place.

Supprimées[2], et remplacées par les leçons du commun, les leçons historiques de saint Nicolas (*Suspectae admodum fidei*); — de sainte Lucie (*Certae et exploratae fidei non sunt*); — des saints Marius, Marthe, Audifax (*Plura illis obicit Tillemontius quae difficillimum est complanare*); — de saint Pierre Nolasque (*Eius gesta, quae ibi narrantur, nunquam in examen adducta sunt*); — de sainte Agathe (*Acta [eius] a recentioribus inter apocrypha accensentur*); — de saint Blaise (*Quae in eius vita narrantur inepta sunt et male consuta, ex Tillemontio*); — des saints Tiburce, Valérien, Maxime (*Desumpt. ex actis sanctae Caeciliae, expungend.*); — de saint Caius pape (*Nullius vel dubiae fidei*); — de saint Clet pape (*Incerta*); — des saints Alexandre, Eventius et Théodule (*Nihil certo... Mendosa*); — de saint Juvénal (*Acta erroribus plena pronuntiat Tillemontius*); — des saints Gordien et Epimaque (*Incerta, multis difficultatibus sive controversiis subiecta*); — de saint Urbain (*Monumenta falsa vel fidei admodum dubiae*); — des saints Basilide, Cyrin, Nabor, Nazaire (*Acta apocrypha*); — des saints Vit et Modeste (*Acta spuria et falsa in pluribus*); — des saints Processus et Martinien (*Acta non esse authentica probat Tillemontius*); — de sainte Praxède (*Acta parum sincera..., nulla fide digna*); — de sainte Pudentienne, des saints Abdon et Sennen (*Acta corrupta..., fabulosa*); — des saints Cyriaque, Large, Smaragde (*Acta depravata*); — de saint Hippolyte (*Ex actis sancti Laurentii..., actis corruptis*); — de saint

---

1. *Analecta*, p. 926.
2. *Analecta*, pp. 644 et suiv., 892 et suiv.

Timothée (*De quo maximae et spinis undique circumscriptae lites apud criticos sunt*); — de saint Adrien et de saint Gorgonius, des saints Protus et Hyacinthe (*Acta apocrypha esse contendunt Tillemontius et Bailletus*); — des saints Nicomède, Nérée et Achillée (*Fidei valde dubiae*); — de saint Calliste (*Incerta sunt quae in ea narrantur*); — de saint Mennas (*Plurimis scatent difficultatibus*).

Supprimées et remplacées par des leçons nouvelles, les leçons historiques de saint Damase, de saint Silvestre, de saint Hilaire, de saint Félix de Nole, de saint Paul ermite, de saint Marcel, de saint Antoine, de saint Fabien, de saint Jean Chrysostome, de saint Pie V, de saint Pierre Célestin, de saint Félix pape, des saints Pierre et Marcellin, des saints Prime et Félicien, de sainte Marguerite d'Écosse, des saints Marc et Marcellien, des saints Gervais et Protais, de saint Paulin de Nole, de sainte Elisabeth de Portugal[1], de saint Jean Gualbert, de saint Apollinaire[2], des saints Nazaire et Celse, des papes Victor et Innocent, de sainte Marthe, du pape saint Etienne, du pape Xystus, de saint Tiburce, de sainte Suzanne, de sainte Perpétue

---

1. Et suppression des antiennes et répons propres de cet office, proposé pour être de rite simple.
2. La congrégation remplace la légende de saint Apollinaire par un sermon panégyrique de saint Pierre Chrysologue, sans couleur historique. Elle justifie ainsi la correction : « De sancto Apollinare nihil asserere certius possumus, quam quod legimus in hoc sermone S. Petri Chrysologi. Ab hoc dissentiunt acta, quae sanctum Apollinarem in ipso martyrii actu obiisse narrant. Sed acta ista, tametsi antiqua, inter sincera tamen non retulit Ruinartius, et interpolata esse fatetur Joannes Pinius. Addit Tillemontius multa in illis contineri, quae ipsis detrahant auctoritatem. Hinc sermonem istum legendum exhibent Breviaria Lugdunense et Parisiense. » *Analecta*, p. 909.

et sainte Félicité, de sainte Claire, de saint Philippe Beniti, de saint Etienne de Hongrie, des Quarante Martyrs, des saints Nérée et Achillée, de l'Exaltation de la Croix, de saint Corneille et de saint Cyprien, de saint Janvier, de saint Maurice, de saint Rémi, de la dédicace de Saint-Jean-de-Latran, de saint Grégoire le Thaumaturge, de saint Jean de Matha, de sainte Cécile, de saint Clément, de saint Chrysogone, de saint Polycarpe.

Enfin, toujours dans le propre des saints, un certain nombre d'homélies ou sermons apocryphes étaient supprimés. Ainsi, le prétendu sermon de saint Augustin, au second nocturne des saints Innocents, remplacé par un sermon de saint Bernard, « pour que de notre Bréviaire toutes les choses incertaines ou suspectes soient bannies[1]. » Ainsi, au prétendu sermon du même saint Augustin, au second nocturne de la Purification, était substitué un sermon de saint Bernard. Ainsi, au sermon apocryphe de saint Augustin encore, au second nocturne de la fête de la Chaire de saint Pierre à Rome, un fragment du *De unitate ecclesiae* de saint Cyprien. Ainsi, un sermon apocryphe de saint Jean Chrysostome[2], au second nocturne de la fête de la Visitation, par un sermon de saint Bernard. Ainsi, une homélie de saint Jean Chrysostome était, au troisième nocturne de l'office de saint Jean Gualbert, mise à la place des trois leçons actuelles que le Bréviaire attribue à saint Jérôme, alors que la première seule est de lui, et que les deux

---

1. *Analecta*, p. 649.
2. *Analecta*, p. 904 : « .. illi substituendus sermo s. Bernardi, etsi isto utantur etiam in eodem festo Breviaria Lugdunense et Parisiense. »

autres sont tirées d'un sermon apocryphe de saint Augustin [1].

Le commun des saints ne subissait que deux corrections sans importance. Dans le commun des évangélistes, on substituait un texte différent de saint Grégoire ; dans le commun de plusieurs martyrs 2º *loco*, un texte différent de saint Grégoire. Ces deux textes homilétiques, pensait la congrégation, étaient mieux adaptés au texte de l'Evangile, et plus pieux [2].

III

On ne nous demandera pas de discuter une à une les diverses corrections proposées par la congrégation de Benoît XIV. Ce serait étendre démesurément les limites de cette étude. Mais nous ne saurions nous soustraire à l'obligation de juger l'ensemble de cette réforme pro-

---

1. *Analecta*, p. 907. Cette partie de la révision des consulteurs de Benoît XIV est très incomplète. Dom Morin l'a reprise récemment et a signalé un total de 50 homélies ou sermons apocryphes dans le Bréviaire romain actuel. Il est vrai de dire que la meilleure part de ces apocryphes est d'introduction récente. Dom Morin écrit : « Dans la plupart des offices ajoutés récemment au Bréviaire, on ne semble pas avoir apporté autant de soin [que précédemment] à ne choisir en fait de sermons ou d'homélies que des pièces authentiques. C'est ainsi, par exemple, que, malgré les diverses refontes auxquelles il a été soumis à si peu d'intervalle, l'office de l'Immaculée-Conception, si important au point de vue dogmatique, offre comme leçon du second nocturne un passage de la fameuse pièce soi-disant hiéronymienne *Cogitis me*, dont les esprits fins du ixe siècle avaient déjà révoqué en doute l'authenticité, et que tous les critiques sans exception, depuis Baronius, ont rejetée comme manifestement apocryphe. » *Les leçons apocryphes du Bréviaire romain*, dans la *Revue bénédictine*, 1891, pp. 270-280.

2. *Analecta*, p. 933.

jetée du Bréviaire, et de dire pourquoi elle n'a pas été réalisée.

D'abord, on constatera la fidélité, le respect de la congrégation pour les éléments antiques du Bréviaire romain, j'entends pour le psautier tel qu'il s'y trouve distribué, et pour l'office du temps. La congrégation n'y propose aucune correction : elle se défend de toucher à la distribution traditionnelle romaine du psautier entre les divers offices; elle se défend de toucher à l'office temporal. Mieux encore, elle défend ces œuvres vives et essentielles de l'ancien office romain avec la plus remarquable décision. Dès juillet 1741, dès sa première réunion, elle déclare mettre hors de cause la distribution romaine des psaumes. Lorsque, en mars 1744, le cardinal Tamburini, ralliant à son sentiment les autres cardinaux de la congrégation cardinalice du Bréviaire, demande que l'on discute la distribution du psautier de préférence au calendrier, elle s'y refuse; elle repousse les divers projets de distribution des psaumes qu'on lui transmet, par une fin de non recevoir. Et, en septembre 1744, elle a la satisfaction de voir Benoît XIV la confirmer de son assentiment dans cette résolution. La constitution même de l'ancien office romain est à ses yeux indiscutable. C'est là une différence tranchée qui distingue l'œuvre des liturgistes de Benoît XIV de l'œuvre des liturgistes gallicans, Ceux-ci avaient demandé et exécuté un remaniement. une réfection totale du Bréviaire : les liturgistes romains sont unanimes à n'en vouloir tenter qu'une correction, ainsi que l'a entendu faire Clément VIII. Si un jour, en décembre 1744, ils sont tentés de faire à l'office du temps plus qu'une simple correction, Valenti et Benoît XIV leur rappelleront immédiatement qu'ils se le sont eux-mêmes interdit : «... *propterea quod Breviarii reformatio sibi esset in votis, non innovatio,* » leur dit lui-même le Souverain Pontife[1].

En fait, sauf cinq ou six modifications sans importance au lectionnaire temporal, l'office du temps sort intact de la révision des liturgistes romains. L'économie et le texte de ce qui est en réalité l'ancien office romain était au dessus de toute correction, et nos liturgistes romains ont cette supériorité sur les liturgistes gallicans de s'en être d'abord convaincus, et de s'y être toujours tenus.

En second lieu, et c'est ce dont on ne saurait trop les louer, ils mettent leur méthode à travailler, non point à l'encontre du concile de Trente et de saint Pie V, mais en conformité avec le concile et le pape à qui nous devons le Bréviaire réformé. C'est parce que la distribution du psautier a été maintenue, et le temporal consacré par Pie V, qu'ils y tiennent si fermement. Et si, au contraire, ils entreprennent si audacieusement la réforme du calendrier et du sanctoral, c'est qu'ils se sont persuadés, sur la foi même des liturgistes de Pie V, que la pensée du concile et du pape a été de réduire le sanctoral au bénéfice du temporal, de multiplier les offices dominicaux et fériaux aux dépens des offices de saints. L'*a priori* liturgique, qui est le vice des diverses réformes gallicanes du Bréviaire, est absent de la méthode de nos liturgistes romains : Vintimille réalisait les projets de Grancolas, de Foinard et de Vigier; Benoît XIV entend reprendre le projet de Pie V et restaurer, en la perfectionnant, l'œuvre du concile de Trente.

---

1. *Analecta*, p. 530.

Nos liturgistes la restaureront en allégeant le calendrier des fêtes fixes qui, depuis 1568, ont tant cru en nombre et en solennité. On supprimera des fêtes, on en réduira d'autres à des rites moindres. Ici les difficultés commencent. Sans doute, il est permis de croire que l'Eglise institue telles fêtes ou augmente la solennité de telles autres, pour des raisons auxquelles le temps peut enlever de leur intérêt : qui voudrait nier que la dévotion au sanctuaire du mont Gargan, dans la mesure où elle subsiste aujourd'hui, ne serait plus en situation d'introduire la fête du 8 mai dans le calendrier de l'Eglise universelle? Il est donc d'antiques fêtes qui n'émeuvent plus guère la dévotion des peuples; et cette dévotion les verrait diminuer de solennité, ou même disparaître, sans en être offensée ni contristée. Et sans doute aussi le calendrier liturgique n'est point le Martyrologe romain : supprimer une fête n'est point en supprimer l'objet ou en nier le droit. Mais combien, en tout cela, l'appréciation est délicate, et la décision périlleuse! Et quels principes solides il faudrait y apporter! La congrégation de Benoît XIV avait-elle et ce tact et ce criterium? Ce criterium? Il suffit de lire la préface du calendrier réformé par elle et le discours à elle adressé[1] par Benoît XIV, en 1744, pour constater que ce criterium solide lui faisait défaut. Elle retient les saints dont les fêtes sont anciennes : où finit l'antiquité? Elle retient les saints chers à la dévotion de l'Eglise universelle, ou ceux pour qui plaide quelque raison particulière : quel saint ne serait de taille à rentrer dans l'une ou l'autre de ces deux espèces? Ce tact? La liste

---

1. J'entends les réserves formulées par Benoît XIV sur les principes des consulteurs.

des saints éliminés du calendrier est pour faire pleurer. C'est un mélancolique exode de saints, parmi les plus vénérables ou les plus aimés : saint Louis de Gonzague, saint François de Borgia, saint Jean de la Croix, saint Placide, sainte Pétronille, sainte Elisabeth de Thuringe, et sans oublier saint Grégoire VII, et tant d'autres qui sont chers à la dévotion universelle plus que tels et tels noms que seule leur antiquité respectable mais oubliée aurait fait maintenir.

Là était la difficulté capitale, je veux dire dans cette sélection des saints à maintenir dans le calendrier, et, par concomitance, dans le degré d'honneur à accorder à chacun de ceux que l'on maintiendrait. Cette difficulté, tout le monde la sentait justement ; mais il restait à la résoudre ; et il me semble que la congrégation y avait échoué. Elle laissait l'œuvre à faire à Benoît XIV.

Si l'on a le droit d'être sévère pour le calendrier proposé par la congrégation, il n'est que justice de reconnaître le soin, le scrupule qu'elle met à purger de toute erreur le texte même du Bréviaire. Le lectionnaire demandait correction, il demande encore aujourd'hui correction. Nos liturgistes romains étaient instruits de toute la science de leur temps ; ils la puisaient dans Cave, dans Tillemont, dans Baillet, dans Mabillon, dans les Bollandistes, dans Ruinart, dans Tommasi, dans Fleury, surtout dans Tillemont et Baillet, critiques peu indulgents aux légendes, mais éclairés et scrupuleux. Nos liturgistes poussaient le scrupule plus loin, bien autrement loin que les liturgistes d'Urbain VIII ; ils répudiaient tout ce qui était simplement controversé, ils ne voulaient point que la lettre du Bréviaire fût discutée, et ils allaient ainsi jusqu'à rejeter d'excellents grains avec la paille. Il y aurait aujourd'hui à reprendre leurs corrections, à montrer que, s'ils avaient raison d'éliminer du Bréviaire toute trace des fausses décrétales, ou des actes apocryphes des apôtres, ou des légendes hagiographiques sans fondement, il n'est point permis cependant de faire fi des *acta minus sincera*, non plus que du *Liber pontificalis*, parce que, « dans les histoires les plus fausses, il y a d'ordinaire quelque chose de vrai pour le fond, » ainsi que dit quelque part exellemment Tillemont, et parce que l'archéologie et la critique ont ajouté à nos informations et multiplié nos certitudes, bien loin de les restreindre. Plus éclairé, plus expérimenté, on serait aujourd'hui plus conservateur dans la rédaction des légendes historiques, que ne voulait l'être la congrégation de Benoît XIV, et les Bollandistes corrigeraient aujourd'hui le Bréviaire à moins de frais et mieux.

Moins attachés aussi au principe si cher aux liturgistes gallicans, d'après lequel les antiennes et les répons doivent être exclusivement tirés de l'Ecriture Sainte, principe auquel nos liturgistes romains ont été plus d'une fois obligés d'être infidèles, il ne nous répugne nullement, au contraire, de chanter les antiennes et les répons de sainte Lucie, de sainte Agnès, de sainte Cécile, de saint Clément, de saint Laurent, ces compositions si authentiques de la tradition liturgique romaine. Et il ne nous déplairait pas de croire que la congrégation a finalement embrassé ce sentiment, puisque sur le tard elle a maintenu au commun des saints telles antiennes et tels répons qui, loin d'être empruntés à la Sainte Ecriture, étaient, tout comme les répons de saint André, empruntés à des actes plus ou moins historiques, ou même à des écritures apocryphes : tel le répons *Lux perpetua lucebit sanctis tuis et aeternitas temporum* du commun des martyrs, ou le *Quem vidi quem amavi* du commun des veuves.

On voit à ces réserves combien nous sommes éloigné de croire que la correction préparée par les liturgistes romains ait été une correction soit prudente, soit juste. Que nos liturgistes aient subi l'influence des liturgistes gallicans, c'est maintenant pour nous une question secondaire. Nous savons, d'une part, qu'il y avait entre les vues de Vintimille et les vues de Valenti une distinction radicale. Et, d'autre part, sur les points qui leur sont communs, quand il serait vrai qu'ils sont des concessions faites à la liturgie gallicane et à l'érudition gallicane par une congrégation pontificale, eussions-nous la pensée d'en tirer quelque avantage pour cette liturgie et pour cette érudition que d'aucuns ont trop travaillé à rabaisser, il n'en resterait pas moins que le Saint-Siège n'a pas résolu les doutes, ni jugé les propositions de ses consulteurs.

Mais que l'on prenne garde d'interpréter mal ce silence, et d'en abuser pour incriminer je ne sais quelle arrière-pensée de Benoît XIV : il serait faux de dire, comme quelques-uns l'ont osé faire, que Benoît XIV ne voulait point la réforme du Bréviaire qu'il mettait à l'étude. Et la loyauté du Souverain Pontife ne saurait être mise en question, Benoît XIV étant « incapable, non seulement de fausseté dans sa conduite, mais même du moindre déguisement », selon le bel éloge que faisait de lui le cardinal de Tencin[1]. Mais la prudence du pape était trop avisée pour ne point voir quelles difficultés pareille réforme soulèverait.

---

1. Tencin à Amelot, secr. d'Etat, 5 mai 1741 (*Corr. de Rome*, t. 785, f. 9).

Benoît XIV écrivait, en 1743, au cardinal de Tencin :
« Quant à un nouveau Bréviaire romain, nous en reconnaissons non seulement l'utilité, mais encore la nécessité, et nous sommes prêts d'y travailler, étant accoutumés au travail depuis que nous sommes au monde, et préparés, s'il le faut, à mourir sur la bresche en brave soldat. Mais, notre cher cardinal, le monde entier en est venu à un tel mépris de l'autorité du Saint-Siège que, pour empêcher l'exécution des desseins les plus utiles et les plus pieux, il suffit, nous ne disons pas seulement de l'opposition d'un évêque, d'une ville ou d'une nation, mais de la réclamation d'un moine. Nous ne l'éprouvons que trop à chaque instant, sans parler des murmures de quelques-uns de ceux qui portent le même habit que Votre Éminence, qui, entendant parler du projet d'un nouveau Bréviaire, en frémissent comme s'il étoit question de faire un nouveau simbole de foi. Malgré tout cela, et *non obstantibus quibuscumque*, nous concerterons avec votre Eminence ce qui se pourra faire à cet égard [1]. »

Quelques jours plus tard : « Nous ne perdons point l'idée d'un nouveau Bréviaire romain, mais nous avouerons ingénuement à Votre Éminence que nous ne laissons pas de craindre les oppositions que ce grand projet rencontreroit ici de la part de plusieurs personnes, et celles qu'il essuyeroit dans les pays au delà des monts. Bien des gens se disent ici à l'oreille qu'on ne fera rien au sujet du Bréviaire de l'archevêque de Paris, sous prétexte d'attendre le nôtre ; et qu'après que nous aurons bien travaillé à composer celui-ci, les évêques de France seront les premiers à le critiquer. Ce dis-

---

1. Benoît XIV à Tencin, 26 avril 1743 (*C. de Rome*, t. 791, f. 215).

cours est bien malin, mais il ne laisse pas de nous inquiéter [1]. »

Et ailleurs : « Le projet d'un nouveau Bréviaire romain est bel et bon, et l'exécution n'en est pas impossible ; mais avant que de l'entreprendre, il faut y penser mûrement. Le monde est tel aujourd'hui que, si le pape fait quelque chose, ceux à qui elle plaît sont pour lui, et ceux à qui elle déplaît sont contre ; et comme il est impossible que la même chose plaise à tout le monde, il l'est de même qu'il n'arrive des malheurs et des traverses au pape d'un côté ou d'autre. Les hommes de bonne volonté excitent le pape à faire telle et telle chose, et quand il l'a faite, s'ils ne s'en repentent pas, ils lui disent du moins qu'ils ne peuvent pas le secourir. Nous avons vu de nos propres yeux Clément XI se mordre les doits plus d'une fois, lorsqu'ayant publié la constitution *Unigenitus*, il vit que Louis le Grand ne lui tenoit pas la promesse qu'il lui avoit faite de la faire accepter généralement, et que M. Amelot lui dit, parlant à sa personne, que le roy avoit la meilleure volonté du monde, mais qu'il ne pouvoit pas tout ce qu'il vouloit. Nous l'avons éprouvé nous-même [2]... »

Benoît XIV parlait ainsi en 1743, à un moment où les consulteurs ne faisaient, on peut le dire, que de commencer leurs études préparatoires. Lorsque les études sont achevées, lorsque Valenti a remis entre les mains du pape les résolutions arrêtées par la congrégation, et on a vu quelle confiance Valenti avait en l'excellence des résultats de ces longues et laborieuses discussions, le langage du Souverain Pontife change tout à coup :

---

1. Benoît XIV à Tencin, 3 mai 1743 (*C. de Rome*, t. 771, f. 227).
2. Benoît XIV à Tencin, 8 février 1743 (*C. de Rome*, t. 791, f. 52).

sa déception n'est pas douteuse, mais sa résolution persévère. Le travail de la congrégation est à ses yeux un travail manqué, mais il veut le refaire lui-même. Il écrit, en effet, en 1748 :

« En réimprimant ici, par ordre et aux frais du roi de Portugal, le Martyrologe romain, nous n'avons pas perdu l'occasion d'y faire certaines additions, comme son Eminence le verra dans la préface que nous lui communiquons ci-jointe. Plût à Dieu que nous eussions suivi la même méthode et que nous eussions travaillé nous seuls à la correction du Bréviaire romain! Il y aurait beau temps qu'elle serait terminée! Nous nous sommes embarqués à nommer une congrégation qui, finalement, nous a communiqué ses sentiments si confus, si embrouillés, si contradictoires, qu'il y a plus de travail à les corriger qu'à corriger le Bréviaire. Si Dieu pourtant nous donne vie et santé, nous ne manquerons pas de faire encore la nouvelle édition du Bréviaire corrigé [1]. »

Et, en effet, Benoît XIV se met vaillamment à l'œuvre. Quelqu'un, aimait-il à dire, qui pense savoir faire une chose lui-même, *fare una cosa da se*, se résout difficilement à la laisser faire par d'autres. Et s'il laissait volontiers à d'autres le cérémonial et la politique, il entendait traiter par lui-même les choses de théologie positive et de droit canonique. « Le pape, disait trop cavalièrement le cardinal de Tencin, a la démangeaison de

---

1. Benoît XIV à Tencin, 7 août 1748 (*C. de Rome*, t. 796, f. 254) :
« C'imbarcammo a deputare una Congregatione che finalmente ci hà dati i suoi sentimenti tanto confusi e tanto imbrogliati, e tanto dissoni frà di loro, che vi vuole più fatica a correggere quelli, che il Breviario. Se Iddio ci darà vita e sanità, non mancheremo di fare ancora la nuova edizione del Breviario corretto. »

faire des livres et des décrets[1]. » En réalité, le pape était un érudit qui n'avait d'autre récréation, d'autre consolation, au milieu des épines de sa charge, que de retrouver dans sa bibliothèque ses chères études d'autrefois. Avec quel soin il revoyait et retouchait les éditions nouvelles de son traité de la canonisation ou du synode diocésain! Il mit la révision du Bréviaire romain au nombre de ses travaux personnels. Et il écrivait, en septembre 1748 : « Quant au Bréviaire romain, nous avons repris la matière. Mais, pour en venir à bout, il faudrait avoir plus de temps à y consacrer que nous n'en avons, étant au vrai non pas assiégé mais accablé de besogne[2]. »

En 1755, il y pensait encore. « Il nous reste, écrivait-il, deux tâches à accomplir : l'une relative aux sacrements, dont l'administration réclame, dans l'Église orientale, de nouvelles règles ou de nouveaux éclaircissements; l'autre est une honnête correction du Bréviaire — *l'altra é un' onesta correzione del nostro Breviario*. — Nous n'avons pas peur du travail, ayant déjà notre magasin plein de matériaux, — *Noi non ricusiamo la fatica, avendo già il magazzino pieno di materiali.* » Il pensait, soit aux études de ses consulteurs, soit à ses propres études sur ce sujet. Mais, ajoute-t-il avec tristesse, « il y faudrait un peu de temps; or, on n'en trouve pas aisément, ou, si par aventure on en trouve, on sent alors tout le poids des ans et des infirmités[3]. »

---

1. Tencin à Fleury, 20 octobre 1741 (*C. de Rome*, t. 786, f. 117).
2. Benoît XIV à Tencin, 25 septembre 1748 (*C. de Rome*, t. 796, f. 274) : « Rispetto al Breviario, abbiamo ripigliata la materia. Ma per ridurla a capo, vi vorrebbe più tempo da impiegarci di quello che si hà, essendo veramente non che circondati, ma oppressi dalle fatiche. »
3. Benoît XIV à Peggi, 13 août 1755 (*Briefe*, p. 115).

Le 18 février 1756, il écrit encore : « Si Dieu nous prête vie et santé, nous écrirons un opuscule, qui contiendra ce qui regarde la matière et la forme des sacrements dans l'Église orientale... Nous avons réveillé ici l'étude des choses grecques, mais sans nous dispenser d'y travailler personnellement (*senza esentarci dal faticare personalmente*). Pourquoi sommes-nous dans un âge si avancé, et prisonnier de la goutte, et tout préoccupé des graves affaires de l'Occident[1] ? » — Ainsi, en 1755, il pense encore à exécuter la correction du Bréviaire, et à l'exécuter lui-même, et il l'exécutera après qu'il aura épuisé la question du rituel grec. En 1756, la question du rituel grec est près d'être bientôt épuisée : le tour du Bréviaire va enfin venir, et le pape va nous donner cette « *onesta correzione del Breviario* », dont il a tous les matériaux en mains. Mais la tâche est dure, et le siècle est difficile à contenter. « *Il secolo presente é di contentatura difficile*[2] », et, le 4 mai 1758, le pape est mort.

1. Au même, 18 février 1756 (*ibid.*, p. 121).
2. Au même, 16 avril 1758 (*ibid.*, p. 134).

CONCLUSION

Nous n'avons pas eu cette « *onesta correzione del nostro Breviario* » que le loyal et ferme génie de Benoît XIV voulait nous donner, et que sa mort seule l'a empêché de nous donner. L'aurons-nous un jour, et verra-t-on reprendre les matériaux recueillis par ce grand pape pour corriger les taches du Bréviaire, et rétablir le si désirable équilibre de l'office temporal et de l'office sanctoral? Il ne nous appartient pas de répondre, non plus que de signaler ici les corrections nécessaires, ni de chercher le moyen de rétablir ce juste équilibre : ce serait outrepasser les limites de notre rôle d'historien. Il importe même, sur la fin de cette *Histoire du Bréviaire romain*, où tant de questions intéressant une réforme possible du Bréviaire, dans son texte et dans ses rubriques, ont été incidemment touchées, il importe d'exprimer nettement les seules conclusions auxquelles cette étude d'archéologie liturgique et d'histoire littéraire a la résolution de se tenir[1].

---

1. Nous laissons de côté deux développements. — 1° L'exposé des propositions faites au concile du Vatican au sujet d'une réforme du Bréviaire. Ces propositions n'ayant été que des vœux privés, et, il faut bien le dire, *non secundum scientiam* : on les trouvera résumées par le P. Schober, *op. cit.*, pp. 78-80. — 2° L'histoire de la suppression des Bréviaires gallicans. On pourra con-

Rejetons l'utopie liturgique française du xviiie siècle, comme nous avons réprouvé l'utopie romaine du xvie. La liturgie de Vintimille et celle de Quignonez, la liturgie de Coffin et celle de Ferreri, n'ont, à nos yeux d'archéologues, pas plus de titre que celle d'Alcuin à se substituer à la liturgie traditionnelle existante.

Cette liturgie traditionnelle est représentée pour nous par le Bréviaire romain d'Urbain VIII, qui est pour nous une vulgate de l'office romain. Cette vulgate, cette édition *ne varietur* de 1632, est une édition historique, à laquelle le Saint-Siège a grand'raison de ne vouloir toucher qu'avec la plus prudente discrétion. Il serait même à désirer que toutes les additions qu'on y a faites depuis 1632 fussent imprimées à part, et il devrait y avoir un supplément d'*officia extravagantia*, où seraient réunis tous les offices publiés depuis 1632, la vulgate de 1632 demeurant à jamais fermée, comme le *Décret* de Gratien l'a été.

Ce qui nous rend précieuse cette vulgate de 1632, c'est que, grâce à la sagesse de Paul IV, de Pie V, de Clément VIII, entre cette vulgate de 1632 et le bréviaire de la curie romaine du xiiie siècle, les différences sont de détails : l'identité substantielle des deux bréviaires est indiscutable. Le bréviaire d'Urbain VIII dépend du bréviaire d'Innocent III.

Et, à son tour, le bréviaire d'Innocent III dépend de l'office canonique romain, tel qu'il était célébré dans la basilique de Saint-Pierre de Rome, à la fin du viiie siècle, tel qu'il s'y était constitué au cours du vii[e]

---

sulter avec grand fruit sur ce second point les quelques pages de l'abbé Marcel, dans sa très remarquable monographie des *Livres liturgiques du diocèse de Langres* (Paris, 1892), consacrées aux « Etudes d'histoire liturgique en France au xixe siècle ».

et du VIIIe siècle, synthèse toute romaine d'éléments soit romains, soit non romains, mais dont quelques-uns remontaient à l'origine même du christianisme. C'est l'honneur et l'excellence du bréviaire d'Urbain VIII de descendre de cet auguste aïeul.

Sans doute, il n'en descend point en ligne directe : c'est le reproche capital que nous lui ferions. Archéologues et historiens, nous avons peine à ne pas considérer l'office du VIIIe siècle comme le canon de l'office. Il faut nous pardonner cette érudite prédilection. Dans le bréviaire d'Innocent III, nous voyons l'abrégé, non point de l'office romain ancien tel qu'il se célébrait à Saint-Pierre au VIIIe siècle et encore au XIIIe, mais de l'office romain tel qu'il avait été adopté, puis transformé, en France, en Allemagne, en Italie, du IXe au XIIe siècle, sous l'influence toute puissante des ordres religieux et spécialement de Cluny, devenant ainsi cet « office moderne » sur tant de points différent de l' « office ancien » ou pur romain. Ç'a été le dommage des correcteurs romains du XVIe siècle de ne point connaître cet « office ancien » ou pur romain, et de ne puiser point le texte de l'office à sa source véritable.

Tel qu'il est, tenons-nous pour heureux, comme nous le serions s'il nous était donné de voir debout encore l'ancienne basilique de Saint-Pierre de Rome, non pas telle qu'elle était au temps de saint Damase, non pas même telle qu'elle était au temps du pape Hadrien et du pape Léon III, — la basilique qui vit couronner Charlemagne, — mais simplement la basilique du temps de Nicolas V, ornée, meublée, encombrée comme elle l'était à cette époque, au lieu d'être obligés de descendre dans les cryptes vaticanes pour retrouver les quelques restes que le vandalisme de la Renaisssnce a laissé venir jusqu'à nous de cette antique et vénérable chose. Le Bréviaire romain, en effet, est, dans ses grandes lignes, le vieil édifice achevé au VIIIe siècle. Et si, du IXe siècle au XIIIe, du XIIIe au XVe, trop de mains l'ont orné, changé, encombré, modifié, du moins au XVIe la prudence de Paul IV, de Pie V et de Clément VIII l'a sauvé des projets de restauration arbitraire ou de reconstruction ruineuse de Léon X et de Clément VIII, sinon des embellissements d'Urbain VIII. Dans ses œuvres vives, l'édifice du VIIIe siècle est debout, et nous y prions

Pieux lecteurs qui m'avez suivi jusqu'ici, lorsque vous irez en pèlerinage à la Ville Éternelle, prenez la voie Appienne et poussez jusqu'à la basilique de Saints-Nérée-et-Achillée. Vous entrerez dans cette diaconie en pensant au pape Léon III, qui l'a construite sur le plan traditionnel des basiliques romaines, et qui l'a décorée de mosaïques : vous serez ému par la simplicité, par l'élégance, par l'austère et mystique beauté de cette architecture. Et si, vous rappelant quelles restaurations un cardinal Borghèse à infligées à la basilique de Saint-Grégoire au Célius, un cardinal Acquaviva, à la basilique de Sainte-Cécile au Transtevere, et Benoît XIV lui-même à Sainte-Croix de Jérusalem, vous désirez savoir quels soins pieux et éclairés ont si intégralement sauvé l'œuvre de Léon III, lisez l'inscription où le cardinal Baronius, car c'est lui, revendique humblement l'honneur de cette restauration de sa basilique, et conjure les titulaires qui lui succèderont de n'y rien changer :

PRESBYTER CARD. SVCCESSOR QVISQVIS FVERIS
ROGO TE PER GLORIAM DEI ET
PER MERITA HORVM MARTYRVM
NIHIL DEMITO NIHIL MINVITO NEC MVTATO
RESTITVTAM ANTIQVITATEM PIE SERVATO

Cet amour, ce culte de piété et de science qu'avait le cardinal Baronius pour sa belle diaconie, je voudrais l'avoir inspiré à tous mes lecteurs pour l'ancien office romain, que nous a conservé le Bréviaire du concile de Trente.

PIÈCES JUSTIFICATIVES

A. Extraits de l'Ordo de Montpellier.

Montpellier, Ecole de médecine, n° 412, ɪxᵉ siècle. Contient : fol. 1-86, S. Augustin, *Enchiridion*; fol. 87-96, *Capitulare ecclesiastici ordinis* ; « fol. 96-109, *Ordo I* de Mabillon, nᵒˢ 1-21 ; fol. 109-117, *Ordo VII* de Mabillon ; fol. 117-128, *Ordo pascal.* de Mabillon. App. (Migne, *P. L.*, LXXVIII, 959); fol. 128, *Ordo* de dédicace, publié par Bianchini, *Anastas. biblioth.*, t. III, p. XLVIII, ici il est incomplet; fol. 129-132, *Ordo VIII* de Mabillon ; fol. 132, *Ordo librorum catholicorum qui in ecclesia romana leguntur per totum annum.* » Je dois la description ci-dessus à M. Duchesne. — J'ai copié et collationné le texte du *Capitulare* sur le ms. La rédaction de ce document me paraît antérieure à l'an 800, et probablement à l'an 750, eu égard principalement à ce qui y est dit des fêtes sanctorales. (Voyez plus haut, p. 77.)

[*Fol.* 87.] IN NOMINE DOMINI NOSTRI IHESU CHRISTI INCIPIT CAPITULARE ECCLESIASTICI ORDINIS QUALITER SANCTA ATQUE APOSTOLICA ECCLESIA ROMANA CELEBRATUR SICUT IBIDEM A SAPIENTIBUS ET VENERABILIBUS PATRIBUS NOBIS TRADITUM FUIT.

Primitus enim adventum Domini kalendis decembris incipiunt celebrare, et in ipsa nocte initiatur legi Isaia propheta, et usque Domini natalem repetendo a capite ipsum propheta legunt. Deinde una dominica ante natalem Domini incipiunt canere de conceptione sanctae Mariae. In ipsa vero ebdomada quarta et sexta feria seu et sabbatu stationes publicas faciunt : prima ad sanctam Mariam ad praesepe, secunda ad apostolos Iacobi et Iohannis, tertia cum XII lectionibus ad sanctum Petrum. Et in ipsa die sacerdotes et ceteri ministri ecclesiae si necesse fuerit ordinantur. Si autem evenerit ut vigiliae natalis Domini sabbato incurrant, precedente ebdomada omnem celebrationem vel ordinationem quam diximus usque in sabbato consummant. Quod si dominica contigerit, hora qua et reliquis diebus dominicis missarum solemnii celebrantur. In vigilia vero natalis Domini incipiente nocte mox ingrediuntur ad vigilias. Deinde expletis psalmis VIIII cum lectionibus vel responsuriis seu et matutinis cum antiphonis ad ipsum diem pertinentibus, expectantes domnum apostolicum modice requiescunt. Adpropinquante vero gallorum cantu, ipso domno apostolico cum episcopis vel reliquis sacerdotibus cum cereis vel multis luminibus procedente, surgentes preparant se qualiter ad missas ingrediantur. Et mox ut gallus [*fol. 88*] cantaverit domnus apostolicus cum omni ordine sacerdotum ad missas ingreditur...

Post nativitatem vero Domini usque in octabas praeter sanctorum festivitatibus psalmi antiphonae responsuria seu lectiones in nocte et in die de ipso Domini natali sunt canendi. In octabas autem Domini quod est kal. januar. ordinem quo Domini natale in omnibus observant. Inde vero in teophania praeter dominicos dies vel nataliciis sanctorum de cotidianis diebus psallunt. Pridie theophaniae jeiunium publicum faciunt [*fol. 94*] et hora nona missas celebrant et laetaniam publicam ad missam faciant, et medio noctis tempore ingrediuntur ad vigilias. Psalmos quoque aut lectiones vel responsuria de ipsa die canentes tantum de muneribus magorum et baptismo, de nuptiis vero quae facta sunt in Chana Galileae octabas teophaniae celebrant. Sed et omni ebdomada usque in octabas semper de theophania canunt. Expletis igitur nocturnis seu et matutinis, mox cum cereis et candelabris seu et turibulis cantando Te deum laudamus ad fontes veniunt. Hoc finito incipiunt laetaniam id est Christe audi nos et reliqua. Ipsa expleta adstantibus episcopis presbiteris diaconibus subdiaconibus vel omni clero et cuncto populo in circuitu fontis cum multis luminibus statim episcopus benedicit fontes ; post benedictionem vero faciens de chrismate crucem in ipsis fontibus de ipsa chrisma spargit super cunctum populum. Hoc facto omnis populus accepit benedictionem unusquis in vasis suis de ipsa aqua ad spargendum tam in domos eorum quam et in vineis campis vel fructibus eorum. Deinde discalciati presbiteri aut diaconi induentes se aliis vestibus mundis vel candidis ingrediuntur in fontes et acceptis infantibus a parentibus baptizant eos ter mergentes in aquam in nomine Patris et Filii et Spiritus sancti, tantum sanctam trinitatem semel invocantes. Levatis ipsis infantibus offerunt eos in manibus suis uni presbitero. Ipse vero presbiter faciens de crisma crucem in vertice eorum cum invocatione sanctae trinitatis. Deinde sunt parati qui eos suscipere debeant cum lenteis in manibus eorum et traduntur eis a presbiteris vel diaconibus qui eos baptizant. Baptizati autem infantes mox deportantur ante episcopum et datur eis gratia Spiritus septiformis cum chrismate in fronte et invocatione sanctae trinitatis, id est confirmatio baptismi vel christianitatis. Missas vero in ipsa die ordine quo diximus [*fol. 95*] Domini natalem sequuntur.

Postea quidem die secundo mense februario quod est IIII non. ipsius mensis colliguntur omnes tam clerus romanae ecclesiae quam et omnes monachi monasteriorum cum omni populo suburbano seu et copiosa multitudo peregrinorum de quacunque provintia congregati venientes ad ecclesiam beati Adriani mane prima, et accipiunt de manu pontificis unusquis cereo uno omnes viri cum feminis et infantibus et accendunt eos portantes eos in manibus omnes una voce canentes unusquis in ordine suo quo militat, procedentibus ante domnum apostolicum septem candelabris cum cereis seu et turibulis cum timiamatibus, et accensis lampadibus ante uniuscuiusque domum, ante pontificem procedunt omnes cum magna reverentia ad sanctam Mariam maiorem, et ibidem devotissime missas celebrantur qualiter post purificationem beate Mariae dominus noster Jhesus Christus secundum legem Moysi representatus est in templo et accipiens eum beatus Simeon propheta in ulnis suis benedixit Deum.

Deinde septuagesimo die ante pascha dominica tamen ingrediente septuagesima apud eos celebratur. Hoc enim faciunt vel pro reverentia tantae festivitatis vel pro eruditione populi ut per numerum dierum cognoscant jam adpropinquare diem sanctum paschae et praeparet se unusquisque secundum devotionem et virtutem suam qualiter ad ipsum sanctum diem cum tremore et reverentia contrito corpore et mundo corde perveniant. Et non solum LXX sed et LX. L. XL. XXX. XX. XV et VIII semper ipso ordine celebrantur, ut quantum plus cognoverint adpropinquare sanctum diem paschae redemptionis nostrae tantum amplius ab omni inquinamento carnis vel immunditia se abstineant ut digni sint communicare corpus et sanguinem Domini [*fol. 96*]. Graeci autem a LX^{ma} de carne levant jeiunium, monachi vero et romani devoti vel boni christiani a L, rustici autem et reliquus vulgus a quadragesima. Primum autem jeiunium IIII et VI feria post L, id est una ebdomada ante quadragesima apud eos publicae agitur. Inde vero prima ebdomada in quadragesima iterum quarta et sexta feria seu et sabbato stationes publicas faciunt, et jeiunium cum XII lectionibus in ipso sabbato consummantur. Et si fuerit ipsum sabbatum de martio mense ordinationes sacerdotum faciunt, sin autem in alia ebdomada vel tertia quando pontifex judicaverit iterum IIII et VI feria seu et sabbatum cum XII lectionibus sicut prius celebrare videntur et ordinantur qui ordinandi sunt. Quarta vero ebdomada ante pascha incipiunt scrutinium facere ad infantes qui in sabbato sancto baptizandi erunt. EXPLICIT.

B. Extraits de l'Ordo de Saint-Amand.

Paris, Bibliothèque nationale, n° 974, ixe siècle, provenant de Saint-Amand-en-Puelle. Cet *ordo* a été publié par M. Duchesne, *Origines*, pp. 438 et suiv. Je n'en reproduis que les passages qui ont trait à la célébration de l'office divin. Ce texte est « en latin vulgaire, écrit M. Duchesne (*loc. cit.*), ce qui, si l'auteur était un clerc frank, le reporterait à une date antérieure à l'an 800 environ ; si c'est un clerc romain qui a tenu la plume, la rédaction peut être un peu postérieure. »

QUALITER FERIA V CAENAE DOMINI AGENDUM SIT

Media illa nocte surgendum, nec more solito *Deus in adiutorium meum* nec invitatorium, sed in primis cum antiphonis III psalmi secuntur; deinde versus; nec presbiter dat oracionem. Deinde surgit lector ad legendum, et non petat benedictionem, et non dicit *Tu autem Domine*, sed ex verbis leccionis jubet prior facere finem ; III [lectiones] de tractatu sancti Augustini in psalmo *Exaudi Deus oracionem meam dum tribulor*, III de Apostolo ubi ait ad Corinthios : *Et ego accepi a Domino quod et tradidi vobis*. VIIII [psalmi] cum antiphonis, VIIII lectiones, VIIII responsoria completi sunt; et non dicit *Gloria* nec in psalmis nec in responsoriis. Sequitur matutinum. Matutino completo non dicit *Chirie eleison*, sed vadunt per oratoria psalmis psallendo cum antiphonis...

FERIA VI PARASCEVEN

Media nocte surgendum est ; nec more solito *Deus in adiutorium meum* nec invitatorium dicuntur. VIIII psalmi cum antiphonis et responsoriis ; lectiones III de lamentacione Hieremiæ, III de tractatu sancti Augustini..... de psalmo LXIII, tres de Apostolo ubi ait ad Aebreos : *Festinemus ergo ingredere in illam requiem*. Et non dicit *Gloria* nec in psalmis nec in responsoriis ; nec lector petit benediccionem, sed sicut superius. Sed tantum inchoat ad matutinum antiphona in primo psalmo, tuta lampada de parte dextra, in secundo psalmo de parte sinistra ; similiter per omnes psalmos usque VI aut VII, aut in finem evangelii, reservetur absconsa usque in Sabbato sancto...

ORDO QUALITER IN SABBATO SANCTO AGENDUM EST

Media nocte surgendum est, et sicut superius taxavimus ita fiat, excepto in luminaribus, sed tantum una lampada accendatur propter legendum.

Post hoc vero die illa, octava hora diaei procedit ad ecclesiam omnis clerus seu et omnis populus, et ingreditur archidiaconus in sacrario cum aliis diaconibus et mutant se sicut in die sancta. Et aegrediuntur de sacrario et duae faculae ante ipsos accense portantes a subdiacono, et veniunt ante altare diaconi, osculantur ipsum et vadunt ad sedem pontificis, et ipsi subdiaconi stant retro altare, tenentes faculas usque dum complentur lectiones. Deinde annuit archidiaconus subdiacono regionario ut legatur lectio prima, in greco sive in latino. Deinde psallit sacerdos infra thronum in dextra parte altaris et dicit *Oremus*, et diaconus *Flectamus genua*, et post paululum dicit *Levate*. Et sequitur oracio *Deus qui mirabiliter creasti hominem*. Deinde secuntur lectiones et cantica seu et oraciones, tam grece quam latine, sicut ordinem habent.

Lectionibus expletis, egrediuntur de ecclesia quae apellatur Constantiniana et descendit archidiaconus cum aliis diaconibus, et ipsas faculas ante ipsos, usque in sacrarium qui est juxta fontes, et ibi expectant pontificem. [*Suit la célébration du baptême des catéchumènes.*]

Deinde revertitur pontifex in sacrarium qui est juxta thronum, et ipsas faculas ante ipsum. Et stat unus de scola ante eum, et dum ei placuerit, dicit : *Intrate*. Et inchoant letania hoc ordine, id est prima VII vicibus repetent. Similiter, facto intervallo, dum jusserit pontifex, dicunt tertia letania, ter repetant. Et dum dixerint *Agnus Dei*, egreditur pontifex de sacrario et diaconi cum ipso, hinc et inde, et duae faculae ante eum portantur ab eis qui eas portaverunt ad fontes. Et veniens ante altare, stat inclinato capite, usque dum repetunt *Kyrie eleison*; et osculatur altare et diaconi similiter, hinc et inde. Deinde revertit ad sedem suam, et ipsi subdiaconi regionarii tenent ipsas faculas retro altare, dextra levaque. Et dicit pontifex *Gloria in excelsis Deo.* Sequitur oratio, inde lectio et *Alleluia, Confitemini Domino* et tractus *Laudate Dominum.* Et ipsa nocte non psallit offertorium nec *Agnus Dei* nec antiphona ad communionem. Et communicat omnis populus, seu et infantes qui in ipsa nocte baptizati sunt, similiter usque in octavas paschae...

[*Je relève dans un ms. peu connu, le Pontifical de Poitiers de la bibliothèque de l'Arsenal, n° 227, fol. 178, ms. du Xe siècle, un court commentaire des rubriques précédentes :*

Morem autem benedicendi cerei romana ecclesia frequentat, sed mane sancti sabbati sedente domno apostolico in consistorio lateranensi... Omni autem sollicitudine procuretur ut GLORIA IN EXCELSIS DEO ea nocte ante non incipiatur quam stella appareat in coelum : quod tunc rationabiliter peragi poterit, si peracto baptismate hora consideretur, et, facto intervallo, secundum congruentiam temporis, laetania terna ad introitum ita inchoetur ut eadem finita... stella in coelo apparente GLORIA IN EXCELSIS DEO incipiatur : ea scilicet ratione ne populi ante medium noctis ab ecclesia dimittantur. Si quidem traditio apostolica est media nocte in huius sacratissimae noctis vigilia Dominum ad judicium esse venturum... Enimvero sicut veracium personarum relatione traditur, qui nostro tempore de Hierusalem advenerunt, hac auctoritate et traditione fideles populi illic instructi, in sabbato vigiliarum paschae in ecclesiam convenientes quasi Dominum excepturi ac velut ad eius judicium properaturi, omni devotione et sollicitudine intenti cum silentio et tremore horam in evangelio designatam praestolantur. Clerus etiam ea nocte cum suo pontifice in ecclesia degens predictam cum pavore et devotione expectat horam : nec ante ingrediuntur ad missas quam una ex lampadibus in sepulchro Domini per angelicam illuminetur administrationem.]

In vigilia Pentecoste sicut in Sabbato sancto ita agendum est, sed tantum una letania ad fontem et alia pro int[roitu] ; offertorium seu Alleluia vel antiphona ad communionem sicut continet in antifonarium.

In ipsa nocte sancta Resurrectionis, post gallorum cantu

surgendum est. Et dum venerint ad ecclesiam et oraverint, osculant se invicem cum silentio. Deinde dicit *Deus in adiutorium meum.* Sequitur invitatorium cum Alleluia ; sequuntur III psalmi cum Alleluia : *Beatus vir, Quare fremuerunt gentes, Domine, quid multiplicati sunt.* Sequitur versus, et orationem dat presbiter. Deinde secuntur III lectiones et responsoria totidem, prima lectio de Actibus apostolorum, inde secunda, tertia de omiliis ad ipsum diem pertinentium. Sequitur matutinum cum Alleluia.

Infra albas Paschae, tres psalmos per nocturno imponuntur per singulas noctes usque in octavas Paschae, id est, feria II^a, *Cum invocarem, Verba mea, Domine ne in furore tuo;* feria III^a , *Domine Deus meus, Domine Dominus noster, In Domino confido* ; feria IIII^a , *Salvum me fac Domine, Usquequo Domine, Dixit insipiens* ; feria V^a , *Domine quis habitabit, Conserva me Domine, Exaudi Domine* ; feria VI^a , *Coeli enarrant, Exaudiat te Dominus, Domine in virtute tua;* sabbato, *Domini est terra, Ad te Domine levavi, Judica me Domine.* In dominica vero octabas Paschae vigiliam plenam faciunt, sicut mos est, cum VIIII lectionibus et totidem responsoriis.

ORDO QUALITER IN EBDOMADA PASCHE USQUE IN SABBATO DE ALBAS VESPERA CAELEBRABITUR

In primis dominica sancta, hora nona, convenit scola cum episcopis, presbiteris et diaconibus in ecclesia maiore quae est catholica, et a loco crucifixi incipiunt *Chyrie eleison* et veniunt usque ad altare. Ascendentibus diaconibus in poium, episcopi et presbiteri statuuntur locis suis in presbyterio et sancto ante altare stet[1]. Finito *Chyrie eleison,* annuit archidiaconus primo scolae, et ille, inclinans se illi, incipit *Alleluia* cum psalmo *Dixit Dominus domino meo.* Hoc expleto, iterum annuit archidiaconus secundo vel cui voluerit de scola, sed et omnibus incipientibus hoc modo praeci-

---

1. Je comprends comme si je lisais *et sanctum ante altare stent.* (Note de M. Duchesne.)

pit et dicit iterum *Alleluia* cum psalmo CX. Sequitur post hunc primus scolae cum paraphonistis instantibus *Alleluia* et respondent paraphoniste. Sequitur subdiaconus cum infantibus versum *Dominus regnavit decore induit*; et respondent paraphonistae *Alleluia*; item versum *Parata sedes tua Deus*, et sequitur *Alleluia* a paraphonistis; item versum *Elevaverunt flumina Domine*, et reliqua. Post hos versus salutat primus scolae archidiacono, et illo annuente incipit *Alleluia* cum melodias, simul cum infantibus. Qua expleta respondent paraphoniste prima *Alleluia* et finitur. Post hanc incipit *Alleluia* tercius de scola in psalmo CXI; post hunc sequitur *Alleluia* ordine quo supra : *Alleluia Pascha nostrum*; versus *Aepulemur*. Hanc expletam, ordinem quo supra, incipit archidiaconus in evangelio antiphonam *Scio quod Jesum queritis crucifixum*. Ipsa expleta, dicit sacerdos orationem.

Dein descendit ad fontes psallendo antiphonam *In die resurrectionis meae*, quam ut finierint inchoatur *Alleluia*; psallitur psalmus CXII. Ipso expleto, sequitur *Alleluia*, *O Kyrios ebasileusen euprepian*, et sequitur *Alleluia* a cantoribus; item versus *Ke gar estereosen tin icummeni tis*; et finitur ordine quo supra. Post hanc sequitur diaconus secundus in evangelium antiphonam *Venite et videte locum*; deinde sequitur oratio a presbitero.

Et tunc vadunt ad sanctum Andream ad Crucem, canentes antiphonam *Vidi aquam egredientem de templo*. Post hanc dicitur *Alleluia* cum psalmo CXIII. Quo finito, primus scolae incipit *Alleluia, Venite exultemus Domino*, versus *Preoccupemus faciem eius*. Post hanc dicit diaconus in evangelio antiphonam *Cito euntes dicite discipulis eius*; deinde sequitur oratio a presbitero.

Deinde descendunt primatus ecclesiae ad accubita, invitante notario vicedomini, et bibet ter, de greco una, de pactisi una, de procumma [una]. Postquam biberint, omnes presbiteri et acholiti per singulos titulos redeunt ad faciendas vesperas, et ibi bibunt de dato presbitero.

Hec ratio per totam ebdomadam servabitur usque in dominica Albas.

Histoire du Bréviaire romain.

C. Anonyme de Gerbert.

Saint-Gall, Stiftsbibliotek, n° 349 : ms. de parchemin, in-4°, 120 fol. (paginés). Fol. 1-39, écriture du viiie siècle : fragment d'un sacramentaire. Fol. 39-49, écriture du ixe siècle : décrétale d'Innocent Ier à Decentius, évêque de Gubbio. Fol. 49-118 : fragments anonymes publiés par Gerbert, *Monumenta veteris liturgiae alemannicae* (Sant-Blasien, 1779) : fol. 49, Cantatur autem omnis scriptura..., ap. Gerbert, t. II, p. 181 ; — fol. 50, Incipiunt capitula de libris novi ac veteri testamenti plenitudinem..., ap. Gerbert, *ibid.*, — fol. 54, In nomine s. d. n. i. c. incipit instructio ecclesiastici ordinis qualiter in coenobiis..., ap. Gerbert, p. 175-177 ; — fol. 67, Incipit capitulare ecclesiastici ordinis qualiter sancta atque apostolica..., et immédiatement après, fol. 100. Item de curso divino..., ap. Gerbert, p. 168-175 ; — fol. 104, Item incipit de convivio sive prandio atque coenis monachorum qualiter in monasteriis..., ap. Gerbert, p. 183-185. Fol. 118 et 119, écriture anglo-saxonne, ixe siècle : une série de prières, dont une Pro abbate nostro, une Pro rege et principe nostro, une Pro absentium fratrum nostrorum.

Voy. G. Scherrer, *Verzeichniss der Hss. der Stiftsbibliothek von St. Gallen*, p. 122. Dom Baeumer nous a communiqué une description détaillée du manuscrit. On trouvera ci-après le texte du fragment de Gerbert, à l'exception du Capitula de libris N. ac. V. T., qui ne paraissent pas appartenir à notre anonyme, étant d'une latinité correcte, et n'ont point d'ailleurs d'intérêt liturgique. Nous n'avons pas reproduit le Capitulare ecclesiastici ordinis, lequel est une réplique incorrecte de l'ordo de Montpellier. Le texte que nous donnons ci-après a été collationné pour nous sur le ms. par M. le docteur Fäh, conservateur de la bibliothèque de Saint-Gall.

I

Cantatur autem omnis scriptura sancti canonis ab initio anni usque ad finem, et sic ordo est canonis decantandi in ecclesia sancti Petri. Quinque libri Moyse cum Jesu Nave et Judicum in tempore veris. Septem diebus ante initium quadragesimae usque ad octavam diem ante pascha liber Isaiae prophetae, unde ad passionem Christi convenit. Et lamentationes Ieremiae. In diebus a pascha epistolae apostolorum et actus atque apocalypsin usque pentecosten. In tempore aestus libri Regum et Paralipomenon usque ad medium autumni, hoc est usque quinto decimo kalendas novembris. Deinde libri Salomonis, Mulierum atque Machabaeorum, et liber Tobi usque ad calendas decembris. Ante autem natale domini nostri Ihesu Christi Isaias Ieremias et Daniel usque ad epiphaniam. Postea Ezechiel et prophetae minores atque Job usque in idus februarias. Psalmi omni tempore, evangelia et apostoli similiter, tractatus prout ordo poscit, passiones martyrum et vitae patrum catholicorum leguntur.

II

[1.] In nomine sancti domini nostri Ihesu Christi incipit instructio ecclesiastici ordinis qualiter in coenobiis fideliter Deo servientes, tam juxta auctoritatem catholicae atque apostolicae romanae ecclesiae quam juxta dispositionem ac regulam sancti Benedicti, missarum solemniis vel nataliciis sanctorum seu officiis divinis anni circuli die noctuque auxiliante Domino debeant celebrare, sicut in sancta ac romana ecclesia a sapientibus ac venerabilibus patribus nobis traditum.

[2.] Primitus enim adventum Domini cum omni officio divino tam lectionibus cum responsoriis vel antiphonis seu et versibus a cal. decembris incipiunt celebrare. Et initiantem legite Isaiam prophetam in vigiliis semper a capite repetendo usque in Dei natalem ipsum leguntur, responsoria vero usque octabas Domini praeter nataliciis sanctorum Hieremiam et Daniel leguntur. Postea quidem Hiezechiel et prophetae minores atque Job in idus februarii. Epistolae Pauli apostoli omni tempore in posterioribus tribus lectionibus tam in die dominico ad vigiliis quam et in missarum solemniis leguntur. deinde vero quinque libri Moysi cum Iesu Nave et Judicum in tempore veris iidem septem diebus ante initium quadragesimae usque ad octavum diem ante pascha leguntur. Et septem dies ante pascha liber Isaiae prophetae unde ad passionem Christi pertinent et lamentationes Ieremiae. In diebus autem paschae epistolae apostolorum et actus atque apocalypsis usque pentecosten. In tempore autem aestatis libri Regum et Paralipomenon usque ad medium autumni, hoc est quinto decimo calendas decembris. Tractatus vero sanctorum Hieronymi Ambrosii ceterorumque patrum prout ordo poscit leguntur.

[3.] In vigiliis omnium apostolorum vel ceterorum principalium omnes ieiunium faciunt, et hora nona natalitia eorum praevenientes absque GLORIA IN EXCELSIS DEO et ALLELUIA missarum solemniis celebrantur, et ipsa nocte ad vigilias eorum passiones vel gesta leguntur. Quodsi in die dominica eorum natalitia evenerint tam in adventu domini quam in omni tempore, psalmi cum eorum passionibus vel gestis cum responsoriis et antiphonis de ipsis pertinentes canuntur. Si autem gesta eorum minor fuerit ut in novem leccionibus sufficere non possint, in tribus tantum posterioribus leccionibus leguntur. Et octabas eorum cum responsoria vel antiphonas seu et missarum solemniis sicut die primo festivitatis eorum celebrantur. Quod si octabas eorum natalitia aliorum evenerint, precedente die eorum octabas celebrantur.

[4.] Responsorius vero tercius secundum regulam sancti Benedicti cum GLORIA est canendus novissime, sed romana ecclesia omnia responsoria cum GLORIA semper cantatur. Secundum regulam sancti Benedicti omne tempore diebus dominicis legitur lectio sancti evangelii secundum tempus quo fuerit, et sequitur hymnum TE DEUM LAUDAMUS et versum cum KYRIE ELEISON a finiuntur vigiliae nocturnae. Matutinae vero laudes diebus dominicis praeter quadragesimam omni tempore cum ALLELUIA sunt canendae.

[5.] Una autem ebdomada ante natale Domini de Conceptione beatae Mariae incipiunt celebrare. In ipsa ebdomada quarta et sexta feria seu et sabbatum omnes jeiunium faciunt et missarum solemniis cum lectionibus vel responsoriis seu et antiphonis de ordine pertinentes celebrantur. Sabato vero cum duodecim leccionibus vel ordine missarum solemniis quae diximus celebrantur. Et ipsa die sacerdotes et ceteri ministri ecclesie si necesse fuerit ordinantur. Si autem evenerit ut vigiliae natalis Domini sabbato incurrunt, praecedente ebdomada omnem celebrationem vel ordinem quod diximus quae in sabbato celebrantur. Ipsam autem ordinationem sacerdotum quae diximus praeter quatuor tempora in annum, id est marcii junii septembris et decembris mensis, non ordinantur, ita tamen ebdomada qua pontifex judicaverit, ut et jeiunium quarta feria incipiente et sabbato omnia consummentur. Pridie natalis Domini, nisi forte dominica contigerit, omnes publicum jeiunium faciunt, et hora nona missas celebrantur. In vigilia pridie natalis Domini humiliae cum responsoriis suis vel antiphonis in matutinis laudibus de ipsa die pertinentes canuntur.

[6.] In vigilia natalis Domini tam psalmi novem cum antiphonis vel humilias cum responsoriis suis seu et versibus et matutinis laudibus expletis vel missarum solemniis ordine quo in priori capitulare memoravimus, cum magno decore celebrantur. Corpus autem Domini in ipsa nocte expletis missarum solemniis omnes communicant. De octabas Domini vel de epiphania superiore ordine invenitur qualiter celebrare debeamus. A quadragesima vero incipiente usque quinquagesimo die ante pascha ad vigiliis de aptatico unde leguntur, et responsoria nde canuntur. Quod si exinde minus responsoria habuerit, tam in die quam in nocte quadragesimalis responsoria canuntur.

[7.] In matutinis laudibus diebus dominicis sicut et cotidianis diebus a quinquagesimo incipiente id est MISERERE MEI DEUS, inde sequitur psalmus centesimus septimus decimus cum antiphonis suis, et sequitur ordo matutinorum solemnitas sicut et reliquis dominicis diebus. Et a quinto decimo die ante pascha tam responsoria quam et antiphonae cum versibus suis de passione Domini incipiunt celebrare.

[8]. Quinta vero feria ante pascha id est coena Domini ad missas antiphona ad introitum non psallitur, apostolum nec evangelium non legitur, nec responsorium cantatur, nec salutat presbyter, id est non dicit DOMINUS VOBISCUM, nec pacem faciunt usque in sabbato sancto, sed cum silentio ad missas ingrediuntur.

[9.] In paraceven autem quod est sexta feria passionis Domini hora nona colleguntur omnes in ecclesia et legunt duas lectiones, quas in capitulare vel in sacramentorum commemorat cum responsoriis de passione Domini, et legitur passio Domini secundum Iohannem, et dicuntur illas orationes presbytero quas in sacramentorum commemorat. Post unamquamque orationem admonentur omnes a diacono ut flectantur genua, et dicit diaconus FLECTAMUS GENUA, et prosternentes se omnes in terra cum lacrymis vel contritione cordis. Et iterum admonentur a diacono dicente LEVATE. Expletis autem ipsis orationibus dicit presbyter OREMUS, et dicit orationem PRAECEPTIS SALUTARIBUS cum oratione dominica, et sequitur oratio LIBERA NOS QUAESUMUS DOMINE AB OMNIBUS MALIS. Et accipit diaconus corpus Domini et sanguinem quod ante diem coenae Domini remansit et consecratum fuit et ponit super altare, et communicant omnes corpus et sanguinem Domini cum silentio nihil cantantes. Et ipsa nocte in ecclesia lumen non accenditur usque in sabbato. His autem expletis ingrediuntur ad vesperam. Et ipsa nocte abstinentes se ab omni delicia corporali, id est praeter tantum panem et aquam cum aceto mixtam non sumentes, cui autem Dominus virtutem dederit pertranseunt sine cibo usque in vigilia paschae, hoc autem apud religiosos ac venerabiles viros observantur.

[10.] In sabbato sancto paululum post hora nona ad vigilias, primitus autem vestiuntur se sacerdotes una cum diaconibus vestibus suis, et procedunt de sagrario cum cereis vel thuribulis, et intrant in ecclesiam cum silencio nihil canentes, stantes in ordine suo. Inde vero benedicentur cerei a diacono ordine quo in sacramentorum habetur, et statim accedunt et sedent sacerdotes in sedilia sua, diaconi vero tantum permanent stantes juxta ordinem suum sive juxta abbatem vel presbyterum qui missas celebratur. Et incipiunt legere lectiones de ipsa nocte una cum canticia eorum quas in sacramentorum commemorat. Expletis autem ipsis lectionibus omnes sacerdotes cum diaconibus revertuntur in sacrario ornantes se, qualiter ad missas ingrediuntur. Cum autem signum pulsatum fuerit procedunt de sacraria cum diaconibus accensis cereis cum thuribulis, sicut prius descripsimus, et intrant in ecclesia facientes litania. Expletas autem ipsa litania incipit abba aut presbyter qui missas celebrat GLORIA IN EXCELSIS DEO, et complebunt omnia missarum solemnia, sicut et reliquis diebus dominicis et ipsis septem diebus usque pascha, solita in omni officio divino.

[11.] Ita agitur sicut et diem sanctam paschae, praeter tantum psalmi qui de unamquamque diem psalluntur semper cum ALLELUIA, usque quinquagesimo die a pascha quod est pentecosten, tam psalmi vel responsoria cum versibus vel antiphonis omnes cum ALLELUIA sunt canenda.

[12.] Ascensionem vero Domini cum omni officio divino de ipsa die pertinente sicut et reliquis diebus dominicis celebrantur, responsoria vero vel antiphonis usque in sabbato pentecosten de ascensionem Domini canuntur.

[13.] Sabbato pentecosten omnes jeiunium faciunt et omni officio divino tam lectionibus quam et baptismum vel ordine sicut in sabbato sancto celebrantur. Tantum hora octava incipiente ingrediuntur ad vigilias vel missarum solemniis, ut hora nona diei expleta omnia consumentur. Diem sanctum pentecosten sicut et diem sanctum paschae celebrantur. In ipsa vero ebdomada post pentecosten quarta et sexta feria seu et sabbatum jeiunium faciunt et missarum solemniis cum omne officio divino sicut in sacramentorum commemorat celebrantur. Octabas autem pentecosten sicut et dominica praecedente ita celebrandum est.

[14.] Reliquo tempore in anni circuli praeter quod memoravimus de ipsis psalmis responsoria sunt canende, antiphonis vero tam matutinis quam et vespertinis laudibus de cotidianis diebus canuntur.

[15.] Ad agendas vero mortuorum ad vigilias tam psalmi quam et lectionibus cum responsoriis suis vel antiphonis in matutinis laudibus sine ALLELUIA de ipsis est canendum. In missas eorum nec GLORIA IN EXCELSIS DEO nec ALLELUIA non cantatur.

III

In nomine domini nostri Ihesu Christi incipit capitulare ecclesiastici ordinis qualiter a sancta atque apostolica romana ecclesia celebratur, sicut ibidem a sapientibus et venerabilibus patribus nobis traditum fuit.

[1.] Primitus enim adventum Domini calendis decembris incipiente celebrare [etc.].

IV

Item de cursu diurno vel nocturno qualiter horas canonicas nuntiantur in sancta sedis romanae ecclesiae sive in monasteriis constitutis.

[1.] In primis prima sic temperantur ut sic canatur quando ora prima diei fuerit expleta si tamen necesse fuerit aliquam operam cum festinatione facere, sin autem quomodo ora diei secunda expleta fuerit. Sic cantatur apud eos prima, hoc est primitus dicit prior DEUS IN ADIUTORIUM MEUM INTENDE, et inde caeteri quod sequitur. Ista prima ibi cantatur ubi dormiunt et ibidem pro invicem capitulo dicto orant. Statim ibi sedeunt et prior cum ipsis et ibi legunt regulam sancti Benedicti, et a priore vel cui ipse jusserit per singulos sermones exponitur, ita ut omnes intelligant ut nullus frater se de ignorantiam regulae excusare possit. Inde accepta benedictione vadunt sive ad ciandum vel vestiendum atque lavandum, et abent spatium ad hoc faciendum usque ad oram terciam. Si est consuetudo apud ipsos ut ille archiclavus qui claves ecclesiae sive misterium sacrum sub cura sua habet, ipse custodit et oras canonicas ad cursum celebrandum quando signum pulsare debeat ut reddantur. Et neque ad tertiam nec ad sexta neque ad nonam vel ad vesperam nec ad completorio neque ad matutinis non dicit prior quando incipit apud illos DOMINE LABIA MEA APERIES, ni tantum ad nocturnas.

[2.] Completorio autem tempore aestatis quomodo sol occumbit colliguntur ad collecta. Tangit autem frater cui est cura iniuncta cymbalum aut tabula, et colliguntur fratres in unum locum et prior ipsorum cum ipsis sedens. Et omne sive estate sive hibernum tempore semper leccionem ad collectam leguntur, et ibi fructum quod eis Deus dederit manducantur et bibent. Postea pulsato signo canuntur completorio ubi dormiunt in dormitorio, et extremo versu dicuntur antequam dormiant, hoc est PONE DOMINE CUSTODIAM ORI MEO, et tunc vadunt cum silentio pausare in lectula sua.

[3.] Pausant autem usque nocte media si solemnitas praecipua non fuerit, si vero dominica vel alia grandis solemnitas evenerit temporius surgunt. Et habent positum ubi dormiunt tintinabulum talem qui ad excitandum eos pulsatur, et postea modico intervallo facto surgunt fratres. Cui autem opus exire ad necessaria seu urina digerendum, et ad introitum ecclesiae habeant vasculum positum cum aqua ubi lavent manus suas vel facies et tergant linteo juxta posito. Et iterum cum pulsatum fuerit aliud signum ad psallendum parati ingrediuntur monaci, et prior statim dicit prolixe DOMINE LABIA MEA APERIES sub GLORIA PATRI lente decantantes et in fine ALLELUIA concludentes. Cantat statim cui jussum fuerit invitatorio, quod est VENITE EXULTEMUS DOMINO, cum antiphona ceteris respondentibus. Et omni officio suo quod supra scriptum est complebuntur. Nocturnis autem finitis si lux statim non supervenerit faciunt modicum intervallum ut superius dictum est propter necessitates fratrum, et iterum ingrediuntur ad matutinis laudibus explendas.

[4.] Si autem cottidianis dies fuerint tempore hyberni, post nocturnis finitis iterum pausantes usquequo lux apparere incipiat, et sic ingrediuntur ad celebrandum matutinorum laudibus. Sic autem est semper solicitus ille frater cui cura commissa est ut semper signum competenti ora insonare debeat. Si autem exinde aliqua negligentia ut adsolet fragilitate humana ei evenerit ut ante oram aut post oram pulsaverit, poenitentia ei exinde indicit prior suus. Et propterea vel reverentia Dei hoc semper metitatur et in his sit solicitus ut omnia semper oneste vel competenter et secundum ordinem explicantur, et Deus semper in omnibus magnifice laudetur.

V

Item incipit de convivio sive prandio atque coenis monachorum, qualiter in monasteria romanae ecclesiae constitutis est consuetudo.

[1.] Quando autem ad prandium accedunt dicit prior orationem cum fratribus, hoc est OCULI OMNIUM totam cum GLORIA PATRI subsequente prolixe dicuntur et postea in fine ALLELUIA canuntur. Et dicit sacerdos orationem talem vocem ut cuncti audiantur et respondeant AMEN HOC BENEDICANTUR NOBIS DOMINE DONA TUA, vel alias sunt plurimas quae ad hunc cibum sunt deputatas. Et sedeunt postea omnes in loco suo. Habent autem prope mensa abbatis cathedra tale ex alto stabilita cum analogio ubi librum ponitur, et sedeunt cum legunt. Et statim cum primum cibum ponunt ministri et signum insonuerit ut signetur a comedendum, respondent omnes DEO GRATIAS, priore signante aut presbytero vel cui jusserit, tali voce signatur ut universi audiant et respondent AMEN. In ipso inicio comedentinm est praeparatus lector qui statim petit benedictionem dicit IUBE DOMNE BENEDICERE, senior autem dicit SALVET NOS DOMINUS, ei respondent omnes AMEN, et ingreditur ad legendum et legit quamdiu illum cibum manducant. Et postea si longo prandio habuerint ut diucius sedeant vel si alium ministrationem ministrentur, tangit prior mensa ut sileat ipse lector modicum. Et si fuerint pisces vel etiam si volatilia manducant, cum ministratur et insonuerit signum ut benedicatur, respondent omnes DEO GRATIAS, et benedicit prior aut cui jusserit dicente CREATURAM SUAM CREATOR OMNIUM DOMINUS BENEDICAT, et respondent omnes AMEN et manducantur. Si item alius cibus fuerit dicit orationem, hoc est PRECIBUS SANCTAE DEIGENITRICIS MARIAE ET NOS ET DONA SUA CHRISTUS FILIUS DEI BENEDICAT, respondent omnes AMEN.

[2.] Et ad aliam ministrationem iterum legit lector tamdiu quousque praecipiat ei abba ut finiatur, aut si ille congruam finem invenerit, si benedictio sonaverit, in extremo sermone repetit ipsum iterum secundum vicem prolixe, et respondent omnes DEO GRATIAS, et descendit. Si autem longa fuerit lectio et vel bene finierit sermonem, repetit ipsum et postea dicit TU AUTEM DOMINE DOMINE MISERERE NOBIS, et respondent omnes AMEN. Sic et ad nocturnis vel ad collecta vel ubi praeceptum legerint divinum ista est consuetudo ut semper quando incipit legere petita benedictione dicit IUBE DOMNE BENEDICERE. Quando finierit lector lectionem DEO GRATIAS respondent, et descendente eo vadit ante mensam abbatis et dat ei benedictionem unde manducat et bibit. Surgentibus autem fratribus dicent lente CONFITEANTUR TIBI DOMINE adiungentes GLORIA PATRI et ad finem ALLELUIA canentes. Et si maiorem refectionem habuerint ut eis exinde superfuerit, dicit prior vel cui cura commissa est orationem FRAGMENTA QUAE SUPERARUNT SERVIS SUIS CHRISTUS FILIUS DEI MULTIPLEXIT ET BENEDICAT ET ABUNDARE FACIAT QUI EST BENEDICTUS SAECULA SAECULORUM. Et respondentibus omnibus AMEN vadunt in oratorio ad orationem Dominium gratias agentes, et ibi dicent post finitam orationem DISPERSIT DEDIT completo officio cibi.

[3]. Item ad sera coenantibus cum ingressi fuerint ubi reficiantur dicant subtrahendo moras orationem EDENT PAUPERES adiungentes GLORIA PATRI et in fine canentes ALLELUIA, et dicit senior orationem, sic tamen ut cuncti audiant et respondeant AMEN, hoc est TUA NOS DOMINE, vel alias sunt multas secundum tempus. Sedentes autem in sedilia sua faciunt similiter sicut et in prandio in die. Et si contigerit ut nox perveniet coenantibus et lumen necesse sit accendere, ille autem frater qui lumen adportat statim cum ingreditur in domo prope seniores dicit tali voce ut omnes audiant LUMEN CHRISTI, et dicunt omnes DEO GRATIAS, et iterum ipse incurvatus dicit IUBE DOMNE BENEDICERE, senior autem dicit IN NOMINE DOMINI SIT, et respondent AMEN, et sic ponit lumen in locum suum ut luceat omnibus in domo. Et si miscere jussum fuerit fratribus ut bibant, vadit minister ad ministerium et tangit digito suo calicem, et respondent omnes DEO

GRATIAS, et signat et respondent omnes AMEN, et sic bibent cum benedictione. Et si fructum Dominus dederit dicit senior ita orationem FRUCTUS SUOS DOMINUS OMNIPOTENS BENEDICAT, et respondent omnes AMEN, sic fit de omnia administrationem cum autem refectio expleta fuerit, facto signo ut surgant, ille frater qui in quoquina septimanam facit quando fratres reficiunt semper cum aliis ministris ad mensam seniorum sive fratrum administrat, cum autem surgunt a mensa ille frater curvat se contra oriente super genua sua et rogat pro se orare dicens DOMNI ORATE PRO ME, et dicit senior SALVET NOS DOMINUS, ille frater surgens dicit prolixa voce DEO GRATIAS, statim omnes fratres incipiunt canere SEMPER TIBI DOMINE GRATIAS, ita finitum dicit prior cum fratribus MISERATOR ET MISERICORS DOMINUS prolixe cum GLORIA, adiungentes et in finem ALLELUIA sive QUI DAT ESCAM OMNI CARNI CONFITEMINI DOMINO COELI QUONIAM BONUS QUONIAM IN SAECULUM MISERICORDIA EIUS, et dicit sacerdos orationem hoc est SATIASTI NOS DOMINE, finita respondent omnes AMEN, et sic vadunt ad orationem et orant sicut supra scriptum est.

[4.] Ille autem septimanarius qui ingreditur quoquinam in die dominica ingreditur vel egreditur juxta id quod in regula sancti Benedicti continetur scriptum, matutinis finitis statim in oratorio qui egreditur postulat pro se orare dicens DOMNI ORATE PRO ME, orantes autem dicit senior SALVUM FAC SERVUM TUUM, ille vero subsequens dicit cum omnibus fratribus BENEDICTUS ES DOMINE DEUS, hoc usque tercio repetens accepta benedictione egreditur. Statim dicit qui ingreditur DEUS IN ADIUTORIUM MEUM INTENDE, et ista oratione tertia cum omnibus repetitur, et sic accepta benedictione intrat ad serviendum fratribus suis. Sic et in ecclesia beati Petri apostoli presbyter septimanam facit, vel mansionarii qui lumen vel ornatum ipsius ecclesiae custodiunt, die sabbati ora tercia consignant officia sua ad pares suos, et sic descendunt et vadunt in domos suas, et illi alii cum presbytero vel pares suos usque ad alio sabbato serviunt et faciunt similiter, et sic in omnibus officiis honeste vel ordinabiliter Deo conservantur.

[5.] Et si fortasse ista quae de multis pauca conscripsimus alicui displicuerit, non sit piger sed habeat prudentiam sic habent alii sacerdotes vel patres seu et monachi devoti qui recto ordine vivere atque custodire cum divina auctoritate desiderant, quomodo illi vadunt, istam sanctam doctrinam ad suam utilitatem vel suos seu et multorum aedificationem cum magno labore ipsam deferent, ut hic postmodum vel in futurum perpetualiter gaudeant atque letentur in conspectu Dei et angelorum vel omnium sanctorum eius. Vadat sibi ipsa Roma, aut si piget misso suo fideli in loco suo trasmittat et inquirat diligenter si est ita aut non est quod de pluribus parum conscripsimus, aut si non ita ibidem celebratur. Vel si bene cum sancta intentione vel devotione inquisierat, et adhuc in centuplum melius unde in opere Dei proficiat invenerit, tunc postmodum fortasse ista audiat despicere vel derogare vel etiam tantos et tales sanctos patres contra se adversare praesumat qui istam sanctam normam instituerunt.

[6.] Id est primus beatus Damasus papa adiuvante sancto Hieronymo presbytero vel ordinem ecclesiasticum descriptum de Hierosolyma permissu sancti ipsius Damasi transmittentem instituit et ordinavit. Post hunc beatissimus Leo papa annalem cantum omnem instituit, atque opuscula in canonica institutione luculentissima edidit, quam si quis ea usque ad unum iota non receperit vel veneraverit anathema sit. Deinde beatus Gelasius papa similiter omnem annalem cantum seu et decretalia canonum honeste atque diligentissime facto in sede beati Petri apostoli conventu sacerdotum plurimorum conscripsit. Post hunc Simachus papa similiter et ipse annalem suum cantum edidit. Iterum post hunc Iohannes papa similiter et ipse annum circuli cantum vel omni ordine conscripsit. Post hunc Bonifacius papa, qui inspirante sancto spiritu et regulam conscripsit et cantilena anni circuli ordinavit post hos quoque beatus Gregorius papa qui afflatu sancto Spiritu magnam atque altissimam gratiam ei Dominus contulit ut super librum beati Job moralia tibica investigatione tripliciter atque septiformem expositionem lucidaret, super Ezechiel quoque propheta prima parte seu et extrema luculentissima expositione declaravit, quid super evangelia quadraginta humiliarum expositione fecerit notum est omnibus christianis quam pulchre explanarit, quid inde aliquorum libris operante sancto Spiritu digessit vel aliarum multarum sanctarum scripturarum interpretatus est christianis in mundo tegentibus patefactum est, et cantum anni circuli nobile edidit. Post hunc Martinus papa similiter et ipse anni circuli cantum edidit. Post istos quoque Catalenus abbas ibi deserviens ad sepulcrum sancti Petri et ipse quidem annum circuli cantum diligentissime edidit. Post hunc quoque Maurianus abba ipsius sancti Petri apostoli serviens annalem suum cantum et ipse nobile ordinavit. Post hunc vero dominus Virbonus abba et omnem cantum anni circuli magnifice ordinavit.

[7.] Si quis postquam ista cognoverit custodire vel celebrare in quantum Deo jubente voluerit neglexerit, aut si melius aliunde scire vel accepisse exemplum fortasse jactaverit, dubium non est quod ipse sibi fallit et in caligine erroris semetipsum infeliciter demergit, qui tantos et tales patres sanctos auctores ausus sit despicere vel derogare. Nescio qua fronte vel temeritate praesumptuoso spiritu ausi sunt beatum Hilarium atque Martinum sive Germano vel Ambrosio seu plures sanctos Dei, quos scimus de sancto sede romana a beato Petro apostolum successoribus suis directos in terra ista occidentali et virtutibus atque miraculis coruscare, qui in nullo a sancta sede romana... deviarint... [*J'abrège toute cette fin.*] Cum istos praeclaros confessores Christi quos superius nominavimus sciamus frequenter eos Romam ambulasse, et apud beatos papatus vel christianis imperatoribus colloquium habuisse, vel si qui a sancta romana sede deviabant saepe recorrexisse apud nos manifestum est... Oportet eos diligenter inquirere et imitare atque custodire sicut et sancta romana ecclesia custodit ut teneant et ipsi unitatem catholicae fidei. Amen.

TABLE DES MATIÈRES

PRÉFACE... VII
BIBLIOGRAPHIE PRINCIPALE............................. XIII

CHAPITRE I

LA GENÈSE DES HEURES................................... 1-36

Le bréviaire est une adaptation de l'ancien office romain : des éléments catholiques et des éléments romains de cet ancien office, 1.

I. L'idée de la parousie ou du retour du Christ donnant naissance à la vigile pascale, 2. — La vigile pascale donnant naissance à la vigile dominicale, 3. — Les trois moments de la vigile : le *lucernare*, le nocturne et le *gallicinium*, 4. — La psalmodie dans les vigiles primitives, 5. — Les leçons et les oraisons dans ces mêmes vigiles, 7. — Quelques mots sur les *psalmi idiotici*. 9. — Leur fortune, puis leur condamnation, 10. — Aux vigiles dominicales s'ajoutent, dès le IIe siècle, les vigiles des anniversaires de martyrs, 12. — Et les vigiles des jours de station, 14. — Au total, vigiles dominicales, stationales et cémétériales, tout l'office public primitif, 14.

II. Transformation du culte public au IVe siècle : les basiliques constantiniennes, 15. — Les *monazontes* et les *parthenae*, particulièrement en Syrie, 16. — Comment ils observent tierce, sexte et none, 17. — Caractère jusque-là privé de cette observance, 18. — Les vigiles quotidiennes introduites avec les *monazontes* dans le service public des basiliques, 18. — Origine antiochienne de cette innovation, 19. — Adoption de cet usage dans tout l'Orient et à Milan, 20. — Description de l'office public quotidien dans l'église de Jérusalem à la fin du IVe siècle, d'après sainte Silvia, p. 21. — Vêpres, nocturne, laudes, tierce, sexte et none, 22. — Transformation de la psalmodie, 24. — L'*antiphona* antiochienne, 25. — Propagation de la psalmodie antiphonée dans tout l'Orient et à Milan, 26. — L'ancienne psalmodie et la nouvelle jugées par saint Augustin, 28.

III. De la séparation qui s'opère passé le IVe siècle entre les liturgies des églises et celle des monastères, 29. — L'*ordo psallendi* des églises, au VIe siècle, restreint au cours nocturne, en Orient, dans les Gaules, en Espagne, 30. — Caractère strictement local des anniversaires de martyrs, 32. — L'*ordo psallendi* des moines, au contraire, comprenant le cours nocturne et le cours diurne, 33. Auxquels s'ajoutent prime et complies, 34. — Caractère composite de l'*ordo psallendi* bénédictin, 35. — Conclusion, 36.

CHAPITRE II

LES ORIGINES DE L'*ORDO PSALLENDI* ROMAIN 37-81

Organisation du clergé romain : titres et régions, églises patriarcales, presbytérales, diaconales, cémétériales, 37.

I. La liturgie romaine archaïque, 38. — Les vigiles dominicales et stationales d'après les *Canones Hippolyti*, 39. — Autant d'après saint Jérôme, 41. — La psalmodie romaine archaïque d'après deux inscriptions damasiennes, 42. — Introduction à Rome des vigiles quotidiennes et de la psalmodie antiphonée, au cours du ve siècle, 43. — Les vigiles quotidiennes sont l'office du clergé des titres, 44. — L'*ordo psallendi* des titres d'après une formule du *Liber diurnus*, 46. — Nocturnes et laudes, point de vêpres, 47. — Les lecteurs des titres, 49. — Apparition de la cantilène romaine au viie siècle, 50. — Et en même temps de la *Scola cantorum*, 51. — La cantilène et la *Scola cantorum* par rapport à saint Grégoire, 51. — Que le *Liber responsalis* ne saurait porter le nom de saint Grégoire, 54.

II. Combien compliquée était la desservance des titres, 55. — Pourquoi l'on répugna longtemps à y engager les moines, 56. — Premiers monastères unis à des basiliques *extra muros*, 58. — Un monastère annexé à Saint-Jean-de-Latran, au viie siècle, 59. — Au viiie siècle, au contraire, nombre de monastères unis à des basiliques *intra muros*, 60. — Monastères basilicaux du Vatican, du Latran, de Sainte-Marie-Majeure, 61. — Régime exceptionnel de ces monastères basilicaux, les *monachi canonici*, 62. — Ces moines exécutent dans les basiliques l'office nocturne des clercs, et en outre l'office diurne des moines, 64. — Y compris, au viiie siècle, prime et vêpres, 65. — Influence de cette institution sur la liturgie romaine, 66. — Influence principale des moines de Saint-Pierre, 66. — Les grands chantres de Saint-Pierre et la formule *instar officiorum ecclesiae B. Petri*, 67. — Prestige de l'office de Saint-Pierre dès la fin du viie siècle, Benoît Biscop, 68.

III. Les anniversaires de martyrs célébrés exclusivement dans les cimetières suburbains, 70. — L'anniversaire de saint Hippolyte d'après Prudence, 72. — Persistance de cet usage d'après le sacramentaire léonien et les homélies de saint Grégoire, 74. — L'accès des cimetières suburbains devient de plus en plus difficile, 75. — Immigration progressive des anniversaires à l'intérieur des basiliques urbaines, 76. — Les anniversaires continuent d'être des fêtes locales, 77. — A la fin du viii⁰ siècle seulement ils entrent dans la liturgie de Saint-Pierre, 78. — L'office de Saint-Pierre. codifié à cette même époque, est adopté par les églises franques : saint Chrodegang, Pépin et Charlemagne, 79.

CHAPITRE III

L'OFFICE ROMAIN DU TEMPS DE CHARLEMAGNE............ 82-141

Sources du présent chapitre : Amalaire, l'antiphonaire de Saint-Pierre, les *ordines romani*, l'Anonyme de Gerbert, 82.

I. L'office commun du temps, 84. — Les vêpres, 84. — La psalmodie antiphonée romaine, rôle original des antiennes romaines, 85. — La leçon brève et l'oraison finale des vêpres, 86. — Antiquité des *preces feriales*, 87. — Complies, exercice conventuel et privé, 88. — Le nocturne, 89. — L'invitatoire, reste de la psalmodie archaïque, 90. — Le psautier romain, 91. — Distribution romaine des psaumes entre les diverses heures, 91. — Les leçons scripturaires, leur distribution, 92. — Les répons, origine historique, analyse technique, 93. — Principales séries de répons ou *historiae*, 95. — Les deux nocturnes supplémentaires du dimanche, 95. Leçons patristiques de ces deux nocturnes, 96. — L'homéliaire de Paul Diacre, 97. — Le *Te Deum*, son origine, 97. — Les laudes, 99. — Tierce, sexte, none, 100. — Prime et le chapitre, 101.

II. L'office propre du temps : l'Avent, 103. — Les répons de l'Avent : analyse du répons *Aspiciens a longe*, 104. — Valeur littéraire de ces compositions responsoriales, 106. — Les grandes antiennes ou antiennes O, 107. — Solennité de Noël, 107, — Solennité de l'Epiphanie, 108. — L'office du temps du Carême, 108. — Les répons de la Passion, 110. — L'office des trois derniers jours de la semaine sainte, 111. — Les répons de ces trois jours, 113. — La vigile de Pâques, 114. — Le nocturne pascal et les **vêpres pascales**, 115. — Solennité de la Pentecôte, 119. — Conclusion, 120.

III. L'office sanctoral, fêtes majeures et fêtes mineures, 121. — Offices doubles majeurs, 122. — Fêtes de saints célébrées à Rome au viii⁰ siècle, 124. — Calendrier, 125. — Le sanctoral cémétérial en est le noyau, 129. — Le sanctoral des basiliques urbaines en est l'accession, 132. — Fêtes sans caractère, soit local, soit monumental, 134. — L'*ordo* de l'office sanctoral, 135. — Propre de la basilique vaticane, l'office des saints Pierre et Paul, 137. — Autres offices propres, 138. — Propre de la basilique libérienne, les offices de la vierge Marie, 139. — Vue d'ensemble, 140.

CHAPITRE IV

L'OFFICE MODERNE ET LES BRÉVIAIRES DE LA COUR ROMAINE. 142-213

I. L'office romain du VIIIe siècle se maintient à Rome jusqu'au XIIe, 142. — Preuves : 1° l'antiphonaire de Saint-Pierre, 143. — 2° Abailard, 143. — 3° Cencius et Benoît, 144. — Cérémonial pontifical de l'office romain au XIIe siècle, 144. — Adaptation de ce cérémonial à l'office du VIIIe siècle, 151. — Grégoire VII n'a-t-il pas touché à l'office romain? 151. — Discussion de cette objection, 152. — Preuve tirée du *Micrologus*, 153. — Grégoire VII n'a fait que défendre l'office du VIIIe siècle, 155. — Contre les tentatives de réformation du temps de saint Pierre Damien, 156.

II. Que faut-il entendre par *modernum officium*? 158. — Jean Beleth et l'office moderne, 159. — Caractéristiques : 1° abréviation du lectionnaire, 160. — 2° Développement du calendrier : fêtes fixes et fêtes temporales : Immaculée Conception, Transfiguration, Trinité, 162. — 3° L'hymnaire, 163. — Origine de l'hymnaire, saint Ambroise et les *ambrosiani*, 164. — Introduction de l'hymnaire dans l'office bénédictin, puis dans l'office gallican, 169. — L'Église romaine fidèle jusqu'au XIIe siècle à repousser l'hymnaire, 172. — Description de l'hymnaire bénédictin : les *ambrosiani*, Prudence, Sédulius, Fortunat, les poètes de la renaissance carolingienne, 172. — Les Eglises franques abandonnant l'hymnaire, au VIIIe siècle, sous l'influence de Rome, et le reprenant ensuite sous l'influence des moines, 179. — Autres caractéristiques de l'office moderne : le *Quicunque vult*, 181. — Les mémoires communes, 183. — L'office quotidien de la Vierge, 184. — L'office quotidien des morts, 187. — Origine romaine de l'office des morts, 188. — La commémoraison de tous les fidèles défunts, 191. — Influence décisive de Cluny sur la formation de l'office moderne, 192.

III. L'office moderne supplante à Rome l'ancien office romain, 192. — De l'opportunité de réduire en bréviaire le texte de l'office, 193. — L'idée de bréviaire chez Alcuin, 194. — Origine bénédictine des premiers bréviaires, bréviaires du Mont-Cassin, 195. — Bréviaires monastiques du XIIe siècle, 197. — Bréviaires de la cour romaine au XIIIe siècle, bréviaire d'Innocent III, 198. — Bréviaire de Grégoire IX et des Mineurs, 200. — Le bréviaire de Grégoire IX imposé aux basiliques romaines par Nicolas III, 202. — Aux églises d'Avignon par Eugène III, 203. — Codification défectueuse des bréviaires, 204. — Rubriques nouvelles, 205. — Antiennes à la Vierge, 206. — Fêtes mobiles et fêtes sanctorales nouvelles, 206. — Conservation du responsoral et de l'antiphonaire, 208. — Corruption du lectionnaire, 209. — Offices de surérogation, 210. — Désuétude de l'office temporal, 211. — Justes réclamations de Raoul de Rivo, 212. — Les premiers bréviaires imprimés, 212.

CHAPITRE V

LE BRÉVIAIRE DU CONCILE DE TRENTE................ 214-266

I. La curie humaniste va-t-elle conserver le bréviaire des Mineurs ? 214. — Projet de bréviaire sous Léon X, 215. — Spécimen du bréviaire projeté, l'hymnaire de Ferreri, 216. — Frivolité du projet, 219. — Etude d'un second projet, le franciscain espagnol Quignonez, 220. — La fausse réforme catholique, 221. — Premier essai de Quignonez, 222. — Second essai, le bréviaire de Sainte-Croix, 223. — Réforme de la liturgie, 223. — Ce que cette réforme a d'inconsidéré, de légitime et de prématuré, 224. — Abus et scandales qu'elle occasionne, 226. — Réclamations adressées au concile de Trente à son sujet, 227. — Affinités de l'œuvre de Quignonez et de l'œuvre de Cranmer, 229. — La réaction téatine, Pierre Carafa, 231. — Projet de réforme des vieux bréviaires par Paul IV, 232. — Le concile de Trente adopte en principe le projet de Paul IV et la correction téatine, 234. — Le concile de Trente nomme une commission du bréviaire, 237. — Puis s'en remet au Saint-Siège, 238.

II. La première congrégation romaine du bréviaire, 239. — Restauration de la liturgie, 240. — Application de ce principe, 241. — Scrupules de la congrégation, 242. — Le bréviaire de 1568, 244. — Ses avantages et ses points faibles, 245. — Son succès, 248. — Regrets de dom Guéranger pour les anciennes liturgies particulières, 248.

III. Modifications apportées à l'œuvre de Pie V par ses successeurs, 250. — La Vulgate et le Bréviaire, 251. — Opportunité d'une nouvelle révision, Clément VIII, 252. — Rôle prépondérant de Baronius dans cette révision, 251. — Rapport et propositions de Baronius, 252. — La seconde congrégation romaine du bréviaire, 254. — Ce qu'elle accorde à Baronius, 255. — Ce qu'elle lui refuse, 256. — Ce que Baronius et elle refusent à Bellarmin, 257. — Principe qui se dégage de ces discussions, distinction des éléments définitifs et des éléments provisoires du bréviaire, 258. — Introduction de fêtes nouvelles, 259. — Dernière révision du bréviaire, Urbain VIII, 260. — La troisième congrégation romaine du bréviaire, 261. — La révision de l'hymnaire, 262. — Critique de cette révision, 263. — L'édition vulgate du bréviaire donnée par Urbain VIII, 265.

CHAPITRE VI

LES PROJETS DE BENOÎT XIV........................ 267-323

I. Les refontes gallicanes du bréviaire romain, 267. — Le bréviaire parisien de M. de Harlay, 268. — Les progrès et les franchises de la critique, 269. — Retour à l'utopie liturgique, Foinard et Grancolas, 270. — Le bréviaire parisien de M. de Vintimille, 272. — Réclamations de Clément XII, 274. — Benoît XIV entreprend une réforme du bréviaire romain, 275.

II. La quatrième congrégation romaine du bréviaire, 276. — Elle reconnaît la nécessité d'une réforme du bréviaire romain, 279. — D'une réforme selon la pensée de saint Pie V, non de Vintimille, 280. — Il faut alléger le calendrier, 281. — Discussion des fêtes de Notre Seigneur, 283. — Des fêtes de la sainte Vierge, 284. — Des fêtes des anges, 285. — Des fêtes des saints, 286. — Difficultés, 287. — Le calendrier nouveau, 289. — Sentiment personnel de Benoît XIV touchant les fêtes sanctorales, 293. — Approbation du calendrier nouveau par une congrégation cardinalice, 295. — Discussion de la distribution du psautier, 296. — Le pape préside la congrégation, 298. — Correction du lectionnaire, 299. — La congrégation termine et remet au pape son projet de réforme du bréviaire, 302. — Revue des corrections proposées au lectionnaire du temps, 303. — A l'antiphonaire et au responsoral du propre des saints, 305. — Au lectionnaire de ce même propre des saints, 306. — Au commun des saints, 312.

III. Jugement de l'œuvre de la quatrième congrégation romaine du bréviaire, 312. — Elle entendait faire une simple correction, 313. — Et une correction selon le plan de Pie V, 314. — Manque de criterium dans la réduction du calendrier, 315. — Excès dans la critique des légendes des saints, 316. — Méconnaissance du caractère historique des répons et des antiennes, 317. — Influence de l'érudition et de la liturgie gallicanes, 318. — Pourquoi le projet de la congrégation n'a pas été exécuté, 318. — Benoît XIV avait la ferme résolution de corriger le bréviaire et le sentiment des difficultés politiques d'une pareille œuvre, 319. — Benoît XIV n'est pas satisfait du travail de sa congrégation, 321. — Benoît XIV se propose d'exécuter personnellement la correction du bréviaire, 321. — Il meurt avant d'avoir pu y travailler, 323.

CONCLUSION 324-328
PIÈCES JUSTIFICATIVES 329-350

Extraits de l'ordo de Montpellier, 329. — Extraits de l'ordo de saint Amand, 332. — Texte de l'anonyme de Gerbert, 338.

TABLE DES MATIÈRE 351-356

(*Tous droits réservés.*)

MACON, PROTAT FRÈRES, IMPRIMEURS

www.ingramcontent.com/pod-product-compliance
Lightning Source LLC
Chambersburg PA
CBHW050257170426
43202CB00011B/1726

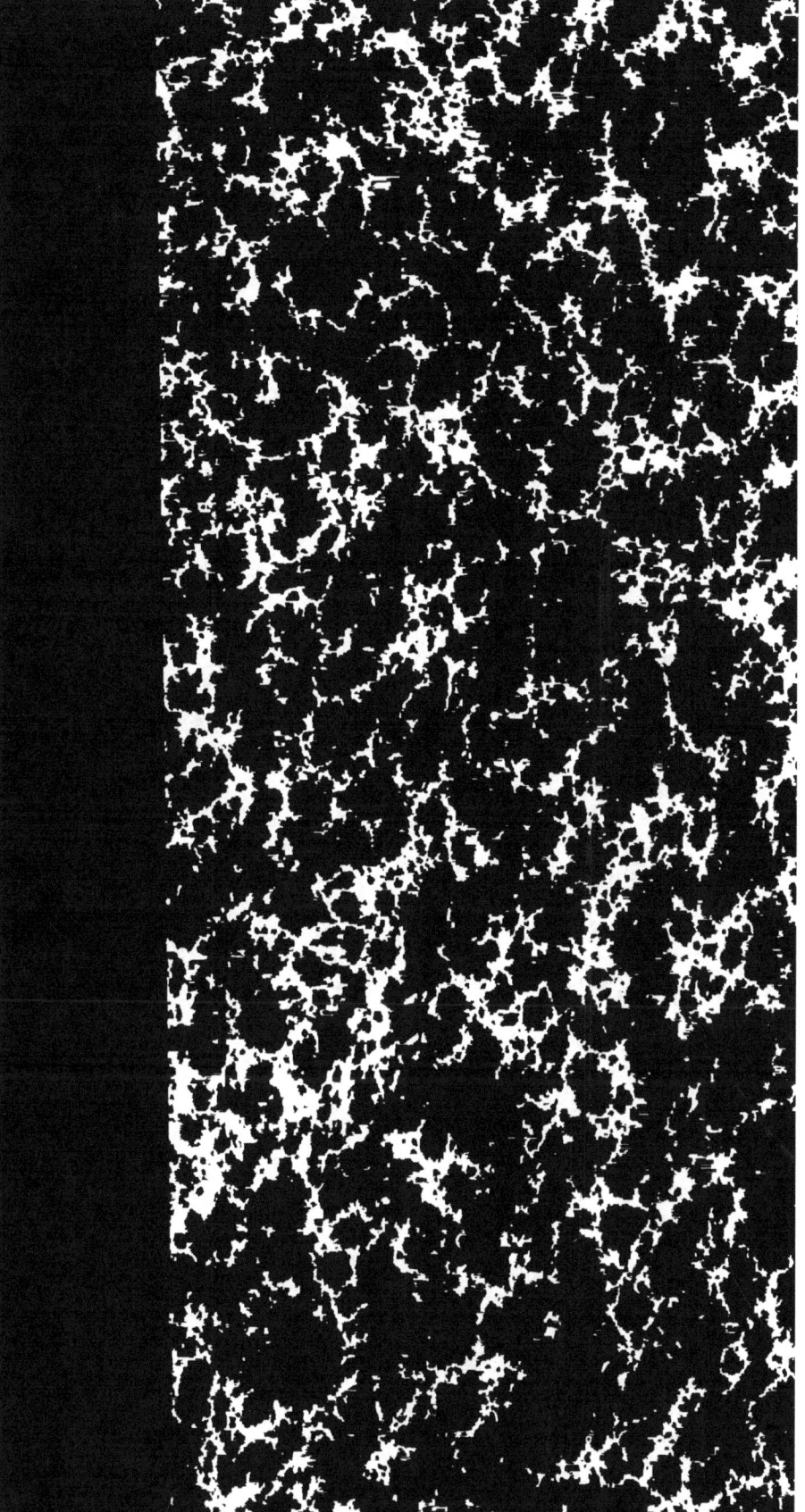